기본편

이렇게만 하면 절대 실패하지 않는

성공취업 가이드

Great Job Guide

서연용

취업경쟁력
강화를 위한
100가지 Tip

박영사

추천사

Great Job Guide

지원서류와 면접을 통하여 만난 수많은 청년학생들의 학습노력이 경쟁력으로 발현되지 못하는 면면을 보면서, 높은 스펙보다는 직무와 조직지향적 역량이 차별화된 경쟁력이 된다는 것을 알려주고 싶었다. 취업은 삶과 진로를 설계하는 것이며 비전과 열정으로 성공되는 것이며 보람과 행복의 시작일 것이다. 도전적인 목표와 전략적인 학습으로 성공하는 인재로 성장할 수 있는 진정한 스펙을 강화하길 바란다.

기업의 인사실무경력을 바탕으로 제안하는 저자의 성공취업에 대한 패러다임과 학습스킬은 차별화된 경쟁역량을 강화시켜 줄 것이라고 확신한다.

LG디스플레이(주), 인사팀장 박영달

입사지원과 면접참석을 하는 학생들의 상당수는 소위 스펙 쌓기에 역점을 두고 그것이 합격의 Key라고 믿는 경향이 많다는 것을 느껴왔다. 그러나 보유스펙의 수준이 높고, 다양한 것만으로 채용전형의 과정에서 강한 경쟁력이 발휘되지는 않는다.

기업에서 채용실무와 역량개발 교육에서 다양한 경력을 가지고 있는 저자는 스펙의 4S(Strategic, Special, Structural, Systematic) 확보를 강조하고 있다. 대학 4년간의 기간을 무작정 스펙을 쌓으려 하지 말고, 지원직무에서 필요한 전문역량을 체계적으로 학습하고 준비하는 것이 경쟁력을 높이는 효과적인 스펙 쌓기일 것이다. 성공은 전략적 선택과 집중적 노력으로 가능할 것이다. 청춘의 에너지를 목표에 집중하여 도전한다면 성공취업 절대 어렵지 않을 것이다.

LS산전(주), 천안사업장 인사노경팀장 황재모

채용면접에서 최종 선발되는 지원자는 바로 우리 기업에서 역량을 발휘할 수 있는 조직역량과 자세 그리고 그 가능성을 보유하였기 때문이다. 이것은 소위 스펙보다 우선되는 평가요소로서 건강한 직업인으로 성장해 나갈 청년들의 취업마인드인 것이다.

저자는 이 책에서 이러한 기업의 선발기준을 이해하고 성공취업을 위한 역량개발방향과 학습방법을 제시하고 있다.

차별화된 경쟁력 강화를 기대하는 학생이라면 오랜 HR실무경력과 취업지도경험으로 제시하는 저자의 성공취업의 100가지 Tip을 실천으로 강화해보길 바란다. 합격의 기쁨과 함께 새로운 도전과 성장의 기회가 실현될 것이라 확신한다.

㈜건화이엔지, 영업임원 상무 구본직

고도화되면서도 저성장을 담보하는 기업환경 속에서 높은 경쟁률을 뚫고 입사하기까지의 취업경쟁력은 정형화된 스펙이 아니라 차별화된 역량이다. 특히 지원직무에 대한 열정과 의지 그리고 비전스토리는 남들이 제시하는 스펙을 앞지르는 경쟁력이다.

성공취업은 대기업·공기업에서만 이루어지는 것이 아니라, 중소·중견기업이라 할지라도 꿈과 비전을 달성할 수 있는 곳이라면 충분히 실현될 수 있다.

저자는 이 책에서 자신만이 가지고 있는 차별화된 역량을 찾아서 준비하고 강화하는 시각과 방법을 안내하고 있다. 저자의 코칭내용은 경쟁력 있고 차별화된 역량을 만드는 데 전혀 부족함이 없는 것 같다. 꿈과 비전을 향해 도전하는 인재를 만나 좋은 기업을 함께 만들어 보았으면 한다.

(주)에나인더스트리, 경영기획팀장 김한용/고용노동부 블라인드채용 자문위원

높은 취업경쟁률을 뚫기 위하여 학점, 어학, 자격증 공부에 매진하고 있는 학생들의 애처로운 노력에 안타까움을 느낄 때가 많다. 기업에서 합격자를 선정하는 기준은 높은 스펙보다 입사를 위한 간절함과 그 열정이다. 직무지식과 숙련기능은 직장에서 좀 더 배울 수 있지만, 업무성과의 원천인 자세와 행동은 체화되어야 발현되는 것이다. 이것이 바로 합격 결정의 포인트인 것이다.

이를 위해 자기이해를 바탕으로 한 지원직무의 결정과 역량개발 그리고 목표기업의 선정과 경쟁력 강화는 성공취업을 위하여 필요한 절대적 전략이고 학습방법인 것이다. 저자가 이 책에서 코치하고 있는 취업성공의 학습과정과 경쟁역량은 바로 기업에서 요구하는 인재상인 것이다.

㈜홈센타홀딩스, 경영지원본부장 전무 송승익

취업하기 어렵다는 말은 대기업, 공기업에만 해당하는 것이 아니다. 이제 중견, 중소기업 입사도 결코 쉽지 않다. 그러나 어렵게 입사한 회사를 1년도 근무하지 않고 퇴사하는 경우가 상당수 있다는 것이 현실이다. 이런 안타까움을 접하면서 학생들에게 성공취업의 패러다임을 정립시켜주는 것이 취업지원활동의 중요한 과제임을 인식하고 있다.

이 책에서 저자는 '하고 싶은 일을, 자기스타일로 하였더니, 칭찬과 보상이 주어지는 곳에 입사하는 것'이 성공취업이라고 명쾌히 정의하고 있다. 기업 인사실무경력을 바탕으로 수년간 취업상담을 해

온 저자의 코칭은 절대로 실패하지 않는 Tip이 될 것이다. 청년 학생들의 성공취업을 기원한다.

대구대학교, 취업지원팀장 김중호

청년 학생들의 인생과 삶은 졸업 후의 취업으로 시작될 것이다. 저자는 기업에서의 채용경력과 대학에서의 코칭 및 상담경험을 바탕으로 학생들에게 대학 4년 동안 Dreaming nomad로 시작하여 Vision designer와 Trained talent를 거쳐 Competitive candidate가 된다면 성공취업 절대 어렵지 않다고 설명하고 있다. 이 로드맵은 대학에서 취업지원을 하면서 내가 만났던 졸업과 동시에 취업한 학생들의 공통된 성공스토리와 같다. 청춘의 끓는 심장에 꿈과 비전을 담아 저자가 제안하는 성공취업을 당당히 이루기를 기원한다.

충북대학교, 진로지원팀장 안병민/직업상담사

졸업을 앞둔 구직학생들의 상당수는 명성과 안정이 담보되는 대기업, 공기업에의 입사지원을 우선적으로 하는 경향이 있다. 그러나 정작 중요한 것은 평생의 업이 되는 직무의 결정이며, 역량을 펼칠 기업의 탐색인 것이다. 성공취업은 바로 이를 바탕으로 한 전략적인 서류작성과 면접대응으로 가능한 것이다.

개인적 소견을 마치 일반적 지침인 것처럼 포장하는 많은 취업지침서와는 달리 이 책은 저자의 풍부한 실무경험과 식견을 바탕으로 객관적인 정보를 임팩트하게 전해주고자 하는 면이 돋보인다.

성공취업은 자신의 잠재역량을 표출하여 설득하는 일련의 과정에서 이루어지는 것이다. 이 책은 개인의 직업적 역량을 전략적으로 최대한 끌어내는 데 도움이 될 뿐만 아니라 더 좋은 일자리를 얻는 데 도움이 되는 책이다.

대구대학교, 공과대학 행정실장 이상일/직업상담사

머리말

Great Job Guide

인사, 노무, 연수분야에서의 기업 HR실무를 거쳐 대학에 옮겨온 지 어언 5년 동안 학생들의 진로상담과 취업코치를 하며 느낀 첫 번째는 '흙 속에 묻혀 있는 진주를 찾아내어 조금만 닦아 주기만 하면 대단한 보물이 될 수 있는데'라는 안타까움이었다.

대학까지 보내주었고, 전공학습을 지도했으니 취업은 오롯이 학생 자신의 몫이고 노력인 것이라고 할 수 있을까? 우리들의 자녀와 학생들에게 그동안 가르쳤던 것은 오로지 열심히 공부하라는 것이었고 왜 공부해야 하는지를 알려주지 않고 그것은 대학입학 이후로 미루라고 강요했던 것이 청년들을 취업고민에서 벗어나게 하지 못했다는 지적에 자유롭지 못한 것이 솔직함이다.

부모로서, 선생으로서, 선배로서 자신을 의지해온 청춘 학생들에게 부담과 압박만을 강요했던 점에 미안함을 가지면서, 기업현장에서의 실무경험과 대학 강단에서의 지도경험을 바탕으로 성공취업의 가이드를 제시해주고 싶다.

성공취업은 '하고 싶은 일을, 잘 하는 방법으로 하였더니, 보람과 가치로서 삶을 이끌게 해주는 곳'에 입사하는 것이다. 그러면 하고 싶은 일이 무엇인지를 알게 해주고, 보람과 가치가 무엇인지를 알게 해주는 것이 성공취업을 이끌어 주는 책임일 것이다.

이 책은 기업현장에서 사원을 선발, 배치하며, 그들의 조직적응과 경력개발 과정을 관찰하고 교육시켰던 30여 년의 경험과 대학 취업 현장에서 진로 및 취업에 대한 상담과 코칭을 하였던 5년간의 1천여 차례의 취업 및 진로상담 경험을 바탕으로 청년 학생들이 성공취업의 고민과 한계를 극복할 수 있도록 가이드를 제공하고자 그 내용을 구성하였다.

가장 먼저 취업준비를 위한 마인드의 정립에서부터, 취업을 위한 역량의 이해, 진로설정에 필요한 직무탐색과 성공취업에 기반인 조직문화의 이해와 분석요령 그리고 입사지원의 출발선인 서류작성의 요령과 마지막으로 합격의 최종 문턱인 면접에서의 대응전략을 내용으로 담았다.

취업성공의 경쟁력은 차별화된 역량이다.

그동안 만났던 학생들은 지식과 스킬 그리고 태도에 있어서 다양한 특징과 역량을 보유하고 있었다. 그럼에도 합격의 문턱을 넘지 못하고 스펙의 굴레에서 벗어나지 못하고 있다.

이것은 지원기업의 기대역량과 자신의 보유역량 간의 미스매치 결과였고, 그 차이를 발견하는 시각의 오류에서 발생되었다.

이 책을 통하여 성공취업의 출발과 안착에 대한 시각을 알게 될 것이다. 그리고 '절대 실패하지 않는 성공취업'을 위한 역량개발 요령과 접근방법을 이해할 것이다.

성공취업은 누구나 가능하고 그렇게 어렵지 않다. 무엇을 보고, 무엇을 준비하고, 무엇을 강화하면 되는지를 안다면 성공취업은 이미 반은 이루어졌다. 마지막으로 남은 것은 '안 것을 실행하기'만 하면 된다.

성공취업은 냉정한 자기이해로 출발하여 차별화된 역량인식과 개발을 통해 퍼스널 브랜드인 경쟁력으로서 완성되고 지속되는 것이다. 이번 성공취업의 가이드(기본편)를 통하여 취업역량의 인식전환과 차별화된 역량개발의 기반을 다지기 바라며, 이어지는 역량개발 실행스킬(심화편)에서 경쟁력 강화를 구체화하길 바란다.

우리들의 후배이자 자녀인 청년 학생들의 성공취업에 대한 일련의 과제는 청년 학생뿐만 아니라 선생 그리고 부모들이 함께 해야 풀 수 있는 것이므로 그 역할의 재발견과 재설정이 필요할 것이다.

청년! 지금은 후배이고 자녀이지만, 과거에는 자신이었고 형제였다.
미래에는 자손이고 가문일 것이다.

청년의 꿈인 성공취업을 격려하고 지도하고 지원하고자 시작한 삶이 아직은 부족하여 아쉬움도 여전하지만, 늘 찾아주는 학생이 있어 보람되고, 늘 함께하는 동료 교수가 있어 든든하고, 늘 관심 가져주는 기업실무자가 있어 감사해서, 오늘도 연구실 불을 밝힌다.

마지막으로 기업HR경력과 학업성취를 보람으로 펼칠 수 있도록 허락하신 대구대학교와 박영사에 무한한 감사의 마음을 드리며, 인생 버킷리스트를 쌓아 갈수 있도록 지켜봐준 아내 정현에게 고마움을 함께 전하며 이 책을 바치고자 한다.

반짝이는 물결이 바라보이는 연구실에서
저자 드림

차 례

Great Job Guide

성공취업

2 역량개발

3 직무탐색분석

조직문화분석

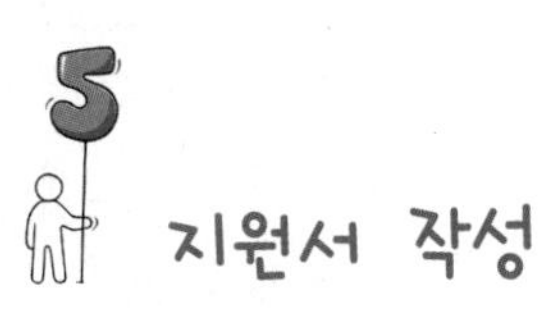

지원서 작성

면접전략

성공취업

01 직무탐색과 결정

성공취업

취업상담에 참여한 3, 4학년 학생에게 가장 먼저 하는 질문은 '그래! 자네는 어떤 직무분야로의 취업을 준비하고 있는가?'이다.

이에 대한 상당수 학생들의 대답은 '사무직을 생각하고 있습니다'였으며, 여학생들은 더욱 그랬다. '사무직이 아닌 분야는 어디냐?'라고 다시 질문하면, '공장에서 근무하거나 영업을 하는 경우가 아닌가요?'라고 답하는 경우가 많다. 그러면 공장과 영업을 하는 직장인은 늘 사무실 밖에서 일하느냐고 되물으면, '그렇지만은 않은 것 같은데요'라고 한다.

사무직이라는 직무Job는 없다. 굳이 설명하자면 사무직은 업태working condition를 구분한 것이라고 할 수 있다. 직접 생산 작업을 하는 경우 외에는 거의 대부분 사무실에서 근무를 하며, 학생들이 부담을 가지는 영업직도 업무의 시작과 마무리는 대체로 사무실 자신의 책상에서 한다.

01 인사담당자의 첫 번째 질문은 지원직무이다.

'채용설명회에 가본 적이 있는가?, 그곳의 인사담당자가 가장 먼저 묻는 말이 무엇이었는지 기억나는가?'라고 질문하면, 일부 학생들은 기억을 해내지만, 상당수 학생은 질문의 의도를 모르고 '글쎄요?'라는 표정을 보인다.

모든 인사담당자들의 첫 번째 질문은 '어느 분야를 지원하려고 합니까?' 그리고 그 분야에서 '하는 일job이 어떤 것인지 알고 있습니까?'이다.

채용공고를 보라! 대부분의 공고내용에는 모집분야, 직무군에 따라 지원 자격요건인 스펙(전공, 학점, 어학, 자격 등)을 포함한 여러 가지 지원기준을 제시하고 있다.

이것은 취업준비의 가장 최우선적 결정사항은 '어느 직무분야로 지원할 것인가?이며, 그 직무군에 자신이 적합한가?를 확인하는 것'이다.

취업에 성공하려면 인식의 정립이 필요하다. 입사지원만을 반복하는 소위 백수와 한두 번의 지원으로 입사성공을 한 사람들의 차이는 취업준비의 출발부터 달랐다.

성공취업의 A는 적성확인이며, Z는 입사교육 참석인 것이다. 이는 적성에 적합하지 못하면 합격은 쉽지 않고, 또한 면접합격 후에 입사를 포기하거나 교육중 중도 탈락하는 경우가 종종 발생하고 있기 때문이다.

성공취업을 하고자 한다면, 가장 먼저 취업하고자 하는 직무는 어디이며, 그 직무에 합격이 된다면 기꺼이 출근할 것인지, 또 그 직무에서 자신의 역량을 발휘하며, 그 직무를 수행하는 회사, 부서에 출근하면 기쁠 것인지를 먼저 숙고해야만 한다.

성공 취업의 A & Z

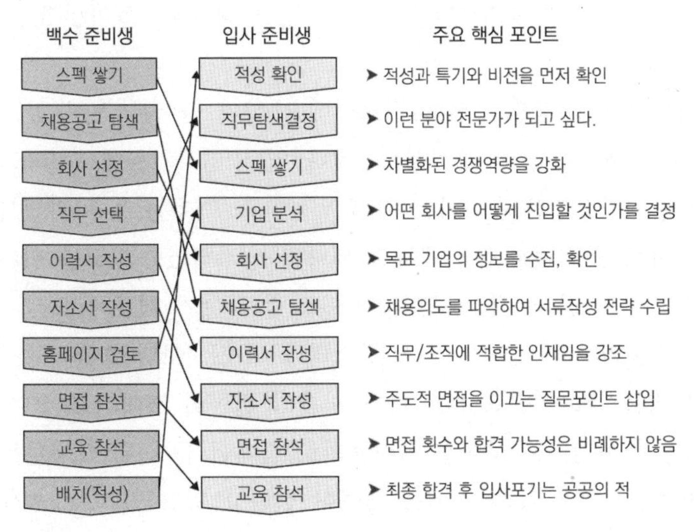

취업성공을 기대한다면, 자신의 비전을 구체화한 후, 가장 먼저 지원직무를 결정하라! 그리고 난 후에 차별화된 경쟁역량을 개발하라. 이것은 바로 삶의 진로를 결정하는 것이고, 인생의 가치와 성공 그리고 보람과 행복의 근원을 설정하는 것이다.

행복은 성적순이 아니라고 외치지 않았던가? 그런데 왜 성적순을 정하는 스펙부터 준비하는가? 경쟁해야 하기 때문이라고 대답한다면 경쟁은 반드시 상대와 해야 하는가? 또 반드시 1등을 해야 하는 것인가? 라고 되물어 본다.

자신만이 경쟁할 수 있는 곳, 자신만이 경쟁해야 하는 곳에서 먼저 1등을 해라. 그리고 확신을 가져라. 그것이 바로 지원직무의 결정이다. 어떤 직무를 결정하든 자신의 적성을 바탕으로 한 것이라면 최고의 결정인 것이다.

02 하고 싶고, 해야 하고, 할 수 있는 것부터 확인하라.

'직무탐색에 대한 우선적 필요성에 대하여 들어본 적이 있는가?' 라고 질문하면, '들어 보았다. 그러나 일단 입사지원에서 요구하는 기본적 자격요건을 충족하는 것이 우선이고, 직무는 추후 지원서 작성할 때쯤에 적절하게 선택하면 된다고 생각하였다'라고들 한다.

그럴 수도 있다. 사실 대학입학도 그렇게 했기 때문에 으레 생각하는 순서라고 이해되기도 한다. 그러나 이제는 보다 효율적 차원에서의 접근시각이 필요하다. 아니 시각의 전환이 절대 필요하다.

취업이 어렵다는 사실을 선배들의 경험에서 듣게 된 학생들은 먼저 어학, 자격증 등의 스펙을 쌓아야 한다고 믿고 있다. 그래서 어디에나 지원할 수 있는 자격요건을 확보하는 것이 우선이라는 일념으로, 방학 때면 학원수강, 자격시험, 어학연수 등의 스펙 쌓기에 올인하고 있다. 더구나 실력은 성적스펙이고, 그 방법은 공부였다고 지난 12년간 보아왔고 또 익숙해져 있고, 다른 방법은 모르기 때문이다.

그러나 스펙이 취업성공을 가능하게 하는 것이 절대 아니다. 또 그 스펙은 자신이 취업하고자 하는 기업의 채용전형과정에서 기대하는 만큼의 파워를 발휘하지 못한다. 더구나 최종 면접에 참석한 지원자의 스펙은 거의 대동소이하므로, 스펙만으로는 최종합격이 담보되지 않는다.

많은 취업코치들이 말하는 '비전정립과 직무탐색'이 마치 식상하게 들리고, 미루어도 될 것이라고 생각하는 학생들이 참 많다.

입사지원의 목전에 있는 많은 선배들의 솔직한 심정을 확인해보라. 특히 졸업 후에도 입사결정이 되지 못한 선배들의 한결같은 후회는 '무엇을 하고 싶은지, 어떤 능력과 역량을 발휘해 보고 싶은지에 대한 방향을 좀 더 일찍 설정하고 집중했었다면, 좀 더 일찍 취업할 수 있었을 것 같다'고 이구동성으로 말한다.

인터넷에 취업성공 체험담과 조언을 찾아보라. 100%가 지원 직무 탐색과 결정 그리고 직무역량 개발과 강화로 시작했다고 한다.

먼저 진로탐색의 과정을 통해 '하고 싶고want, 해야 하고must, 할 수 있는 것can'부터 확인하라. 그러고 나서 공부를 하라.

직업선호도검사, 흥미검사, 성격검사 등도 해 보라. 물론 이런 검사들이 자신의 특성을 정확히 알려주는 전부는 아니지만, 평소 '나는 이럴 것이다'라는 자신의 인식을 구체화시켜주고 확인시켜주는 표준화된 객관적인 도구인 것은 분명하다.

자신을 객관적으로 확인해 준 결과는 진로에 대한 확신과 소신뿐만 아니라 준비방향을 살펴볼 수 있는 계기를 강화시켜 줄 것이다.

다수의 학생들은 입학대학과 전공의 선택을 자신의 특성보다는 바람, 기대, 권유 그리고 성적 등에 따랐던 경우가 많다. 심지어 선택의 주체가 되지 못한 경우가 있고, 또 그 선택의 기준도 불안정한 경향이 많았다.

물론 입학 후의 학업 과정에서 자신의 전공에 대한 흥미도, 적성 적합도 등을 확인했을 경우도 있지만, 상당수는 취업의 목전에서도 사회적 기대와 환경적 상황에 맞추어 입사지원서 작성에 급급하는 경우를 종종 보아 왔다.

- 자신이 하고 싶은 것은 무엇인가?
- 확신이 안 서는가?
- 그럼 하기 싫은 것은 무엇인가?
- 확신이 설 때까지 찾아보라.

이런 확신은 자신의 관심을 자극하고, 행동을 이끌어주고, 나아가 자신의 브랜드를 만들어 줄 것이다.

03 자신에게 확신이 서야 성공취업이 가능하다.

표준화된 인성·적성 검사와 진로·취업 상담도 해보고, 그 결과에 대하여 부모와 의견교류도 해보고, 자신이 기대하는 직업을 탐색하며, 그 분야에서 일하는 사람들도 만나보라.

- 그리고 냉정하고 객관적으로 나는 이런 일을 해보고 싶다.
- 이런 분야에서 나의 능력과 역량을 발휘해 보고 싶다.
- 나는 이런 것을 할 것이다.
- 그리고 마지막으로 나는 할 수 있는가도 생각해보라.

그 결과가 'Yes. I can'이라는 확신이 서면, 이제 무엇을 준비하고, 어떤 공부를 해야 할 것인지를 생각하며, 계획을 수립하라. 이것이 바로 성공취업을 실패하지 않는 기반다지기warming up인 것이다.

졸업 전에 취업성공을 기대한다면, 먼저 지원직무를 결정하라!

결정은 선택의 과정을 통해 집중하고자 하는 대상target, 목표goal를 정하는 것이다. 그 결과가 자신의 성격, 흥미, 직무적성과 일치한다면 최선의 결정인 것이다.

결정이란 '이것 저것'이라는 여러 가지를 선정하는choose 것이 아니라, '이것'이라는 한 가지를 확정하여determine 다짐하는 것이다.

이러한 결정에 대한 확신을 가지게 하는 방법은 다양하겠지만, 대학생으로서 가장 손쉬운 것은 바로 취업지원실, 상담센터를 방문하는 것이다. 그 곳에는 객관적인 검사와 상담, 탐색의 기회, 직접적인 채용정보, 실질적인 역량개발프로그램이 여러분을 기다리고 있다.

내일로 미루지 마라. 다른 방법도 있지 않은지 재지마라.

'나를 분석하면 절반은 성공이다.'

자신의 색깔에 맞는 성향과 그동안의 경험들을 연결해서 분석의 결과를 평가해보라. 그리고 나를 대표할 수 있는 단어·문구vision를 선정하여 어울리는 직무job와 기업cooperation을 찾는다면 이미 절반은 합격된 것이다.

'나는 현재 어느 정도인지'를 자문자답하라.

그리고 나를 잘 아는 부모님, 친구에게 알려주고 피드백을 받아보라. 나를 나안에서 벗어날 수 있게 해주는 객관성과 냉정함을 배가 시켜 줄 것이다.

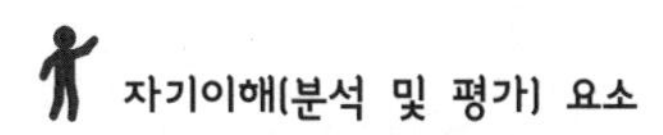

자기이해(분석 및 평가) 요소

당신은 태어날 때부터 당신만의 유일한 특성을 신神으로부터 부여받았다. 더구나 지금까지의 인류 역사상 당신과 같은 사람은 단 한 사람도 없었고, 앞으로의 미래에도 없을 것이다.

자신만의 색깔이 있다. 그것을 보여주는 것이 바로 경쟁력의 원천이며, 자신감이다. 이 세상에서 공짜로 무한히 먹을 수 있고, 먹으면

먹을수록 몸에 좋은 감은 바로 자신감(自信感, confidence, 확신)이라고 했다.

* confidence의 의미

- 좋은 결과가 있을 것이라고 믿는 감정(feeling)
- 잘 되게 하는 능력을 가지고 있다는 신념(belief)
- 스스로 충분히 감당할 수 있다고 믿는 마음(trust)

02 자기탐색과 이해

성공취업

'자네를 소개해 보게'라는 제안에 학생들은 머뭇머뭇 거렸다. 그러면 좀 더 구체적으로 '다른 사람과 비교해 볼 때 어떤 특별한 특성이 있는지를 설명 해보게'라고 다시 제안을 하면, '저는 좀 활발한 편입니다' '생각이 많은 것 같습니다' '궁금한 사항이 있으면 직접 확인을 하는 경향이 있습니다' 등의 특성을 말하기도 하지만, 구체적이지 못하다. 그러면 친구들은 '자네의 이런 점이 좋다. 이런 것은 개선했으면 한다'라는 말을 들은 적은 있었는가?라고 재차 질문을 해도, 자기 확신을 가지는 데는 주저하는 경향이 많았다.

자신보다 자기를 잘 아는 사람은 없을 것이다. 그런데 자신의 성향, 특성, 특질 나아가 차별성을 설명하는 데 확신과 자신自信이 충분치 못하다. 누구나 어떤 상황과 환경에서 자신에게 가장 잘 맞는 것을 판단하고 선택하여 왔을 것이다. 그랬음에도 불구하고 그 판단과 선택의 기준을 충분히 설명하지 못하고 있다.

이는 아마도 어린 시절부터 중고등학교를 지나 대학입학을 거쳐

성인이 될 때까지, 자신의 어떤 기준과 특질에 대하여 의도적인 인식보다 그저 부모의 바람과 주위의 사회적 요구에 따르기를 강요받아 왔었기 때문일 것이다. 심지어 자신이 가지고 있는 특성, 특질의 질문에 대하여 혼란스럽기까지도 했었기 때문에 애써 인식하려고 하지 않았기 때문이다.

선택과 결정의 상황을 꼼꼼히 생각해 볼 때면, '아니야! 그것은 나와는 맞지 않아, 또는 그래! 단정하기는 뭐하지만 내 생각과 맞아' 등등의 결론을 수없이 내려 왔다. 그렇다! 누구나 자신의 판단과 행동기준의 경향을 알고 있고, 좋아하고 싫어하는 기준을 분명히 가지고 있었다. 그 기준은 자연스럽게 아니 무의식적으로 기대와 보람 그리고 새로움으로 나아가게 이끌어 주었다.

취업의 기로에도 선택과 결정의 기준이 있는 것이고, 있어야 한다. 그동안 알고 있었던 것(학업과 경험 등)을 구체화하여, 미래의 예상경로를 설계하는 것은 매우 중요하고 필요한 과제이다.

왜냐하면 어떤 기업에 관심과 기대를 가지는 것, 그리고 진입을 위해 준비하는 것은 직업과 진로 그리고 그 경로(CDP: Career Development Path)에 상당한 영향을 미치기 때문이다.

그런데도 취업과 진로를 과거의 경험과 인식 그리고 그동안 따라왔었던 익숙함만으로 결정한다는 것이 얼마나 안이한 대처이고, 생각일까? 더구나 그 익숙함만으로 기대하는 결과를 확보하기에는 상당히 불안하지 않을까?

04 성공한 선배들은 이미 성공할 수밖에 없었다.

소위 직장인으로 성공하였다고 하는 선배들의 스토리와 그 경로를 들어 보면, 그들은 취업의 초입부터 이미 지금의 성공을 예상하고 있었던 것 같다.

공고를 졸업하고 LG전자에 입사한 조성진 부회장은 부친의 가업 승계요구에도 불구하고, IMP 당시 타 사업부로의 이동권유에도 불구하고, 자신의 성격, 흥미와 관심이 있었던 세탁기 개발팀에 남아서 40여 년간 몰입했으며, 그 결과 세계 최초라는 브랜드의 세탁기를 수없이 만들게 되었다고 한다. 아마도 그는 입사 당시부터 이미 세탁기박사가 되는 것이 정해져 있지는 않았겠는가? 하는 생각이 든다.

물론 모든 성공의 일화가 동일하진 않지만, 기업에서 성공한 선배들의 입사 후 경력은 우연히 시작되었을까? 그렇지 않았을 것이라는 생각이 든다. 처음의 업무에서부터 오랜 기간과 과정 속에서 그가 담당한 업무가 자신의 적성과 흥미 그리고 성격과 맞지 않았다면, 중도에 변경되었을 것이고, 업무성과뿐만 아니라 지금의 성공 위치에 이르지도 못했을 것이다.

그렇다! 대부분의 성공한 선배들을 보면, 그들의 오늘은 성격과 흥미, 관심 그리고 직업적 지향이 입사 당시부터 이미 상호 연계되었음을 것이다. 물론 그 선배들이 성격검사나 적성검사를 통해서 자신의 직업을 선택했다고 단정할 수는 없으나, 분명한 것은 오랜 기간 동일한 분야에서 몰입할 수 있었던 것은 그 분야가 자신의 성격, 적성 및 흥미, 관심과 일치되었기 때문이며, 그것이 성공의 원천이고 동력이 되었을 것이다.

그동안의 두리뭉실하고 막연하게 이해했던 자신의 모습을 명확하게 정리할 수 있는 직업적성, 가치관, 성격, 흥미 등을 지금 당장 확인해보라.

여러분의 주위에는 수많은 멘토들이 기다리고 있다. 교내 취업상담실, 심리검사센터 등을 포함하여 쉽게 접속할 수 있는 다양한 on-line사이트 등이 지천에 깔려 있다. 마음을 다잡고 직접 방문을 해보라. 여러분을 기쁘게 반겨줄 것이다.

05 나를 이해하는 것이 성공취업이다.

자신을 객관적으로 이해하는 방법으로 표준화된 검사 도구를 활용해볼 것을 권한다. 물론 이전에 이미 여러 가지 검사를 해본 경험이 있다 하더라도 추가적으로 다른 성격 및 행동성향 검사를 해보거나, 직업 및 진로 가이드용인 직업선호도 검사나 직업흥미 검사도 해볼 것을 권장한다.

그 이유는 각각의 검사 도구는 그 목적에 따라 검사 및 해석의 기준이 상이하며, 특히 취업이라는 인식을 바탕으로 새롭게 검사한 결과는 취업 및 진로방향의 재정립 기회를 제공하고, 솔직하게 대처할 수 있도록 이끌어 줄 것이기 때문이다.

<검사 도구별 유용성>

- GATB적성검사: 기본적인 적성과 적성에 부합하는 직업, 전공 선택에 활용
- Strong직업흥미검사: 흥미유형과 흥미주제, 선호하는 활동스타일을 설명
- 직업선호도검사: 선호하는 흥미 및 생활성향을 바탕으로 직업선택에 활용
- 진로성숙도검사: 진로 성숙도를 측정하여 대응능력을 강화하도록 조언
- MBTI성격검사: 성격유형 측정을 통해 선호하는 일의 환경을 설명
- DISC행동성향검사: 행동성향 측정을 통해 관계지향성 및 개발방향에 조언
- 직업가계도 사정, 진로시간 전망: 진로선택의 영향요인 탐색에 활용

검사결과를 가까운 지인, 선배, 부모, 전문가와 공유하면서 타인 입장에서의 조언을 들어보라. 그리고 나서 조용히 냉정하게 스스로 정리해보라. 특히 다른 사람과 다른 점, 차별화된 특성을 정리해 보라.

그 결과는 '나는 이런 분야에서 이런 능력을 활용하여 이런 경험과 성과를 바탕으로 이런 업적과 치적을 나 자신뿐만 주위에 남겨보고 싶다'라는 직업적 비전을 구체화시켜 줄 것이다.

마지막으로 자신의 생각과 결정을 가까운 부모, 형제, 친구, 지인에게 알려라. 알리면 그들은 여러분의 발전과 성장에 도움이 되는 조언과 지지를 아끼지 않을 것이다.

이러한 일련의 시도와 노력에 대하여 '아직 급하지 않은 것 같아요. 더 시급한 일들이 많아요'하면서 뒤로 남겨두려는 학생들도 있을 수 있다. 단언코 그렇지 않다. 목표를 두고 노력하는 것과 그냥 열심히 하는 것은 그 결과가 다르다.

올림픽 금메달을 목표로 운동하는 국가대표선수들의 모습을 시청한 적이 있을 것이다. 국가대표이지만 세계 1등이라는 명확한 목표와 그 과정에서의 경쟁상대를 설정하고, 극한의 도전을 하지 않았던가?

목표는 강한 실행을 가능하게 한다. 혹여 그 결과가 당초의 목표와 일치하지 않더라고 그 언저리에 가게 한다. 그 언저리는 도전과 열정을 이끌어 준다. 그러기 위해서는 그 목표는 자신이 설정한 것이어야 하고, 냉정한 자기이해를 바탕으로 도출된 것이어야 한다.

친구들이 강남 가니까 나도 가야 한다고 생각하지 마라. 친구는 나와 다르다. 성격, 특징, 역량 심지어 신의 부르심calling도 다르다. 나는 친구와는 다른 성향, 특징, 강점 그리고 약점도 있다.

뱁새가 황새를 따라간다는 작학관보雀學鸛步와 다른 사람에게서 자신을 배운다는 반면교사反面教師의 고사성어를 생각해보라.

친구에게서 배우는 것은 그가 어떻게 목표를 정했고, 어떻게 행동을 하는가?이다.

자신이 선택을 주도했다면 자신은 벌써 차별화 역량을 보유한 것이다.

06 SWOT 정확하게 분석하고 활용하라.

취업준비를 하는 학생들에게 자신의 역량을 이해하고 분석하는 틀로서 매우 익숙한 기법이 SWOT이다. 그러나 상당수의 경우 SWOT기법에 대한 이해가 정확하지 못한 경우를 발견하곤 했다.

SWOT분석결과를 바탕으로 저의 약점이 이러하여 이런 준비를 하고 있다며 마치 정확한 자기분석을 했다고 말하곤 한다. 물론 학습의 분야를 찾는 차원에서는 논리적이라고 할 수 있다.

그러나 분석의 출발에 문제를 지적하는 질문으로 '그렇게 판단한 역량개발의 학습결과는 어느 정도의 경쟁력을 가질 것이라 생각하느냐?'하면 '지원 자격의 확보라고 봅니다'라는 대답으로 이어진다.

이것은 SWOT를 통해서 자격요건스펙의 확보방향과 과제발견을 하였다는 것이다. 단순히 채용지원 공고만 보아도 알 수 있는 지원

<SWOT분석>

기업의 내부 환경을 분석해 강점과 약점을 발견하고, 외부 환경을 분석해 기회와 위협을 찾아내 이를 토대로 강점은 살리고 약점은 보완하며, 기회는 활용하고 위협은 억제하는 마케팅 전략을 수립하는 분석틀을 의미한다.

이 때 사용되는 4요소를 강점(S)·약점(W)·기회(O)·위협(T)이라고 하는데 강점과 약점은 경쟁기업과 비교할 때 소비자로부터 강점 또는 약점으로 인식되는 것이 무엇인지?, 기회와 위협은 외부 환경이 자사에 유리한 기회 또는 불리한 요인으로 미치는 영향이 무엇인지? 를 찾아내 기업 마케팅에 활용한다.

기업 내부의 강점과 약점, 기업 외부의 기회와 위협을 조합하여 기업의 목표달성을 추진하는 마케팅은 4가지 전략으로 이뤄진다.
① SO(강점-기회)전략은 시장에서의 기회 활용을 위해 강점을 사용하는 계획
② ST(강점-위협)전략은 시장에서의 위협 회피를 위해 강점을 사용하는 계획
③ WO(약점-기회)전략은 시장에서의 기회 확보를 위해 약점을 극복하는 계획
④ WT(약점-위협)전략은 시장에서의 위협 회피를 위해 약점을 극복하는 계획

\- 매경시사용어사전

자격요건과 그 수준을 굳이 SWOT분석까지 할 필요가 있을까? 라고 하면 다수의 학생들은 의아해 한다.

SWOT분석을 거쳐 자신의 역량목표를 설정하고 열심히 공부하여 입사지원 요건을 초과하는 우수한 학점과 어학성적, 자격증도 보유하였지만 합격되지 못하여, 만점 수준의 어학점수 획득과 추가적 스펙을 보유해야 하는 것 아닌가?를 고민하는 학생을 보았다.

또한 소위 눈높이를 낮추어 중견기업에 지원했으나 취업성공을 하지 못한 학생이 자신은 대기업의 지원요건을 초과하는 수준의 스펙을 보유하고 있는데, 도대체 그 기업의 합격기준이 무엇인지 이해하기가 어렵다고 말하는 학생도 보았다.

이런 고민과 생각의 발생배경은 경쟁역량에 대한 인식부족과 SWOT분석에 대한 정확한 이해부족으로, 필요역량의 인식과 개발방향 및 방법설정에 오류가 생겼기 때문이다.

SWOT분석에 있어서의 강·약점이란 현재의 보유 차원이 아니라 경쟁 차원이어야 한다.

강점Strength은 기업입장에서의 강점으로 경쟁자 대비 상대적 우위에 있는 역량이며, 약점Weakness은 지원기준 대비 부족하거나, 경쟁우위를 위하여 추가적으로 확보가 필요한 역량이다.

설령 자신의 어학점수가 높다 할지라도 입사지원요건이 상위수준이거나, 상대 경쟁자들도 상위수준이라면 그것은 강점이 될 수 없고, 어학점수가 높지 않더라도 어학수준의 평가반영이 크지 않을 경우에는 낮은 어학점수라도 약점은 아니다.

기회opportunity는 자신의 역량발휘 및 약점보완에 활용할 수 있는 우호적인 환경적 요소이며, 위협threat은 자신이 처해있는 환경적 요인을 그대로 유지하거나 방치할 경우 경쟁에서의 우위확보가 어려워질 수 있는 요소이다.

설령 어문계열 전공이라서 취업기회가 상대적으로 낮다 하더라고 외국계 기업, 어학능력이 요구되는 분야로의 지원을 할 경우에는 합격가능성이 높을 수 있으며, 복수/부전공 및 직무관련 학습결과까지 제시하게 된다면 어문계열 전공이 결코 불리하지는 않다.

정확한 SWOT분석을 위해서는 반드시 목표기업의 우선적 선정과 지원 경쟁자에 대한 예측이 선행되어야 한다. 이는 자신의 SWOT분석은 바로 기업분석과 함께 되어야 실효성이 증대된다는 것이다.

그리고 SWOT분석을 통하여 도출된 결과는 자신의 역량개발 방향설정과 개발과제의 목표설정에 활용되어야 한다.

강점을 강화할 것인가? 약점을 보완할 것인가? 기회를 포착할 것인가? 위협을 제거할 것인가? 그 수준을 어느 정도로 할 것이며 또 어떻게 조화시킬 것인가를 판단하여 우선순위를 설정하는 것이 SWOT분석을 하는 목적이어야 한다.

역량개발의 방법은 개인의 특성과 선호에 따라 다양하게 선택할 수 있다. 약점을 보완하는 것도 중요하지만 강점을 강화하여 자신만의 색깔을 만드는 것에 우선해 보길 권장한다. 그리고 강한 믿음과 간절한 소망을 담은 목표와 계획을 단계적으로 실행하길 바란다.

역량개발의 방향과 전략은 차별화이다. 이 차별화는 No1보다 Only1이 될 때 더 오랫동안 빛날 것이다.

키 155cm, 체중 45Kg의 왜소한 체격임에도 14년간을 국가대표 펜싱선수로 건재했던 성남에서 태어난 왼손잡이 땅콩검객 남현희는 자신만의 특기인 번개 같은 순발력을 치밀한 경기분석으로 강화하였다. 그 결과로 4번의 올림픽과 4번의 아시안 게임 등의 국제대회에서 무려 40회에 걸쳐 메달과 상을 획득할 수 있었다.

그녀는 펜싱 3개 종목(에페, 플뢰레, 사브르) 모두에서 최고가 아니었다. 그녀는 최고가 되기 위하여 신체적 조건에 가장 적합한 플뢰레를 선택했고 집중하였다.

선택determine과 집중focus만이 성공의 핵심이다. 이를 위해 SWOT

분석을 하는 것이다. 자신만의 강점을 찾아 경쟁력으로 다듬거나, 또는 약점과 위기에 대비하는 보완책을 마련한다면 성공취업 결코 어렵지 않다.

승리는 강자强者의 전유물이 아니다. 한때 약자弱者였으나 뛰어난 전략과 열망으로 역사의 승리자가 된 경우가 수없이 많다.

07 내가 적성에 맞는지를 확인하라.

취업목표를 결정하였다는 학생에게 나는 종종 '자네는 그 직무, 그 일에 적합한 적성(適性, fitness, 적합한 성질이나 소질)이 있다고 생각하는가?'라고 질문하면, 대부분의 학생은 '예'라고 대답한다.

그럼 다시 질문한다. '그 직무는 어떤 적성을 요구하고 있는가?' 또는 '그 직무를 잘 하는데 어떤 적성이 필요한가?'라고 질문하면 상당수 학생들은 어학능력, 자격보유 등의 스펙을 충분히 확보하고 있으니 업무수행에 큰 어려움이 없을 것이라고 생각한다고 말한다. 적성에 맞다는 것을 스펙의 보유로 이해하고 있는 것이다.

적성은 스펙이 아니다. 그러므로 별도의 비용과 시간을 들여 인·적성 검사를 실시하는 것이다. 또 적성은 일 자체의 특성과 환경뿐만 아니라 기업 및 조직의 특성에 따라서 가변적이다. 그래서 일률적으로 표준화된 검사도구로서 평가하지 않는다.

기업에서 입사전형의 일환으로 실시하는 인·적성검사에서는 전통적인 항목인 지능, 언어능력, 수리능력, 공간적성, 형태지각 등의 능력적 측면뿐만 아니라, 상황 판단력, 인성, 성격과 같은 적응능력도 상당수 포함하고 있다.

이는 실제 적성이란 정상적으로 일을 수행하는 데 기대되는 지능, 지식뿐만 아니라 성격, 가치관 등을 포괄하는 직무수행 역량을 의미하는 것으로, 단지 직무수행을 위한 지식과 스킬을 보유하였다는 것만으로 적성이 있다고 판단해서는 직무적응의 한계에 빠지게 된다.

즉, 외국어는 매우 잘하지만 대인관계나 문제해석 및 해결능력, 상황대처능력이 부족하면 업무수행의 성과저하뿐만 아니라 그 과정에서 받는 부적응의 스트레스로 인하여 개인뿐만 아니라 조직에도 비효율적인 영향을 미칠 수 있다.

직업적 적성이란 한 개인이 특정의 직무환경에서 원활하게 직무를 수행하기 위하여 기대되는 지능, 능력, 지식 외에도 성격, 흥미 등을 포함한 포괄적인 특성을 말한다.

즉, 적성이란 정상적인 직무수행에 요구되는 성질이나 소질로서, '어떤 적성을 내가 가지고 있다have'가 아니라 '그런 적성에 내가 맞다fit'는 것을 의미하는 것이다.

적성에 '맞다'는 것은 '지원하는 직무와 입사하는 조직의 인재상'에 적합하다는 것으로, 이것은 '지원하는 직무와 입사하고자 하는 조직'에 따라 1개인에게 기대하는 적성은 다를 수 있다는 것을 의미한다. 그래서 1기업에서도 직군단위로 반영비율을 달리하여 적성수준을 평가하고 있고, 또 기업마다 다른 항목과 다른 평가기준을 활용하고 있다. 즉 삼성과 LG의 적성검사가 다르고, 일반기업과 공기업의 평가기준이 다른 것이다.

또한 이러한 개념적 배경 때문에 일부 기업에서는 적성검사의 결과를 사원선발의 1차적 기준cut line으로 온전히 반영하지 않고 단지 면접에서의 참고자료로 활용하고 있다.

적성은 1개인의 보유특성이 아니라 채용 및 배치하고자 하는 부서와 부여하고자 하는 직무에 따라 결정되는 요구 특성이기 때문에 적성여부의 판단기준이 가변적이다.

그래서 면접과정에서 지원 분야와 다른 부서직무에 배치가능성을 확인하기도 하고, 일정기간 순환 OJT를 거친 후 최종근무부서를 배정하기도 한다.

'나는 이런 적성과 역량을 가지고 있으므로 그 업무를 잘 할 수 있다'가 아니라, '그 직무에 적합한 적성성질과 소질과 발휘필요역량을 그동안 학습하였기 때문에 그 직무를 잘 할 수 있다'라는 표현이 맞는 것이다.

이런 논지와 포인트가 입사전형과정에서 어필될 때 취업성공은 이루어지는 것으로, 입사에 성공하려면 '나는 우수한good 사람이다.'가 아니라 '나는 적합한right 사람이다'라는 것을 강조해야 하는 것이다.

08 인턴, 현장실습은 적성을 확인하는 것이다.

모든 기업에 적합한 개인의 적성은 없고, 또 모든 직무에 적합한 개인의 적성도 없다고 단정하고 싶다. 왜냐면 동일한 직무라도 기업의 업종, 규모에 따라 직무의 범위, 심도가 다르기 때문이며 심지어 조직 내외의 교류관계 특성에 따라 기대되는 적성도 다르기 때문이다.

표준화된 직업선호도 검사나 적성검사 등의 결과만으로 자신이 어떤 적성을 가지고 있다거나, 제시하는 직업을 가져야 하겠다는 식의 이해와 해석은 적합하지 않다. 표준화된 검사결과는 직업과 진로를 탐색하는 단초로 활용하기를 권유한다.

즉, 표준화된 일반검사(예: 직업선호도 검사, GATB 적성검사)의 결과와 제안을 바탕으로, 자신이 관심을 가지는 직무와 관심 기업에의 적성을 확인하는 과정을 통해서, 취업목표와 방향을 설정하는 데 활용하는 것으로 충분할 것이다.

가장 효과적인 적성파악의 방법은 인턴 또는 현장실습을 통한 실무현장의 직접경험이며, 현직 실무자를 직접 만나서 확인하는 것이라고 할 수 있다. 이것이 용이치 않다면 유사 분야에서의 아르바이트를 통해 동종기업 현장에서 기대되는 적성을 파악하는 것도 효과적이다. 이에 아르바이트를 경제적 차원을 넘어 기대적성의 탐색 및 학습기회로 활용할 것을 권장한다.

실제 직무와 조직에서 요구하는 적성이 무엇인지, 특히 소위 스펙 이외에 어떤 특성이 필요한지, 자신이 그 분야의 일을 그 조직에서 수행한다면 자신과 조직의 성과에 기여할 수 있는지를 직접적으로 확인하는 것이 바로 취업준비의 최적이라고 할 수 있다.

더구나 아르바이트를 포함한 인턴, 실습의 기회를 탐색, 선정할 경우 선행적으로 업종 및 기업의 사업 프로세스(비즈니스 시스템)를 파악하는 과정을 거칠 것을 권장한다. 이렇게 시도했던 아르바이트, 인턴, 실습의 경험이 진정한 스펙으로 인정받는다.

많은 현장경험일지라도 스펙이 되지 못하는 이유와 배경은 직무탐색의 차원에서 비즈니스 시스템의 이해 없이 무작정 '하고 보자'는 생각과 시도·결과였기 때문이다.

기업의 인사실무자와 면접관은 당신의 현장경험 배경과 그 내용에 대하여 질문한다. 또 많은 경험사례에 대하여는 지적도 한다. 이런 질문에 대하여 어떻게 대답하는 것이 효과적일까? 경제적 이유도 있었지만, 그보다는 '직무경험을 통해 저의 적성을 확인해보고자 했습니다. 그 결과는 적격했거나 또는 부적격했다'고 한다면 당신의 답변은 경험횟수와 무관하게 호감을 이끌 것이다.

적성을 파악하고자 할 것이라면 직무분석과 함께 그 직무를 수행하는 기업분석과 비즈니스 시스템 분석도 병행하길 권한다. 이런 일련의 과정과 결과는 취업의 목표설정을 대기업, 중소기업의 관점에 벗어나게 하는 인식전환의 시각을 제시해 준다.

꿈의 직장, 신의 직장은 삶의 현장에는 존재하지 않는, 설객說客들의 설전舌戰이고 가십gossip일 뿐이다. 행복과 보람 그리고 즐거움의 일상에는 단지 '나의 직장'만이 있는 것이다.

03 비전이해와 설계

성공취업

대학 1학년 대상 설문조사(D대학, 16.9.6.)에서 63%의 학생은 취업하기 위해 대학에 입학했다고 응답했다. 더구나 입학예정인 새내기들도 예비 대학생 취업프로그램에 참석하거나, 전문 컨설팅업체의 지도를 받으며 취업스펙 쌓는 요령을 학습하고 있다(한국경제신문, 17.1.31.).

상당수의 학생과 그 부모들은 이미 대학입학 시부터 취업 고민을 하고 있고, 2학년부터는 취업을 위한 스펙 쌓기에 본격적으로 돌입하고 있다. 4학년부터 취업준비를 한다는 것은 들어보기도 힘든 옛말이다.

피천득이 칭송한 듣기만 해도 설레는 '청춘'의 심장을 취업의 굴레에 내몰고 있는 현실이 씁쓸함으로 짠해지지만, 극복해야 하는 성장의 아픔인 걸 어쩌겠는가!

09 학업과정과 학습내용이 최고의 스토리이다.

어학연수를 가는 학생에게 '기대하는 것이 무엇이냐'?고 질문하면, 다는 아니지만 어학능력을 쌓고, 다양한 경험도 해보고 싶어서 그리고 그것을 취업을 위한 스펙으로 활용하기 위함이라고 한다. 이들에게 항상 조언한다.

'잘 다녀와라. 그리고 해외에서의 활동과 경험 그리고 그 익힘이 자네의 진로지향과 인생비전으로 연결되는 과정이 되길 바란다.'

'해외생활 중에는 지금 예상한 것과 다른 점도 많을 것이다. 그럴 때면 시간 시간마다, 상황 상황마다 그런 것들이 자신의 진로와 비전에 어떻게 연관되는가를 생각하고 슬기롭게 대처하라'였다.

한편으로는 스토리를 만들기 위해 해외연수, 인턴, 동아리, 공모전 등의 활동에 도전하며, '무엇인가 해야 하는데' 하는 고민과 걱정을 하는 학생들에게 말하곤 했다. 대학생활, 학업과정, 교우관계 등이 모두 스토리이다.

그동안 준비가 안 되었다고, 지금 와서 굳이 특별히 비용, 시간을 들여가면서 무엇인가를 만들려 하지 말라는 것이었다.

일상의 학업과 대학생활에서 남과 다른 특별한 소재를 찾지 못하는 것은 그 거리material가 없어서가 아니라, 다양한 활동과 경험을 하면서도 그 과정과 결과를 자신의 비전과 취업진로에 연관시켜 의식하지 않았기 때문에 뚜렷한 기억이 남아 있지 않기 때문이라고 생각한다.

4년의 대학생활은 누구나에게 동일하고, 길지도 않다. 어떻게 보면 공부하는 시간도 부족한데, 주변에서 들리는 스펙 만들기 사례는 무척이나 다양하고 많다. 그 많은 것을 자신의 체험스토리로 만들어야겠다고 생각한다면 어쩔 수 없이 휴학이나 졸업유예를 해야만 한다.

그러나 이것을 알아야 한다. 기업의 인사담당자와 실무부서장이 보고자 하는 스토리는 대단하고 감동적 사건과 경험, 이벤트에 대한 내용이 아니라, 일상의 학업과정에서의 스토리인 것이고 그것을 기초로 하여 전개된 내용인 것이다. 지금까지 공부하고 경험하고 참여하여 느낀 것들을 지원회사와 지원직무에 연결시켜 정리한 것에 그들은 매력을 느낀다.

자기소개서 작성을 지도하면서 소위 거리[material]가 없다고 고민하는 학생들에 대하여 1시간 이상 첨삭 상담을 하면서, 이것저것 질문을 하며, 특별했던 기억과 경험을 찾아보고 정리하여 문구화하면 상당수 학생들은 자신의 스토리에 스스로 감동과 만족을 하곤 했다.

청년 학생들 대부분은 매우 특별한 경험과 감동을 가진 스토리를 만드는 생활을 매일 매일하고 있다. 등교하는 과정에서, 친구와 선후배를 만나면서, 학업과 학생회 활동을 통해서, 또 아르바이트를 하면서도 무수히 많은 스토리를 만들고 있다. 단지 그것을 정리하지 못하고 있다.

취업을 위한 스토리를 만들고자 한다면, 지금이라도 비전을 향한 수많은 활동을 정리해두는 다이어리를 만들고, 작성하는 습관을 가져라. 또한 그에 앞서 자신의 인생비전을 설정하고, 그 비전을 달성하는 과정의 로드맵을 설계해 보라. 그 로드맵은 자신의 학업과 대학생활의 과정과 결과가 될 것이다.

강력한 스토리의 원천은 특별한 연수, 이벤트 참가 경험이 아니라, 자신이 4년간 적어둔 학업생활의 다이어리인 것이다.

앞으로 어학연수니, 해외여행이니, 인턴이니, 아르바이트 등을 절대 하지 말라는 것이 아니다. 무엇을 하든 항상 계획과 활동을 비전과 진로에 어떻게 연결하고 또 지향할 것인가를 리뷰 하라는 것이 나의 조언이다.

청춘! 이는 듣기만 하여도 가슴이 설레는 말이다.
청춘! 너의 두 손을 대고 물방아 같은 심장의 고동을 들어 보라.

청춘의 피는 끓는다.
끓는 피에 뛰노는 심장은 거선(巨船)의 기관같이 힘 있다.
이것이다. 인류의 역사를 꾸며 내려온 동력은 꼭 이것이다.

이성은 투명하되 얼음과 같으며, 지혜는 날카로우나 갑 속에 든 칼이다.
청춘의 끓는 피가 아니 더면 인간이 얼마나 쓸쓸하랴?
얼음에 싸인 만물은 죽음이 있을 뿐이다.
그들에게 생명을 불어넣는 것은 따뜻한 봄바람이다.

풀밭에 속잎 나고 가지에 싹이 트고
꽃 피고 새 우는 봄날의 천지는 얼마나 기쁘며, 얼마나 아름다우냐?
이것을 얼음 속에서 불러내는 것이 따뜻한 봄바람이다.
인생에 따뜻한 봄바람을 불어 보내는 것은 청춘의 끓는 피다.

청춘의 피가 뜨거운지라, 인간의 동산에는 사랑의 풀이 돋고,
이상(理想)의 꽃이 피고, 희망의 놀이 뜨고, 열락(悅樂)의 새가 운다.
사랑의 풀이 없으면 인간은 사막이다. 오아시스도 없는 사막이다.

보이는 끝끝까지 찾아다녀도, 목숨이 있는 때까지 방황하여도,
보이는 것은 모래뿐인 것이다.
이상의 꽃이 없으면 쓸쓸한 인간에 남는 것은 영락(榮樂)과 부패뿐이다.

낙원을 장식하는 천자만홍(千紫萬紅)이 어디 있으며,
인생을 풍부하게 하는 온갖 과실이 어디 있으랴?

- 청춘예찬/피천득

10 지금의 계획과 활동이 비전을 향하고 있어야 한다.

'왜 여러분들은 누구나 하는 스펙을 쌓으려고 하는가?'라고 학생들에게 우문愚問을 던졌다. 그 대답은 '취업을 위하여, 경쟁력을 가지기 위해, 당장은 아니지만 일단 쌓아 두어야 필요할 때 활용할 수

있으니까요'라고들 한다.

더 채근採根을 하면 '잘 모르겠지만 남들이 다 하니까. 그냥 있는 것은 불안하니까. 목표를 아직 못 잡았고, 또 바뀔 수도 있으니 일단은 공통의 기본 스펙이라도 쌓아 두어야 해서요'라는 내면의 솔직한 불안과 두려움의 심정을 표현한다.

상당수 학생들이 어학, 성적, 자격증, 공모전, 인턴, 심지어 봉사활동까지 마치 대학입학을 위해 고등학교 3년간 했었던 방법으로 스펙을 쌓고 있다. 이런 모습에 친구도, 부모님, 심지어 교수님도 열심히 한다고 격려하고 있다. 그것이 마치 대大학생의 자세인양 …

고교시절에는 좋은 대학에 가야 하는 목표가 분명하고 같았으니, 누구나 동일한 방법으로 열심히 공부하는 것이 맞는 것일 수 있다.

그러나 대학의 공부는 달라야 한다. 왜냐하면 일단 전공이 달라졌고, 과제와 목표, 나아가 꿈과 비전, 진로가 다양해질 것이기 때문이다.

'무작정 공부만 하다 보니 꿈은 생각도 못했고요, 지금은 하고 싶은 것꿈도, 해야 할 것목표도 모르겠어요'라는 학생들도 참 많다.

그들에게 진실한 자신의 내면과 대화하라. 부모가 쳐둔 소소한 안정의 우산을 던져버려라. 그리고 자신의 추구가치oriented value를 선택하라고 조언한다. 추구가치는 꿈과 비전을 이끌고 불안과 걱정을 차버리게 하고, 자신만의 대학공부 방법을 제시해 준다.

비전Vision이란 자신의 꿈Dream을 말한다. 그러나 꿈이라고 모두 비전은 아니다. 누구나 꿈을 가지고 있다. 멋진 미래의 모습을 상상하며 '나는 이런 꿈을 가지고 있다'라고도 한다. 그러나 이런 꿈은 상상想像/imagination인 것이지 비전이 아니다.

꿈은 말 그대로 한때, 한두 번 그려볼 수도 있고, 자신이 아닌 누군가가 만들어 줄 수도 있는 것이다. 행복한 인생, 신나는 생활, 여유로운 시간 등과 같이 소위 '이랬으면 좋겠다'하는 상상인 것이다.

꿈과 비전은 다른 것이다. 누구나 꿈은 꿀 수 있다. 그러나 진정한 꿈, 즉 비전은 누구나 가지는 것이 아니다. 비전은 진정으로 내가 주체가 되어 이루고 싶어 하는 미래의 모습인 것이다. 그리고 그 비전을 위한 자신의 목표가 설정되어 있고, 그 목표를 실행하기 위한 계획이 구체화된 것이어야 한다.

지금 여러분이 꾸는 꿈이 진정한 꿈이라면 자신에게 질문해보라.

- 그 꿈과 매일 대화를 하고 있는지?
- 그 꿈에게서 무엇인가 강요받는 것이 있는지?
- 그 강요받은 것을 하기 위하여 무엇인가 하는 것이 있는지?

만약 이 질문에 답을 하지 못한다면, 그것은 진정한 나의 꿈인 비전이 아니다. 부모, 친구들의 꿈을 마치 자신의 꿈이라고 생각하고 있는 것일 뿐이다.

진정한 꿈은 지금으로서는 쉽지 않을 것 같은 부담을 각오하라고 한다. 싫어도 해야 한다고 명령을 한다. 안 될 수도 있다는 걱정을 하게 하고, 아울러 그 불안을 떨쳐버리라고 압박한다. 그리고 지금의 한계를 뛰어넘는 고통을 참으라고 강요한다. 자신이 그 고통을 극복하는 주체이고 수행의 당사자라는 것에 확신이 든다면 당신은 비전을 가진 사람이다.

비전은 자연스럽게 목표, 계획 그리고 달성방법을 알려준다. 비전은 지금의 계획과 그 실천인 것이다.

진정한 꿈인 비전을 설정하라. 당신의 행동이 달라질 것이다.

11 직업적 추구가치가 비전이다.

우리나라에는 13,603개의 직업이 있고(2014년 직업사전 통계), 경제활동인구 중 59%인 2,569만명이 기업 및 조직에 고용되어 있으며, 그 중 만 29세 이하의 청년은 15%인 393만명이라고 조사되었다(2017년 1월 통계청).

직업 및 고용의 형태 및 장소는 다양하겠지만, 기업에 고용되어 있는 사람들의 직업생활은 어떠할까?

직업을 1개인이 생활을 하기 위하여 수입을 얻는 목적으로 하는 사회활동이라고 세속적 차원에서 이해한다면 '왜 취업을 하려고 하느냐?'는 질문에 '먹고 살기 위해서지요'라는 생계적 이유를 우선하여 말할 것이며, 직장선택의 기준을 연봉과 복리후생, 고용안정성에 비중을 둘 것이다.

그러나 직업은 경제성 외에도 사회성과 윤리성을 포함하는 개념으로서, 자신의 맡은 바 직분, 사회적 역할인 직職과 전념하여 수행해야 할 노동인 업業의 합성어인 것이다.

이에 직업은 사회적 구성원으로서의 1개인이 삶을 통해 추구하고자 하는 가치와 깊이 연계되어 있다. 그러므로 직업은 인생에 가장 중요한 도구로서 누구에게든 희로애락의 연속과정을 가지게 한다.

이 기쁨喜과 즐거움樂은 개인의 추구가치에서 그 의미를 부여받고, 어려움怒과 슬픔哀도 개인의 선택가치로서 극복할 수 있게 한다.

프랑스 실존 철학자 사르트르는 인생은 B^birth^와 D^death^ 사이의 C^choice^라고 한 바 있다. 그렇다면 직업의 선택도 인생, 즉 삶을 위한 가치선택의 차원에서 고민하고 결정되어야 하지 않겠는가?

조용히 자신의 직업적 가치를 생각해보길 바란다. 자신이 그동안 학습과 생활의 연속된 과정에서 어떤 가치에 의미를 두었고, 선택의 기준으로 삼았던가를 돌아보자.

- 자신에게 가장 커다란 자부심과 만족감을 주는 일은 무엇인가?
- 자신에게 무한의 시간과 돈이 주어진다면 어떻게 사용할 것인가?
- 해보고 싶었는데 두려움 때문에 해보지 못했던 것은 무엇인가?
- 절대 실패하지 않는다면 꼭 해보고 싶은 일 한 가지는 무엇인가?
- 선택의 기로에서 했던 결정과 그 결정의 기준이 무엇이었던가?
- 자신이 선택했던 최고 결정과 그때의 기분과 보람도 상상해보자.

이러한 상상과 생각을 정리하여 직업 활동의 궁극적 추구가치를 찾아보자. 그 가치를 본인이 처해있는 환경 내에서만 찾지 말고, 현재의 환경을 벗어나거나 극복한 후의 모습에서도 찾아보자.

외면적으로 표현되면 구체적일 수 있으나, 그것이 용이치 않다면 내면적인 그 무엇이라고 느껴져도 괜찮다.

직업적 비전 속에 그 가치와 신념을 달성할 수 있는 결과물, 방법과 도구들이 가득히 포함되어 있다면 당신의 비전은 추구가능성이 강할 것이다.

그 가치는 직업적 비전을 가능케 하는 선택의 결단력과 실천의 동력을 움직이게 할 것이다.

20세에 하버드대학을 자퇴하면서 마이크로소프트를 설립하고, 40세에 억만장자의 반열에 올라, 49세에 세계최고의 기부재단을 만들어 활동할 수 있었던 61세 재력가의 추구가치가 바로 빌 게이츠의 비전이었을 것이다.

왜군의 침략전쟁에서 19번을 승리하고서도, 50세에 백의종군을 하고, 13척의 보잘 것 없는 함선으로도 20번째의 명량해전을 승리로 이끌 수 있었던 소신과 신념이 이순신의 비전이었을 것이다.

초등학교도 나오지 못하고, 공장사환으로 입사하여 25년간 생산

현장에서 제안 2만 5천건, 국제발명특허 62개, 장영실상도 5번이나 받고, 초정밀기술 명장이 될 수 있었던 끈기와 열정은 비례대표 국회의원 김규환의 비전이었을 것이다.

비전이란 꿈을 통해 추구하고자 하는 가치라고 할 수 있다. 가치란 자신의 삶에서 지향하고자 하는 것으로 자신의 신념이고, 선택의 기준이고, 동기의 원천으로서 행동을 이끄는 방향키인 것이다.

비전에는 추구가치가 포함되어야 진정한 비전이라고 할 수 있다.

12 자신의 진로감정을 정리해 보라.

감정은 어떤 사건 및 현상에 직면하여 대처하려는 순간적인 느낌 feeling으로서, 생활과 성장과정에서의 경험에서 형성되었고, 학습을 통하여 조절되어 왔던 것이며, 또 주관적 인지 정도에 따라 변경될 수도 있는 것이다. 직업적 비전과 목표 수립은 자신의 주관적 진로감정(job oriented emotion)에 기초하는 경향이 크다. 진로감정은 개인 각자의 과거의 경험, 현재의 학습과 경력으로 영향을 받은 '진로에 대한 자기감정'으로서 앞으로의 직업을 어떻게 생각할 것인지에 상당한 영향을 미칠 것이다.

이에 직업적 비전을 수립하기에 앞서 '내가 지금 직업적 진로에 대하여 어떤 감정을 가지고 있는지'를 성찰해 볼 필요가 있다.

자신의 주관적 진로감정이 어떠한지를 파악해보는 방법으로 코틀의 원형검사를 제안한다. 자신의 진로감정을 지배하는 시간이 과거. 현재, 미래의 시간 중 어디에 가장 크게 연관되어 있는지를 검사해보고 리뷰해보라.

진로시간전망검사(Cottle's The Circles Test)

(검사지시) 과거, 현재, 미래의 각각에 대한 자신의 느낌을 원으로 그려 나열해 보세요.

과거 기억, 추억, 경험을 표현하는 원

현재 상황, 위상, 수준을 표현하는 원

미래 활동, 기대, 희망을 표현하는 원

(진로시간 전망검사 해석요령)
- 원의 크기: (과거, 현재, 미래) 시간에 대한 상대적 친밀감, 편안함
- 원의 배열: (과거, 현재, 미래) 시간의 연계성과 미래준비성

▸ **어떤 것도 접해지지 않은 원**
시간차원의 고립을 의미하는 것으로, 자신의 미래를 향상시키기 위해 어떠한 시도도 하지 않았음을 나타낸다.

▸ **중복되지 않고 경계선에 접해있는 원**
시간차원의 연결을 의미하는 것으로, 사건들이 아직 개별적, 독립적으로 구분되어 있으며, 비록 연속적일지라도 통제되지 않는 상태를 나타낸다.

▸ **부분적으로 중첩된 원**
시간차원의 연합을 의미하는 것으로, 과거가 현재에, 현재가 미래에 영향을 미친다는 점을 나타낸다. 특히 현재와 미래의 원이 중첩된 부분은 현재 상황에서의 미래에 대한 예측 및 전망과 연관된다.

▸ **완전히 중첩된 원**
시간차원의 통합을 의미하는 것으로, 과거와 미래의 원을 현재의 원 안에 중첩시키는 것이다. 이는 현재에서 과거를 기억하고 미래를 예측하는 것을 나타낸다.

과거의 감정에 초점을 둔 경우에는 '미래는 과거의 연속'이라고 생각할 것이다. 이 경우 자신의 과거경험, 부모 및 가족의 직업, 심지어는 부모의 기대 등에 의존하여 스스로의 주관적 판단을 주저할 수 있다. 그리고 자신의 과거의 제약요소를 제거하는 데에 집중하여 당장의 불안해결의 시도를 자신의 비전과 목표로 설정할 가능성이 높다.

현재의 감정에 초점을 둔 경우에는 직면한 생존적 문제에 치중하여 장기적 미래를 살피지 못할 경향이 크다. 단기적 과제해결이나 목표획득에만 치중하고서 그것을 자신의 비전으로 이해하고 긴급한 과제해결에 치중할 수 있다. 이런 경우 취업목표를 질문하면 높은 연봉, 안정된 직장, 규칙적인 시간들을 우선적 가치로 하는 경향이 있다.

미래의 감정에 초점을 둔 경우라면 '현재는 미래의 시작'이라고 생각하면서 과거, 현재의 성공 및 실패의 경험을 바탕으로 미래에 무엇을 할 것인가를 고민할 것이다. 그리고 미래를 위하여 준비해야 할 중요한 것을 찾는 시도를 하게 될 것이다.

바람직한 비전과 목표는 과거와 현재의 이력을 바탕으로 한 미래 지향적이어야 할 것이다. 검사결과를 바탕으로 미래에 대한 방향과 모습을 설계하는 긍정적 희망인 비전을 가지도록 하자. 그리고 구체적인 목표와 계획을 실행하는 강화 활동을 하는 것, 이것이 바로 진정한 비전인 것이다.

미래는 오는 것이 아니라, 어쩌면 이미 와 있다고 할 수 있다. 그러므로 미래는 예측하는 것이 아니라, 준비하는 것이다.

13 비전과 목표를 명함에 담아 알려라.

취업특강을 하고 나오는데 한 학생이 다가왔다. 자신의 명함을 내밀며 조언을 구하였다. 나는 이때 신선한 놀람을 받았다. 그 학생은 이후 면접에 회사로고 색상의 와이셔츠를 입고 면접에 참석하였고, 같은 동기 중에서 유일하게 P제철에 입사하였다.

당시 그 학생에게 명함을 만든 배경을 질문했을 때 그의 대답은 '목표기업과 지원직무를 정하면서 회사의 직원이라고 다짐하려고 했습니다'였다. 이 정도의 의지와 열정을 가지고 준비를 했으니 입사성공은 당연한 것 아니겠는가?

일반적으로 명함은 상대에게 자신의 현직과 실무적 경력 및 전문역량을 알리기 위함이며, 처음 만나는 장면에서 상호간의 관심과 이해를 증진시키고자 하는 관계형성의 도구인 것이다.

명함은 반드시 비즈니스를 하는 사람만이 가지는 것이 아니다. 누구나 자신을 어필하고자 한다면, 처음 만나는 사람과 서먹서먹함을 해소시키고 또 자신의 기억을 오래 남기고 싶다면, 자신의 직업적 비전을 담은 명함을 만들어라. 그리고 친구, 선배, 교수, 기업실무자에게 당당히 내밀면서 유의미한 만남을 가지길 바란다.

자신의 직업적 비전을 표현한 copy를 담은 명함은 자신을 기억시키는 효과와 이미지 형성에 대단한 영향을 부여할 것이며, 자기브랜드를 만드는 강한 의지의 다짐을 촉진해 줄 것이다.

자기브랜드를 설정하고, 찾고, 만들어 가는 과정과 결과가 바로 스토리이다. '저는 이런 직업적 비전을 가지고 노력하는 청년입니다'라고 알리고, 스스로 다짐하라.

자신의 자세와 행동은 달라져 있을 것이고, 어느새 자신의 브랜드와 이미지가 교내외에 소문나 있을 것이고, 나아가서는 '같이 일 해

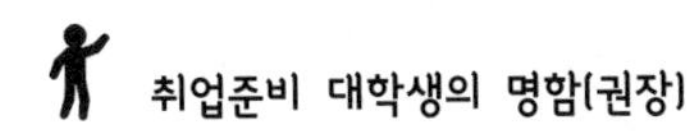

취업준비 대학생의 명함(권장)

한 국 대 학 교
KOREA UNIVERSITY

홍 길 동
Gil Dong Hong

한국대학교 경영학과
(2018년 2월 졸업예정)

HP) 010-1234-5678
e-mail) hong@naver.com

Challenge Job
자동차 부품산업 / 해외영업 / 구매 및 조달, 물류관리 /

비즈니스 현장에서 고객감동을 실현하려는 열정의 챔피언입니다.
길이 있으면 달려갈 것이고, 길이 없으면 개척할 것입니다.

보지 않겠느냐'라는 제의까지도 받을 수 있을 것이다.

이런 기대효과를 강조하며 명함제작을 해보라고 수없이 강조했건만 실천으로 옮기는 학생들이 많지 않다. 왜 그럴까? 아마도 명함에 담을 자신의 비전과 목표설정이 용이하지 않았고, 또한 심도 있는 진로고민을 미루었었기 때문일 것이다. 그러나 명함을 만들어 쑥스럽게 건네준 학생들은 모두 취업에 성공했다는 나의 기억을 분명히 알려준다.

좀 부족해도, 좀 구체적이지 못해도 비전과 목표를 담은 자신의 명함을 만들어 보라. 멋진 사진도 넣어보라. 쑥스러움이 자신감과 용기, 더 나아가 열정과 도전을 더 강하게 만들어 줄 것이다.

단돈 1만원은 100장의 명함을 당신의 손에 들려줄 것이다. 그리고 덤으로 자기소개서에 멋진 스토리를 쓰게 해줄 것이다. 이것이 가장 싸게, 강력한 스토리를 만들어주는 진짜 스펙 쌓기 활동이다.

04 성공취업 출발

성공취업

직업이란 무엇이라고 생각하느냐는 질문에 '생계와 생활을 위하여 돈을 버는 수단'이라고 1차원적인 대답을 한다. 일부 학생들은 질문의 의도를 파악하고 '삶의 목표와 행복을 추구하는 활동'이라고 상위 가치를 포함하여 대답한다.

직업의 영어단어로는 occupation(수입의 주요활동으로서의 직업), vocation(훈련된 특별한 수입활동으로서의 직업)도 있지만, calling(천직으로서의 직업)이라는 단어가 있다.

왜 종교적 뉘앙스를 가진 calling이 직업을 뜻하는가? 그 메시지는 무엇인가를 생각해 보라.

14 자신의 인생에 부여된 소명이 직업이다.

직업이란 개인 각자가 선택하는 것이 아니라, 신神이 개인에게 이미 역할을 부여한 삶이라고도 볼 수가 있다. 그렇다고 염세주의적 관념에서 어쩔 수 없다는 당위성을 이야기 하는 것이 아니다.

직업은 숭고한 가치를 지닌 생生의 소명이다. 동시에 신神이 부여한 것으로 귀천은 없다는 것이다. 우리가 직업을 탐색하고, 결정하는 일련의 과정은 자신의 소명을 확인해가는 활동인 것이다.

신神의 소명을 확인하는 것을 그동안의 자기경험만으로, 부모나 타인의 권유로, 혹여 어떻게 하다가 접하면서 자연스럽게 선택하는 것으로 여긴다면 이는 신神의 바람이 아닐 것 같다.

우리들 각자의 DNA는 과거 역사적 인물이나 조상과도 그리고 미래의 그 누구와도 동일하지 않는 절대적인 유일무이한 것이다. 이것은 분명 신神이 준 것이며, 이 DNA의 발현인 사고와 행동 그리고 삶의 일환인 직업 활동의 과정과 성과는 바로 신神의 뜻이기도 한 것이다. 그러므로 신神의 뜻을 확인하는 것은 시급하면서도 중요하며, 그 과정에 정성을 다하여야 하며 몰입해야 할 것이다.

자신의 직업에서 소위 성공하였다고 하는 선배들의 이야기를 들어보자. 상당수 그들은 성장과 학습의 과정에서 자신의 꿈, 진로, 직업을 다듬어 왔던 것 같다. 그 과정은 치열한 고민과 흔들리지 않는 버팀 그리고 고통과 역경의 극복을 요구받으며, 도전과 성공의 경험을 통하여 자신이 선택한 한 분야에서 한 위치를 굳건하게 만들었던 것이다.

생각해보라. 지금 찾고 고민하는 직업탐색의 과정이 얼마나 가슴떨리는 것인지! 직업적 성공을 위한 노력은 바로 신神과 대화를 하는 것이라는 것을!

그렇다고 생生의 직업을 탐색하고 확인하기 위하여 석가, 예수, 공자처럼 고행과 방황과 방랑의 길을 가라는 것은 아니고, 한없이 고민 고민해보라는 것도 아니다.

자신의 소명인 진정한 꿈을 책을 통해서, 친구와 토론을 하고, 선배들의 경험을 들어보고, 직접 현장에서 체험해 보면서 '이것이 내 삶의 소명이구나. 내 삶의 역할이고 미션이구나'를 구체화 해보라는 것이다.

취업준비생의 직업과 진로에 대한 탐색은 매우 중요하며, 그 과정에서는 노력과 열정이 필요하다. 책을 읽고 선배를 만나고 실무를 체험하는 것이 그리 쉬운 것이 아니다. 더구나 공부하고 싶다고 공부가 되는 것도 아니고, 선배를 만나려 해도 선배의 시간이 허락되지 않고, 실무체험을 하고 싶다고 누구나 반겨주지는 않는다.

그러나 찾아라. 간절히 구해야 한다. 신神을 만난다는 것이 그렇게 쉬울 리 없기 때문이다.

신神을 만난다면 아마도 이렇게 말할 것 같다.

- 직업은 취업으로 할 수도 있지만, 창업으로도 할 수 있다.
- 직업은 대기업에서 할 수도 있지만, 중소기업에서도 할 수 있다.
- 직업은 한 곳에서 할 수도 있지만, 여러 곳에서도 할 수 있다.
- 직업은 네 나라에서 할 수도 있지만, 남의 나라에서도 할 수 있다.
- 직업은 부를 쌓는 것이 아니라, 가치를 쌓는 것이다.
- 직업은 남의 꿈을 이루는 것이 아니라, 너의 꿈을 이루는 것이다.
- 직업은 승자와 경쟁하는 것이 아니라, 자신과 경쟁하는 것이다.
- 직업은 나의 직장에 오는 것이 아니라, 너의 직장에 가는 것이다.

15 노력과 열정의 흔적은 면접과정에서 나타난다.

면접의 달인이라며 소개된 신문기사(동아일보, 2008. 4. 24.)를 본적이 있다. S전자 입사에 성공한 한 학생의 경우 지원회사와 관련된 기사를 약 6개월 동안 모으면서 스터디를 하였고, 주말이면 매장을 찾아다니며 현장정보를 수집했고, 면접을 대비하여 모의연습을 했었다고 한다. 그러한 활동 스토리를 소개한 자기소개서 작성과 면접의 결과는 스터디 멤버 전원의 합격으로 이어졌다고 한다.

실무 재직 중, 입사한 많은 학생들의 자기소개서를 읽어 보았다. 그들 중 면접의 성적이 우수한 학생, 최종입사가 결정된 학생들의 상당수 특징은 취업을 준비하는 과정이 대단했다는 것이었다. 지원동기도 남다른 점도 있었지만, 현장에서의 직무경험과 그 소감에 대한 표현이 일반학생과는 다르다는 생각이 많이 들었다.

또한 회사에 입사하여 해보고 싶다는 포부가 상당히 현실적이면서도 매력적이었다. 이런 매력적인 사실에서 '직업 및 취업에 대하여 많은 생각과 확인을 했구나'라는 느낌을 받았으며, '입사 후 다소 어려움이 있더라도 적응의 노력을 할 것이고, 중도퇴사하지 않고 자신의 소임과 역할을 수행할 것이다'라는 믿음이 강했으며, 이 점들이 합격을 결정하는 데 영향을 미쳤다.

생각하고 고민도 하고, 시도해보고 또 실패와 방황도 해보라. 그 흔적은 취업과 면접의 과정에서 자연스럽게 나타난다. 이것이 절대 실패하지 않는 성공취업의 시작인 것이다.

16 인재상의 핵심 메시지를 이해하라.

대다수 기업에서는 경영철학, 사업비전 및 사업적 특성 등을 반영한 '기대하는 인재의 역량'을 인재상talent image, 핵심가치core value, 행동규범behavioral norm 등으로 설정, 공포하고 있다.

국내 100대 기업 대상의 조사결과(대한상의, 2013. 3.)에 의하면, 우리나라 기업의 5대 인재상은 'SUPER'로 명명命名할 수 있다고 했다.

종합적으로 '기업의 가치나 문화에 부합하는 가치관, 사고, 태도, 행동 등을 가진 적합한 인재right people로서, 직무에 대한 지식과 기술을 가진 전문가professional로서, 사업의 성과를 경영하는 사람business man이라는 의미를 담고 있다.

그러나 취업준비를 하고 있는 학생들은 스펙이 우수한 인재good people이고자 하고, 조직생활에서의 재미에 관심을 두고amateur, 정기적으로 월급 받는 사람salary man이고자 한다.

이것은 기업이 사업적으로 추구하는 인재상과 취준생이 회사생활에서 추구하는 직장관 간에 다른 측면을 있다는 것이다. 서로 다른 추구인식에서 준비하는 취업은 입사전형 통과뿐만 아니라 지속되는 성공취업을 어렵게 할 것이다.

기업의 인재상과 자신의 추구가치를 일치시키기는 쉽지 않을 뿐더러, 일치시키고자 하는 쌍방의 노력은 고민과 갈등에 빠지게 한다. 이에 자신과 일치되는 기업을 찾는 것이 보다 현실적이고 이러한 노력이 취업준비과정이 되어야 한다.

상대와 자신을 안다면 백전백승할 수 있다고 했다. 여기서 '안다는 것'은 지원하고자 하는 기업의 인재상이 무엇이며, 그 의미가 무엇인가를 확인하는 것이고, 동시에 그것이 자신의 추구가치와도 일치하는가를 비교하는 것이다.

100대 기업의 5대 인재상

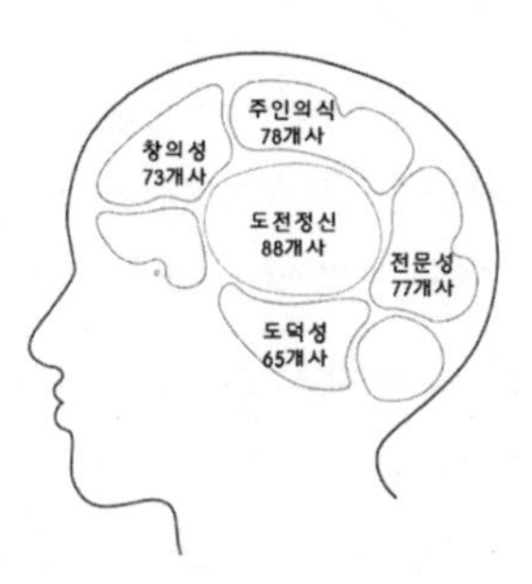

- 전문성(Speciality)
- 창의성(Unconventionality)
- 도전정신(Pioneer)
- 도덕성(Ethicality)
- 주인의식(Responsibility)

기업의 인재상은 현재 그리고 미래의 조직구성원들에게 사고와 행동의 지향방향을 제시하는 것으로, 입사지원을 위해서는 인재상에 내재된 핵심메시지의 해석과 이해가 필요한 것이다.

이때 간과해서는 안 되는 것이 선언한 문구statement만으로 인재상을 이해해서는 부족하다는 것이다.

동종업종임에도 왜 인재상이 다를까? 그것은 기업마다의 주력사업영역이 다르고 조직문화가 다르기 때문이다. 그렇기 때문에 유사한 문구, 동일한 단어라도 그 함축적 의미가 다른 것이다.

즉, 삼성전자의 창의creativity는 세상을 바꾸는 측면을 강조하고 있으나, LG전자의 창의는 자율적으로 일하는 측면에 비중을 두고 있다.

자신이 생각하는 개념인식과 기업의 비중개념이 다르다면, 보다 자신과 일치성이 강한 인재상을 가진 기업에 우선적 관심을 가지고 보다 세심한 기업분석을 하는 것이 필요하다.

인재상의 내재적 개념 비교

기업	인재상	
삼성 전자	창의 열정 소통의 가치인	• 끊임없는 열정으로 미래에 도전하는 인재 • 창의와 혁신으로 세상을 변화시키는 인재 • 정직과 바른 행동으로 역할과 책임을 다하는 인재
LG 전자	LG WAY에 대한 신념과 실행력을 겸비한 인재	• 꿈과 열정을 가지고 세계 최고에 도전하는 사람 • 고객을 최우선으로 생각하고 끊임없이 혁신하는 사람 • 팀워크를 이루며 자율적이고 창의적으로 일하는 사람 • 꾸준히 실력을 배양하여 정정당당하게 경쟁하는 사람
SK 텔레콤	세상에 가치를 더하는 사람	• 내가 가는 길에 세상과 고객이 더 행복해지는 미래가 있습니다. • 나는 열린 마음으로 다르게 보고 다르게 생각해 새로운 세상을 열어갑니다. • 나는 가슴 뛰는 목표를 향해 세상이 놀랄 때까지 절대로 멈추지 않습니다.
대구 은행	섬김과 정직으로 새로운 가치를 창출하는 인재	• 사람을 존중하고 지역과 고객을 위해 봉사할 줄 아는 인간미 넘치는 인재 • 창의적으로 생각하고 주체적으로 행동하며 도전하는 인재 • 책임감이 강하고 신뢰감을 주는 정직한 인재

지금 당장 확인하라. 만약 당신의 추구가치 개념과 지원목표 기업의 인재상지향 개념 간에 상당한 차이가 있다고 느껴지면 지원목표를 바꾸라. 당신은 유일하지만 지원할 수 있는 기업은 여러 곳이다.

17 성공취업, 중요한 것부터 먼저 하라.

2014년 통계청 자료에 의하면, 15세 이상의 생산가능 인구 중 취업자가 차지하는 비율인 고용률은 59%였으며, 2016년에는 60%를 넘어 섰다. 앞으로도 고용률은 계속적으로 높아질 것으로 전망하고 있다.

이는 회사[기업]에 입사하여 직업을 가지는 인구가 매년 증가한다는 것이며, 대부분의 사람들은 직장조직을 통하여 성과와 업적을 실현하며, 자신의 가치와 신념을 확립하고 전개하고자 한다는 것이다.

이에 대학에 입학하는 것도 취업을 위한 것이며, 대학원에 진학하는 것도 취업을 위해서 학업기간을 연장하는 것이라고 단언해도 무방할 것이다. 그렇다면 대학생활을 어떻게 해야 할 것인가? 성공취업을 위한 일련의 학습과 경험을 해야 하지 않겠는가?

성공취업은 자신이 하고 싶은 일을, 자신의 스타일대로 하였더니, 자신에게 칭찬과 보상을 제공하는 곳에 입사하는 것이다. 이를 위하여 가장 중요한 것, 가장 긴급한 것이 무엇일까?

자신이 처해있는 입장과 상황에 따라 다르겠지만, 스티븐 코비의 조언처럼 '중요한 것을 먼저 하는 것(Do the most important thing First)'이다.

성공취업을 위해 중요한 것은 첫째가 자신이 하고 싶은 일을 찾는 것이다. 둘째는 자신의 일하는 스타일을 찾는 것이다. 셋째는 자신의 가치를 인정받는 곳을 찾는 것이다.

첫 번째로 중요한 '자신이 하고 싶은 일이 무엇인가?'를 질문하면, 교사, 과학자, 엔지니어, 은행원 등등의 직업적occupational 차원에서 대답하는 경우가 있다. 이것은 중고등학생이 하는 대답이다.

대학생이라면 특수교육, 전기자동차 개발, 게임프로그램개발, 금융재산관리자, 더 구체적으로 발달장애아동 교사, 초고속 전기충전시스템 개발자, 모바일게임 앱디자이너, 주식펀드전문가 등과 같이 전문적professional 차원의 직무job; a particular task를 말해야 할 것이다.

어린 시절 제품을 분해하는 것에 재미를 가졌던 S전자 P씨는 계산기 속 초록색 기판의 신기한 기능에 매료되어 기판을 만드는 사람이 되고 싶다는 목표를 설정하였다고 한다. 대학 입학 후 전공학습과 각종 로봇공모전을 통해 역량 개발한 결과, S전자 입사가 가능했고, 지금은 대형모니터 개발업무를 하고 있다고 한다.

자신이 하고 싶은 일을 찾는다는 것은 거창한 직업적 위상position을 찾는 것이 아니라, 자신이 좋아하고 잘 할 수 있는 특정의 분야와 전문성을 발휘하고 싶은 구체적인 과제와 역할task & work을 찾는 것이다.

「직업을 탐색하는 것」과 「직무를 탐색을 하는 것」은 관점과 접근방법이 다르다. 물론 직무탐색을 통한 취직employment은 일생의 업job인 취업occupation을 가능하게 하므로 전혀 무관하지는 않지만, 취업의 출발선에 있는 구직자applicant on corporation는 꿈을 꾸는 학생student on dreaming job과는 다른 관점을 가져야 한다.

둘째로 중요한 '당신이 일하는 스타일은 어떠한가?'라는 것은 어떤 과제가 주어지면 어떻게 접근하고Planning, 시작하고Doing, 마무리하는지Checking를 말하는 것이다.

일하는 스타일은 공부하는 스타일, 생활하는 스타일과도 유관한 것으로 자신의 성격, 특기, 경험 등에 따르는 경향이 높다. 직무환경상의 기대스타일이 자신의 성격스타일과 유사한 경우 자신의 직무만족도는 당연히 증가될 것이다.

2015년 조사에 의하면, 직장인들의 1일 평균 근로시간이 9.3시간이라고 할 정도로 상당수 시간을 회사에서 보낸다. 그렇다면 그 회사생활이 즐겁고 만족스러워야 하지 않겠는가? 그러기를 기대한다면 자신의 스타일과 유사한 직업·직무를 선택하거나, 아니면 회사의 스타일에 자신의 일하는 스타일을 맞추어야 하지 않겠는가?

그렇다고 어떤 직무, 어떤 기업에 들어가든 그에 맞추어 '적응하는 것'이 직장인의 바람직한 자세라고 할 것만은 아니다. 회사 생활에 적응하는 것은 자신의 노력과 다짐만으로 가능한 것만은 아니며, 다양한 요인에 영향을 받는다. 그러나 적응되지 못하는 직장생활은 스트레스와 소진의 굴레에 봉착하게 된다.

이에 자신의 스타일인 성격, 흥미, 적성, 가치 등을 정립하여야 할 것이며, 적합한 직무, 직업 환경의 탐색과 결정 그리고 진입을 위한 학습이 되어야 할 것이다.

막연하게 나의 성격 스타일은 이럴 것이다. 혹은 이랬으면 좋겠다는 생각만으로, 심지어는 자신의 흥미, 적성, 비전과 무관한 분야로의 취업준비는 결코 성공취업을 허락하지 않을 것이다.

자신의 일하는 스타일과 상당한 차이가 있는 직무, 직업 환경으로의 진입을 시도하지 말라. 당신의 일하는 스타일과 유사한 직무, 직장은 무한히 많다. 조급하게 서두르지 말고 차분하고 객관적으로 스스로의 특성을 구체화하는 시도(성격검사, 전문가 및 주변인과의 상담, 현장 실무자와의 만남과 현장체험 등)는 성공취업을 위해 우선적으로 해야 할 것이다.

세 번째로 중요한 '자신의 가치를 인정받는 곳을 찾으라'는 말은 누구나 쉽게 이해할 수 있을 것이다. 그러나 '나를 뽑아주는 기업'으로 이해하지는 말라. 자신의 가치를 인정받기 위해서는 자신이 그 가치를 창출해야 하는 것이 선행先行이고, 그것을 지속적으로 창출해야 한다는 것이다.

단순히 지금 뽑히는 것이 아니라 그 조직에 잔류하는 동안은 자신의 가치가 인정되고 조직의 가치창출에 계속적으로 기여하는 가치를 보유하여야 한다.

2012년 7월 최고의 구단인 맨체스터 유나이티드에서의 계약기간이 남아 있었음에도 불구하고, 2부 리그로 강등될 처지에 있던 퀸즈파크 레인저스로 소속팀을 이적한 박지성은 '주전으로 계속해서 출전할 수 있는 가능성이 많은 팀이기 때문에' 이적을 결심하였다고 한다. 벤치에 앉아 있는 선수가 아니라 그라운드를 뛰는 선수로서의 가치가 남들이 생각하는 명예보다 더 중요했던 것이다.

자신의 가치가 인정되고 지속되는 곳에서 그 가치를 발휘하는 것이 바로 성공취업이지, 남들이 알아주고 부러워하는 곳, 신의 직장에 들어가는 것이 성공취업이 아니다. 그렇다고 소위 눈높이를 낮추라는 것이 아니다. 자신의 역량을 발휘하여, 자신의 만족을 통해, 자신의 지향가치를 실현하는 곳에 들어가라는 것이다.

성공취업을 위하여는 자신의 이해와 함께 기업을 분석하는 것이 가장 중요함을 다시 강조한다. 그러기 위하여는 평소 대략의 취업목표를 선정한 후, 그들의 사업비전과 목표, 사업 활동 및 시스템, 핵심역량과 중점사업, 기업문화 및 지향가치, 성과 및 실적을 다양한 방법(정보탐색, 인턴, 면담 등)으로 관찰하는 것이 필요하다.

이런 관찰을 대학 2학년 때에 집중적으로 하길 권한다. 그러고 나서 지원 자격요건인 스펙 쌓기에 몰입한다면 취업성공은 결코 어렵지 않다고 확신한다.

18 왜 진로를 정하지 못하고 있는지를 확인하라.

진로상담을 하다보면 '무슨 준비를 어떻게 해야 할지 모르겠어요'라는 학생이 꽤 많다. 진로 및 취업지향성이 높은 이공계, 상경계 학생의 경우는 그나마 전공분야로의 진로방향을 설정하고는 있지만, 인문사회계열 학생의 경우는 방향과 목표는커녕 졸업 후 무엇을 해야 할지를 결정하지 못하는 경우가 많다. 답답하기도 하지만 이해도 된다.

많은 학생들이 그동안 사회적 환경이 정한 프레임에 따르기를 요구받아 왔고, 그렇게 지내도 생활에 큰 지장이 없었다. 더구나 진로를 선택해야 했던 중고시절 내내 교사든, 부모든 정해진 공부만을 무조건 하라고 했고, 대학에 들어가는 것이 학생의 역할이고, 심지어는 효도라고 강요했었다. 그렇게 정해진 길을 걸어왔던 학생에게 앞으로의 진로를 묻고, 마치 결정하라고 강요한다는 것은 당연히

'모르겠어요'라는 대답을 종용하는 것과 다름이 없다.

삶은 선택의 연속이다. 그 과정에서는 항상 고민과 결정 그리고 갈등과 변경이 반복된다. 진로선택도 마찬가지이다. 이에 진로고민의 배경과 원인 연구는 많은 학자들의 관심영역이었다.

특성요인 상담이론을 설명한 윌리엄스Williamson은 직업선택을 하지 못하는 원인으로 ① 진로 및 직업선택에 대한 확신을 가지지 못해서, ② 자신의 흥미와 직업적 적성의 불일치 때문에, ③ 지식 및 정보의 부족에 따른 두려움과 불신 때문에, ④ 자신이 원하는 것을 몰라서 어느 하나의 직업선택을 하지 못한다고 하였다.

정신 역동적 상담이론을 제시한 보딘Bordin은 진로선택의 과정에서 직면하여 ① 자신의 희망이 타인의 기대나 사회적 요구에 벗어나지는 않을까 하는 부담감으로 ② 자신의 진로문제를 다른 사람에게 의존하려고 하며, ③ 직업관련 정보가 충분하지 못한 상태에서 ④ 확신을 가지지 못하고 ⑤ 진로선택과 같은 중요한 사항의 결정에 심리적 갈등에 처하게 된다고 설명하고 있다.

행동주의 상담이론을 정립한 구스테인Goodstein은 진로선택에서의 무기력은 ① 경험과 정보의 부족으로 인하여 지속되는 불안과 ② 주변의 압력 등이 가중되어 생기는 것이며, ③ 특히 실패에 대한 두려움, ④ 타인에게 미치는 부정적 영향의 두려움, ⑤ 완벽추구의 욕구가 ⑥ 결정을 회피하며 기다려 보자는 심리를 유발한다고 했다. ⑦ 한편으로 다재다능함을 만족시켜주는 직업의 부재도 우유부단함을 가중시킨다고 하였다.

이와 같은 다양한 원인을 해소하고 진로방향과 취업목표를 결정하기 위해서는 ① 자신의 능력, 성격, 흥미 등에 대한 객관적 진단을 바탕으로 ② 구체적 결정을 위한 우선적 대안을 선택하고 ③ 탐색과 재확인의 연차적 결정과정이 필요하다고 하였다.

자신이 아직까지 진로와 목표를 정하지 못한 이유와 배경이 무엇인지 생각해보자. 자신의 외부에 있다면 과감히 단절시키면 될 것이지만, 자신의 내부에 있다면 '지금 당장 할 수 있는 것'부터 행동으로 실천해보자. 하나를 실행하면 고민 하나도 해소되고, 또 다른 하나를 실행으로 옮기게 이끌어 준다.

19 진로고민 중이면 취업상담센터의 문을 열어라.

취업상담센터를 찾아 직업성숙도검사, 흥미적성검사를 통해 자신을 객관화하라. 졸업하기 전에 이미 취업성공을 한 학생들을 만나 상담을 해보면, 이들은 2학년쯤부터 취업상담센터를 방문했었고, 자신의 진로를 결정하고 취업에 필요한 역량개발과 전략수립을 했었다는 사실을 종종 발견할 수 있었다. 이들의 상당수는 전공학습과 동아리, 공모전 참여 등의 대학생활을 성공취업이라는 로드맵상에서 차근차근 진행해 왔던 것이다.

자신의 주관적 생각을 접어두고, 그 결과에 조언을 줄 만한 선배, 특히 자신보다 먼저 진로에 대한 고민을 했던 사람, 재학생이라면 졸업생 선배를 찾아 의견을 교류하는 것도 좋다. 단, 가급적 칭찬과 격려의 우호적 입장에 있는 부모, 교수, 친구와는 차선으로 만나라.

이런 과정을 통해 선택한 2~3개의 진로대안에 대하여, 현장 실무자 및 전문가의 의견과 조언을 듣고, 우선적 진로와 진입전략을 수립해보라. 그리고 선언하라. '이런 분야에서의 전문가가 되겠다'라고. 이 선언은 회의와 의심보다는 기대와 격려로 이어지고 자신을 움직이게 하는 동력이 될 것이다.

대학 2학년까지 자신의 경력로드맵을 설계하지 않은 학생은 '졸업과 동시에 취업할 수 없다'라고 단언한다. 이러한 로드맵의 설계를 취업상담센터의 전문가를 통해서 하길 바란다. 이것이 성공취업의 탄탄대로인 것이다.

그러나 이런 조언과 공감이 실행으로 이어지지 못하는 것을 많이 보았다. 왜 그랬을까? 1, 2학년 학생들은 취업시기의 여유로 당장에 취업상담센터 활용을 미루고 있기 때문이고, 4학년들은 취업선호도의 미스매칭으로 활용 실효성을 크게 느끼지 못하였기 때문이다. 특히 선호하는 대기업 취업에 대한 직접적인 메리트를 제공받지 못하고 있다고 생각하기 때문이다.

현실적으로 대부분의 취업상담센터에서는 대기업과 같이 학생들의 선호도가 높은 직장에의 구직을 직접적으로 지원하는 데는 한계가 있다. 그 이유야 당연한 것이다. 왜냐면 학생들의 선호도가 높은 기업에서는 지원자가 넘쳐나는데 굳이 대학에 추천의 결정권을 위임할 필요가 없기 때문이다.

한국경영자총협회에서 전국 312개 기업을 대상으로 조사한 '2017년 신입사원 채용실태 조사결과'에 따르면 300인 이상 기업의 취업경쟁률이 38.5대 1이며, 300인 미만 기업은 5.8대 1로 나타났다. 이는 100명이 지원할 경우 대기업은 2.6명 정도만 뽑았고, 중소기업은 17.2명을 뽑았다는 것이다.

심지어 100대 대기업의 채용인원은 연간 3~4만명 규모(전국 대학 졸업생 56만명 기준 6% 수준)로서 그 경쟁률은 100대 1을 넘은지 이미 오래이다. 구직자의 대기업 쏠림현상으로 대기업과 중소기업의 경쟁률 격차는 더욱 증가하고 있으며, 300인 이상 대기업의 경우 78.9%가 2번 이상의 면접을 실시하였다고 한다. 이들 대기업에서는 다양한 방법과 절차로서 적임자를 선발하고 있다. 반면 중소기업, 특히 우수한 성장 잠재력을 가진 중견기업마저도 학생들의 취업선호도가 낮은 관계로, 지원율이 낮아 인력 구하기에 어려움을 가지고 있다. 이에 중소중견기업에서는 적임자 추천의 상당부분을 대학에 위임하는 경우가 많다.

2017년 신입사원 취업 경쟁률

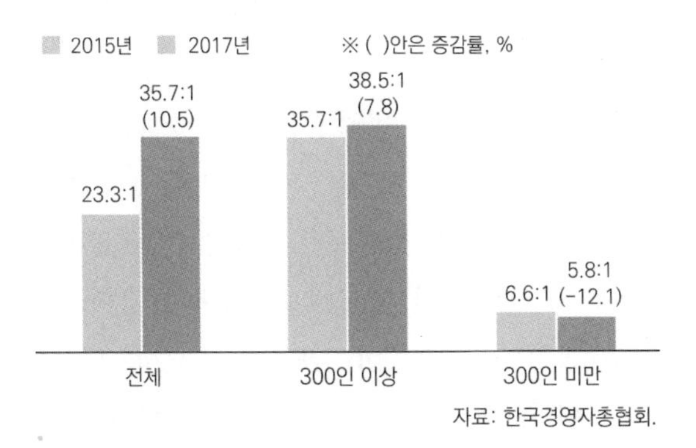

자료: 한국경영자총협회.

중소기업은 연봉 등 처우기준이 열악하여 취업의사가 없다는 학생들의 편견을 무색케 하는 기업소개 신문기사(매일경제 14. 11. 24)에 따르면, 대구 성서공단에 코팅소재와 기능성 필름 제조기업인 플렉스피아의 경우 매년 연봉이 300만원씩 올라가는 급여시스템을 운영하고 있으며, 입사 후 10년이면 대기업수준을 초과하는 연봉을 받을 수 있다고 한다.

장기근속을 유도하는 중소기업

연봉 300만원 올리니 이직률 '제로'

청년취업 해법은 알짜 중기

전북 익산에서 자동차용 조향장치 등을 생산하는 (주)티엠지는 매년 7~8명의 직원을 뽑으면서도 최근 4년간 퇴사자가 한 명도 없었다. 1994년 설립된 이 회사는 결혼이나 임신으로 퇴사한 여직원 몇몇을 빼고는 이직률이 제로에 가깝게 유지되고 있다. 고용안전이 보장되고, 장기근속 유도를 위한 연봉인상률도 높다. 초봉은 3400만원이지만 1년에 300만원가량씩 상승해 2년차에는 연봉이 3700만원으로, 3년차에는 4000만원에 육박한다. 법무팀에 근무하는 김기란 씨(34)는 "대기업에 준하는 연봉에도 만족하지만 나의 기획이 바로 실무에 적용되는 점이 더 좋다"고 말했다.

강소 중소기업들은 이직률이 낮고, 장수기업으로 성장하면서 고용안정도 보장되고 있다. 통계청 전국사업체조사에 따르면 30년 이상 장수한 중소기업이 최근 7년간 2배가량 늘어난 것으로 나타났다. 2006년 4만6648곳에서 2년 단위로 1만개 이상씩 늘어나는 추세다. 2008년에는 5만6812곳, 2010년에는 6만9248곳으로 늘어났고, 2012년에는 8만7732곳으로 증가했다. 중소기업중앙회 관계자는 "중소기업은 수명이 짧고 고용이 불안정하다는 것도 선입견으로 볼 수 있다"며 "강소기업들은 기업의 성장과 함께 고용도 안정적"이라고 설명했다.

보안솔루션업체인 디지캡, 디지털영상장치 전문업체인 파인트론, 통신장비제조업체 웨이브일렉트로닉스, 전산시스템 컨설팅사인 뱅크웨어글로벌 등 강소기업들은 수년간 퇴사자가 거의 없다. 비교적 높은 연봉에 자기계발비를 회사가 적극 지원해 직원 만족도가 높다.

장기 근속을 장려하는 시스템베이스임직원이 웃고 있다.

고용안정과 장기근속을 유도하는 기업도 많다. 대구 성서첨단산업단지에서 코팅소재와 기능성필름을 제조하는 플렉스피아는 초임은 2500만원이지만 매년 연봉이 350만원 이상 상승하는 독특한 구조를 가지고 있다. 3년이면 3500만원, 10년이면 6000만원이 넘어가는 셈이다.

시리얼통신 전문회사인 시스템베이스와 친환경블록 제조업체인 이노블록은 근속에 따른 포상을 제공한다. 시스템베이스는 근속에 따라 5년 금 3돈, 10년 5돈, 15년 10돈을 지급한다. 이노블록은 근속에 따라 3년 이상 매월 3만원, 5년 이상 매월 5만원을 추가로 지급하고, 10년 근속자에게는 5돈의 순금열쇠를 포상한다. 진영태 기자·사진/이승환 기자

<대통령직속 청년위 공동기획>

매일경제, 14.11.24 A19

자료: 매일경제기사 발췌(14. 11. 24).

이와 같은 우수 중견기업들의 경우는 대체로 소규모의 인원을 대학과의 산학협력프로그램을 통하여 선발하는 경향이 많다. 이에 성공취업에 대한 인식전환을 한 학생, 특히 중소·중견기업에서의 비전성취를 설계한 학생에게는 취업상담센터가 성공취업의 고속도로 톨케이트가 될 것이다.

대부분의 취업상담센터에는 진로 및 취업상담, 심리검사 등을 비롯하여 취업연계 및 역량개발 프로그램, 더구나 장학금 등의 경제적 지원정보까지도 넘쳐나고 있으며, 취업에 필요한 직접적, 간접적인 활동을 저학년부터 고학년까지를 대상으로 지원하고 있다. 취업상담센터의 문을 열고 막강한 조력자의 도움을 받아라.

20 실행하는 것이 계획이고 목표이다.

우리들은 자신의 달성 목표를 세워 계획을 수립하는 것에 항상 익숙해 있고, 또한 그 계획을 하나하나 실천하겠다고 늘 다짐하곤 한다. 그런데 항상 아쉬움을 가지게 했던 것은 일정대로, 계획처럼 잘 안 되는 것이었다.

이러한 아쉬움을 반복하지 않도록 수많은 실천Tip을 제공하는 도서가 넘쳐나고 있고, 그것을 통하여 계획을 세우면서 다짐을 하곤 했지만, 또 그 자리에서 맴도는 것에 대하여 능력, 의지력, 환경, 돌발상황 발생이라고 위안하였지만, 늘 우리를 답답하게 만들었다.

에디슨은 전구를 만든 후에 '나는 한 번도 실패한 적이 없다. 단지 전구를 만들지 못하는 수천 가지의 방법을 발견했다'라는 유명한 말을 하지 않았던가! 이것이 소위 성공한 사람들의 공통된 행동에서 찾을 수 있었던 실행인 것이다.

'계획을 수립하는 것'은 목표를 달성하려는 것보다, '실행을 달성하려는 것'일지도 모른다. 우리는 실행이 원활하지 못했을 경우 또다시 목표와 계획을 수립한다. 그리고 그 목표와 계획이 완성된 후에는 또다시 목표와 계획을 수립한다. 목표와 계획은 항상 변한다. 그러나 실행은 변하지 않는다. 단지 그 실행의 방법과 도구가 변했을 뿐이다. 실행하지 않았다면 목표와 계획도 변하지 않을 것이다.

많은 취업준비생들은 초중고시절부터 익숙했던 방법으로 취업성공을 위한 목표와 계획을 수립하고 있다. 그러나 취업성공을 위한 목표와 계획의 수립은 그때의 방법과는 달라야 한다. 왜냐면 초중고시절의 목표와 계획은 이미 정해진 것이었고 그 실천방법은 열심히 공부하는 것이었기 때문이다.

입사지원은 개인의 역량수준level을 전제로 출발하며, 경쟁자의 급band도 유사하기 때문에 상대적 차별 포인트의 확보가 요구된다.

이에 차별화된 목표와 계획을, 차별화되게 실행하면, 합격의 가능성도 확보될 것이다. 어떤 측면에서는 성공의지와 실행의지가 차별화되었다면 실행과 성공은 어느 정도 확보되었다고 할 수도 있다.

자신의 특성을 바탕으로 자신만의 차별적 실행을 하라. 자신만의 실행 방법에 의심도, 걱정도 하지마라. 자신만의 실행은 이미 차별화된 것이므로 목표와 계획은 이루어진 것이다. 그러나 실행하지 않은 목표와 계획은 당신을 계속 도서관에만 머물게 하고, 생각과 상상 속으로 구속하게 할 것이다.

실행하는 것이 바로 목표이고, 계획임을 명심하라. 기업은 실행력을 최고의 가치로 평가하고 있다. 지원자의 실행력과 그 가능성을 평가하는 일련의 과정이 바로 면접이다.

지금부터 시작하자. 자신의 전공에서 가장 흥미 있는 분야과목가 어느 것인지, 그 흥미를 인생을 걸고 해도 될 것 같은지를 확인해보자. 이어서 그 결과를 토론해보면서 확신이 들면 필요역량을 list-up하라. 그리고 현재의 자기수준에 대한 솔직한 평가를 바탕으로 한 단계씩 축적해가는 일정을 수립하여, 알고 있는 쉬운 것부터 실행으로 옮겨라.

'하고 한 후회'는 또 다른 시도를 하게 하고 자신을 꿈에서 깨어나게 한다. 이러한 시도와 경험은 새로운 자신감을 불어넣고, 도전의 흔적을 남겨준다. 이것이 기업의 실무자가 관심을 가지는 차별화 스토리이고, 그 흔적을 면접관은 알아차린다.

면접관들은 '그동안 어느 어느 회사에 지원했었나요? 실패의 원인이 무엇이라고 생각하나요?'를 질문하는 경우가 종종 있다.

이때 상당수 학생들은 '그 회사에 적합한 능력을 확보하지 못한 것 같습니다'라고 대답하는데, 그보다는 '차별화 역량을 확보하기 위해 자동차정비 자격공부를 했었는데 아직 취득을 못했습니다. 이것이 저의 자신감을 위축시켰고 성공하지 못했던 것 같습니다. 앞으로 더 집중해서 반드시 금년 내로 취득하겠습니다'라고 대답한다면 면접관들의 호감은 달라질 것이다.

자신감은 마음가짐만으로 생기는 것이 아니라, 실행으로 강화되는 감정적 능력mental power인 것이다.

역량개발

01 역량인식과 개발

02 역량내용과 평가

03 조직역량 이해

04 역량개발 방향

01 역량인식과 개발

역량개발

우리나라에서의 취업스펙은 첫째가 남자, 둘째가 이공계, 셋째가 전공이라며 취업의 편중 불균형을 지적하는 우스개 소리가 있다.

이는 직무수행역량보다 스펙의 확보가 바로 합격의 필요충분조건이라는 인식을 만연시키고 있으며, 다수의 학생들이 보편적 스펙 쌓기를 우선적 확보 목표로 삼도록 하고 있다.

더구나 취업경쟁력이 취약한 계층의 학생, 특히 여학생, 인문계열 학생들을 경쟁적으로 높은 학점, 어학점수, 자격취득, 복수전공 등을 따라 할 수밖에 없도록 하고 있으며, 끊임없이 고민하게 한다. 그러다 보니 스펙은 고공하고 있고, 경제적·시간적 투자의 비효율성은 가중되고 있다.

물론 최근에는 탈脫스펙 전형, 스펙터클tackle 오디션, 블라인드blind면접 등이 확산되고 있지만, 여전히 취업현장에서는 입사지원 자격으로 전공, 학점, 어학, 자격 등을 지원 가이드 라인guide line으로 제시하고 선발의 평가요소로 활용하고 있다.

21 학점, 어학, 자격은 도전의 용기와 자신감을 촉구한다.

스펙은 입사지원의 기본요건인 것은 분명하다. 그래서 대다수 학생들은 어학점수, 자격취득을 위해 많은 시간을 할애하고, 학점관리에 민감하다. 그러나 졸업을 앞두고서도 회복되지 못한 낮은 학점과 화려하지 않은 스토리, 평범한 스펙은 결국에는 시험성적만으로의 단기회복을 각오하게 만들고, 치열한 공시公試대열로 합류하게 내몰고 있다.

휴학 및 졸업유예를 상담하는 학생들에게서 들을 수 있었던 주요한 결정이유는 스펙 쌓기였으며, 복학한 학생들 중에는 안타깝게도 기대한 수준의 스펙확보를 못하였으며 눈높이를 조정하여 목표와 진로를 변경해야겠다고 진로지도·상담을 요청하고 있다.

어느 정도수준의 스펙이 되어야 취업 경쟁력을 가졌다고 할 수 있을까? 취업포털의 조사에 따르면 2016년도 하반기 공채를 통해 취업한 신입사원들의 평균학점은 3.5점, 토익점수는 724점, 직무자격증은 2개 정도였다고 한다.

기업 공채신입사원 평균 스펙(2017년 1월, 123개 기업조사)

신입사원 평균 스펙 학점 3.5점, 토익 724점, 자격증 2개

하반기 공채 123개 기업 조사

지난해 하반기 취업에 성공한 신입사원들의 학점은 평균 3.5점(4.5점 만점), 토익 성적은 평균 724점으로 파악됐다. 또 합격자의 절반 이상(55.2%)은 인턴 경험자였으며 정규직 근무 경력이 있는 '올드루키'도 35.6%에 달했다. 취업포털 사람인은 2016년 하반기 대졸 신입사원을 뽑은 123개 기업을 대상으로 '신입사원 합격 스펙'을 조사한 결과 이같이 나타났다고 4일 발표했다.

신입사원들의 평균 학점은 3.5점으로 지난해 상반기 조사 때와 같았다. 합격자의 85.3%는 학점이 3.0~3.8점에 분포돼 있었다. 5개 기업 가운데 4개 기업(79.2%)은 '일정 기준 학점 이상이면 모두 동일하게 평가했다'고 응답했다. 이들 기업의 45%는 '3.0 이상의 학점'을 요구했다.

신입사원들의 토익 평균 점수는 724점으로 상반기(747점)보다 23점 낮아졌다. 다만 토익스피킹 레벨6(130~150점) 성적 보유자는 상반기보다 7.7%포인트 높아졌다. 기업들이 단순한 어학성적보다 실제 영어 구사능력을 중시한 결과로 풀이된다.

기업들 사이에 직무중심 채용이 확산되면서 인턴경험, 자격증, 전공 등 직무와 관련된 스펙을 가진 사람이 많았다. 합격자의 58.7%(복수응답)는 '전공 관련 자격증'을 보유하고 있었다. '사무자동화(OA) 자격증(41.3%)' '정보기술(IT) 자격증(30.8%)'이 특히 많았다.

합격자의 절반(49%)은 이공계 출신이었다. 비이공계 출신은 상경계(16.3%), 인문·어학계(11.0%), 사회계(8.4%), 예체능계(3.8%) 등의 순이었다. 출신 대학은 '지방 사립대'가 43.1%로 가장 많았다.

공태윤 기자 trues@hankyung.com

작년 하반기 신입사원 출신 대학 (단위: %)

출신 대학	%
지방사립대	43.2
수도권소재대학	19.1
지방거점국립대	18.2
서울소재대학(SKY제외)	14.6
SKY(서울·연·고대)	3.8
해외대	1.1

자료: 사람인

자료: 한국경제기사 발췌(17. 1. 5).

학점수준에 대하여 일부 전문가들은 대학생활의 성실성을 대변하므로 높을수록 좋다고 하지만, 반드시 그렇지 않다는 것이 나의 실무경험이다. 왜냐면 면접에 참석하는 학생들의 학점수준은 대동소이하며, 너무 높은 경우에는 입사포기나 중도퇴사의 경향성이 의심되어 최종 합격인원에 포함시키지 않은 경우도 있었다.

그렇다고 적당한 수준에서 학점관리를 하라는 것이 아니다. 평균 3.5정도의 수준이 된다면 너무 위축되지 말라는 것이다. 일부 학생의 경우 학점관리를 위하여 계절학기수강을 하거나 학점포기를 하는 경우가 있는데 이는 추천할 만한 고민은 아니다.

1~2개의 직무자격취득이나 전문교육이력은 중견이상 기업 취업에 있어서 경쟁력을 발휘한다. 특히 이공계열 전공자라면 기본적 요건이 될 것이며, 인문사회계열 전공자의 경우에는 지원 분야의 자격 및 경력보유를 위하여 노력하였다고 어필하는 데 효과적이다.

중견급 이상의 기업에 취업하고자 한다면 일정수준의 영어점수 확보는 필수이다. 그럼에도 불구하고 4년 동안 토익시험을 한번도 보지 않은 학생도 있다. 무슨 배짱인지 모르겠다. 대부분의 학생은 대입수능을 위하여 영어공부를 많이 했기 때문에 1~2년 동안 영어책을 완전히 덮어두지 않았다면 시험스킬을 이해한다면 어느 정도의 토익점수획득은 가능할 것이다.

1~2학년 중에는 진로 및 취업방향을 구상하면서, 기본역량 확보 차원에서 어학시험을 대비하는 학습을 해야 한다. 어학에 관심이 있는 경우는 제2외국어 학습도 차근차근하는 것이 필요하다.

다양한 교내 어학연수 프로그램(해외인턴, 외국기관인턴, 교환학기, 워킹홀리데이코스, 어학강좌, 원어민 클리닉 등)을 적극적으로 활용하고, 3학년 때는 토익 등의 어학시험에 응시하는 방법이 효과적이다.

대부분의 기업은 사업의 글로벌화를 성장의 기반으로 하고 있다. 그렇다면 기업취업을 원하는 사람이라면 반드시 글로벌 소통능력의 보유와 학습노력을 제시하여야 한다. 그렇다고 만점 수준의 취득을 통해 경쟁우위를 확보하라는 것은 아니다. 높은 어학점수라도 막강한 경쟁력을 발휘하지는 않기 때문이다.

해외영업 외의 부서에서 요구하는 어학수준은 지원자의 외국어소통 가능성과 학습의지를 확인하는 정도이다. 이에 지원 자격 기준 대비 120% 수준이라면 크게 위축되지 마라. 다소간의 학습여건이 된다면 중국어, 스페인, 독일어, 일본어와 같은 제2외국어 공부를 하는 것이 더 경쟁적이다.

실제 입사하자마자 자신의 외국어 구사능력을 발휘하는 경우는 그리 많지 않으며, 해외영업부서가 아닌 경우에는 어학능력을 발휘할 수 있는 기회가 거의 없다. 이에 채용과정에서도 어학능력의 수준이 최종 합격자 선발의 제1요건이 되지 않고 있다.

학점과 어학수준 그리고 자격보유는 도전에 대한 용기와 자신감을 촉진시켜준다. 그러나 이를 너무 늦게 깨닫게 된다면 만회의 기회가 없을 수 있다. 1, 2학년 때의 낮은 학점, 손 놓았던 영어공부와 등한시한 전공학점은 진로의 방황과 준비기간의 투자를 유발하게 된다.

22 전공/복수전공은 도전의 방향과 가능성을 펼쳐준다.

학점, 어학보다 더 직접적인 스펙은 지원 직무에 유관한 전공이며, 전공분야로의 지원이 취업성공의 가장 강한 경쟁력이다.

2016년 8월 상장기업 109개 기업(대기업 19, 중견기업 137, 중소기업 53) 실무자를 대상으로 설문조사한 결과에서도 전공이 채용의 중요 결정요소로서 영향을 미친다고 응답했다(대기업 71%, 중견기업 76%, 중소기업 78%).

채용의 중요 결정요소(2016년 8월, 109개 기업조사)

이력서에서 '중요하다'고 답한 기업

구분	대기업	중견기업	중소기업
성별	24%	30%	36%
가족	15%	24%	28%
출신대·전공	71%	76%	78%
학점	60%	73%	66%
어학·자격	64%	73%	66%
해외연수	29%	39%	37%
실무	69%	71%	68%

※ 109개 상장사 인사 담당자 대상 설문. 자료=인크루트.

전공은 직업선택과 취업의 가교역할을 하며, 전공에서의 학습은 직무지식 및 스킬을 습득하는 효과적인 기회로서 직무숙련의 기반과 토대를 다지게 해준다. 이에 상당수 기업 실무자들은 지원 분야에 유관한 전공의 이수여부로서 직무수행의 접근사고와 패러다임을 확보하였다고 판단하고 있다. 물론 전공무관을 지원기준으로 제시하는 경우도 최근 증가하고 있지만 이것은 다수의 지원을 유도하기 위함이지, 직무관련 지식과 경험까지도 무관하다는 것은 아니다.

학력, 학점, 토익, 자격증 등 스펙을 보지 않고 직무능력만으로 채용한다고 홍보한 롯데 그룹의 스펙태클Spec-tackle 오디션에서도 '전공자가 아니면 이해할 수 없는 주제'를 제시하고 있었다. 이는 지원 직무와 무관한 전공자에 대하여는 반드시 직무(전공) 관련 질문을 한다는 사실을 입증하는 것이다.

'전공과 다른 분야에 지원한 이유가 무엇인가?, 직무수행을 위한 기초지식과 역량은 무엇이라고 생각하는가?'는 비전공자가 받게 될 기본 질문이지 압박질문이 아니다.

한편 직무관련 전공 또는 연계되는 전공을 복수전공으로 이수한 경우에는 부서배치의 확장성과 다양성을 가지고 있다고 판단한다. 특히 사업 확장과 시장 확대를 추진하는 중견기업에서는 심화전공자보다 융합전공학생을 더욱 선호한다.

영어가 주전공이고 SW를 복수전공한 학생이 IT기업에 입사하였다면, 해외 바이어 상담에 있어서 자사제품의 기능설명을 보다 효과적으로 할 수 있고, IT분야의 글로벌 트렌드 이해를 바탕으로 사업전략을 수립하는 직무도 수행할 수 있기 때문에 기업에서는 주전공에 기반을 둔 복수전공 이수자를 선호한다.

영어와 제2외국어(독어, 불어, 러시아어)의 기본적 소통능력을 보유한 학생에게 공학기초지식과 무역실무지식을 학습시켜 EU전문가 인재talent로 양성한 후, 자동차부품기업에 추천하겠다는 산학협력프로그램을 개발하여 기업을 방문한 적이 있었다.

인사담당자의 의견은 '이런 인재talent가 바로 기업이 원하는 인재right people입니다. 양성된 자원을 추천하면 우선적으로 채용하겠습니다'라고 적극적인 관심과 협약체결을 해주었다.

다수의 대기업과 전문중견기업에서는 융합인재(역량) 양성의 차원에서 인문계 전공자에게는 이공계 기초 지식을, 이공계 전공자에게는 상경계 실무 지식을 학습시키는 사내교육 프로그램을 실시하고 있다.

이는 현장에서의 원활한 업무수행을 위해서는 전공의 경계를 넘어서는 융합적 사고와 접근역량이 필요하며, 특히 담당자간, 직무간 나아가 고객과의 소통에서 '전공의 한계가 사업 및 업무의 한계'가 되어서는 안 된다는 인식이 이미 확산되어 있다는 것이다.

신입사원을 채용하는 기업의 경영자라면 누구를 최종 합격자로 선정하겠는가? 주전공 역량을 기반으로 융합적 지식을 가진 사람에게 높은 관심을 가지는 것은 당연한 것이지 않겠는가?

취업의 관문을 통과하기 위해서는 ① 직무관련 전공, ② 확장 가능한 복수전공, ③ 중상의 학점은 경쟁력의 기본이다. 기본이 확보되어야 도전이 가능하고, 도전할 수 있어야 성공의 가능성을 담보할 수 있다.

이에 지원직무의 탐색과 선정은 역량개발 과제선정과 학습노력 그리고 도전의 출발이 됨을 다시 강조한다.

23 전공은 지원 서류 분류의 1순위 기준이다.

인문사회계열 학생들은 취업목표를 정하는 데 많은 어려움을 겪곤 한다. 그 이유는 여러 가지이지만, 국문학과와 같은 인문계열, 사회학과와 같은 사회계열, 원예학과와 같은 자연계열 전공자를 채용하는 기업이 소수이고, 정기적이지도 않으며, 그래서 경쟁률도 상당히 높기 때문이다.

이에 인문사회계열 학생들은 복수전공을 필수로 생각하고 있으며, 심지어 전과까지도 고민하면서 상담요청을 해온다.

이때 가장 먼저 하는 질문이 '자네는 현재 전공에서 매력을 느끼는 교과목은 없는가? 전공학업에 흥미가 없는가? 전공분야에서의 진로비전을 찾지 못했는가?'이다.

매력도, 흥미도, 비전도 없다면, 전과·편입하라고 하지만, 그렇지 않다면 전공을 붙잡으라고 조언한다.

기업의 실무자가 많은 지원자를 분류, 평가하는 첫 번째 기준은 채용분야에 관련된 전공을 이수하였는가?이다. 이는 직무관련 주전공자의 경우는 학업과정에서 직무지식과 접근사고를 학습하였지만, 비전공자는 그렇치 못했기 때문에 직무이해도가 떨어지고 실무에 투입하기 위해서는 교육시간이 더 소요될 것이라는 선입견 때문이다.

이에 전공과 무관한 분야에 지원할 경우 서류전형 통과의 가능성이 상대적으로 낮고, 설령 서류전형에 합격하여 면접에 참석하였더라도 복수전공 여부와 전공과 다른 분야로 지원한 배경을 반드시 질문받으며, 직무지식과 상식정도를 평가받는다.

이런 현실적 배경은 비전공자의 입사지원을 주저하게 만들고, 실제 최종 합격의 가능성도 낮은 것이 사실이다. 더구나 입사 후에도 직무분야와 다른 전공자에게는 업무능력 및 성과와 무관하게 약간의 편견이 따라다니는 것을 실제적으로 경험한 바 있다.

입사지원 시에는 전공분야로의 지원이 효과적이므로 가급적 전공을 살려 지원할 수 있도록 진로탐색에 시간과 노력을 기울일 것을 강조해 왔다. 그럼에도 불구하고 많은 학생들은 이에 대한 노력을 소홀히 한다. 그렇다고 진로에 대한 고민도 하지 않으면서 말이다.

'아프니까 청춘'이라는 것은 아픔을 극복하는 고민을 하라는 의미인 것이다.

24 전공의 확장가능성을 실무자를 만나 확인하라.

전공분야에서의 진로경로는 다양하다. 전공을 붙잡고서 열심히 공부하며, 진로탐색을 하다보면, 전공도 살리고 진로도 찾을 수 있다는 사실을 발견할 것이고, 나아가 특정의 전공자는 반드시 특정 직무군, 기업군만으로 진로를 선택하는 것이 아니라는 선배들의 취업사례도 확인할 수 있을 것이다.

교사로서의 삶을 꿈꾸며 사범대 교육학과에 입학했으나, 기업현장에서의 다이나믹한 인력개발활동에 매력을 가지고 기업에 입사하였고, 부서이동을 거쳐 경력을 쌓은 후 퇴직하여 캐리어 코칭활동을 하는 분도 있다. 또한 공과대 전기공학과를 졸업하고 기업의 연수원에 입사하여 기술교육업무를 하였고, 퇴직 후 출판분야에서 제2의 직업을 이어가는 분도 있다.

전공 학업과정에서의 진로탐색 노력과 기회는 입학 당시 가졌던 통상적인 인식에서 탈피하여 진로변경과 확장을 가능케 하고, 변경한 진로에서의 경력개발활동은 예상되지 않은 분야에서의 성공적 삶과 보람을 가져다준다.

수능시험점수로 입학대학 및 전공을 결정하는 경향이 높은 현실적 상황에서 전공 선택의 주도성을 확보하지 못하였고, 더구나 대학 전공이 서류전형 및 면접 합격의 주요한 선발기준으로 남아있는 취업경쟁 상황에서 인문사회 및 자연계열 학생들의 진로 및 직업, 취업목표설정은 대학생활 내내의 고민이다.

전공학습에 고민 중인 학생뿐만 아니라, 진로탐색 중인 학생들에게 실무현장의 실무자를 만날 것을 수없이 강조한다.

현장에서 만난 실무자들 중에는 의외의 전공을 가진 분들이 많다는 것을 알게 될 것이다. 그들도 과거 당신과 같은 고민을 했었고, 그 과정에서 지혜로운 선택을 했다.

관심분야가 자기 전공과 다른 학생이 취업설명회, 박람회에 갔다면 용기를 가지고 실무자의 전공을 물어보라. 그것이 어렵다면 자신의 전공을 알리고 조언을 구하라.

그들의 최종 조언은 대부분 '열심히 해보라는 것'이다. '열심히 하라'는 말은 자신의 전공학업과 그 전공을 활용할 수 있는 진로탐색을 주도적이고 진지하게 그리고 다양하게 해보라는 것이다.

통상적인 전공진로 만이 아닌 다양한 전공진로를 공부하듯이 탐색하라. 일생일대의 고민을 한두 시간, 한두 번의 포털사이트 검색으로 그치지 말고, 1~2학년의 기간 내내 실무자 만남, 박람회 탐방, 아르바이트, 현장실습 등으로 체험해 보길 바란다.

왜 지금의 전공을 붙잡아야 하는지는 실무현장의 선배들이 그 답을 제공해 줄 것이다.

02 역량내용과 평가

역량개발

역량개발에 많은 투자(시간, 돈, 노력)도 하고, 성과도 있었지만 취업성공으로 이어지지 못하는 경우는 요구역량에 대한 판단오류와 준비방법에 대한 시행착오가 있었기 때문이다.

합격의 열쇠는 절대적으로 우수한 스펙의 수준이 아니라, 직무수행에 필요한 KSA(knowledge, Skill, Attitude)가 상대적으로 얼마나 차별화되어 있는가?이다.

취업경쟁력으로서의 역량은 직무역량이고 조직역량이며, 이것을 조직(직무)성과로 연결시키는 가능성의 정도가 기업이 요구하는 역량이며, 진정한 스펙인 것이다. L사의 인재확보팀장 A씨는 채용은 '설득의 과정'이라고 정의하면서, 설득의 방법은 자신의 학업과 경험을 직무수행역량으로 연결시키는 것이며, 이것이 '진짜 스펙'이라고 설명하고 있다.

너무나도 당연하고 잘 알고 있음에도 불구하고 열심히 쌓은 스펙의 내용이 직무수행역량과 높은 일치성을 가지지 못한 이유는 무엇일까? 그것은 직무분석과 기업분석을 미룬 결과라고 단언한다.

25 직무수행 지식은 전공과 학습내용으로 평가한다.

지식Knowledge이란 지원 분야에서 요구하는 전공, 자격, 어학 등과 같은 학습 성과를 말한다. 자신의 전공학업과정에서 직무지식을 학습할 수 있다면 취업성공은 자연스럽게 이어질 수 있을 것이다.

채용모집공고에서 지원 자격이 전공무관이라고 하더라도, 본인이 학습한 내용과 수준이 지원직무와 관련된 분야의 지식과 일치한다면 입사지원과 합격은 가능한 것이다. 취업성공의 가능성을 높이려면 가급적 전공분야와 관련된 직무, 직군에 지원하는 것이 효과적이다.

채용공고문에 지원 가능한 전공, 심지어는 학점요건을 표기한 배경은 그 전공과목의 정상적인 학습 여부와 그 정도를 직무수행역량의 주요평가기준으로 한다는 것이다. 이 점이 취업준비의 출발에서 반드시 채용공고Opening Board분석이 필요한 것이다.

인문사회계열 전공학생들에게 자신의 진로와 관련된 복수전공 선택을 제안한다. 물론 이 복수전공을 선택할 경우라도, 자신의 주전공을 1순위로 한 취업준비를 전제로 하는 것이다. 예를 들어 해외영업, 구매, 조달과 같은 분야로의 입사지원을 하고자 할 경우, 어문계열 전공과 상경계열의 복수전공의 경우 상대적으로 유리하다는 것이다.

그러나 현재 어문계열 전공을 하고 있지만, 자신의 진로가 생산분야, 예술분야라면, 즉 주전공이 지원 분야에 직접적인 관련성이 낮다고 판단될 경우에는 복수전공, 부전공의 선택보다 과감히 전과할 것을 제안한다. 물론 일부 융합전공을 할 수 있는 교과시스템이 있는 경우는 그렇지 않지만 …

이런 제안의 배경은 진로와 전공의 직접적 유관성이 낮다고 해서 취업이 안 된다는 것이 아니라, 단지 자신의 진로와 유관성이 적은 전공을 하게 된다면 상대적으로 더 많은 학습과 시간이 소요되어 취업성공의 어려움이 많을 수 있기 때문이다.

이는 취업준비의 출발에서 반드시 직무Job분석과 자신의 진로방향 설정이 선행되어야 함을 강조하는 것으로, 특히 대학 입학과정에서 흥미, 적성 및 진로탐색을 전제하지 못하고 전공을 선택한 경우는 더욱 직무탐색과 진로방향 설정의 선행이 필요하다.

26 과제수행스킬로서 직무역량이 평가된다.

스킬Skill이란 과제를 해결하는 방법과 요령의 이해와 그 활용능력을 의미한다. 스킬은 지식과 유관한 측면이 있지만, 반드시 일치하는 것은 아니다. 예를 들자면, 토익성적이 높다고 해서 반드시 실무회화를 잘하는 것은 아니고, 교육학 석사학위를 보유하였다고 해서 강의를 잘하는 것이 아닌 것과 같은 맥락이다.

직무스킬은 기업현직의 실무적 특징에 따라 다르고 그 수준도 차이가 있겠지만, 대체로 지원직무에서 기대되는 기본적 수준으로서, 직무수행상의 과제를 해결하는 접근시각(능력)이며 처리요령이다. 기업의 적성검사와 NCS기반 직무적성검사에서 평가하는 능력이 바로 직무스킬인 것이다.

이러한 직무스킬 보유자의 확보를 위하여 기업에서는 해당 직무분야의 경력소지자를 우대하며, 일명 올드루키old rookie를 선호한다.

어느 회사의 면접에서든 반드시 질문하고 확인하고자 하는 것은 직무역량이다. 좀 더 구체적으로 말한다면 직무수행역량이다.

직무수행역량은 동일직무(군)라도 직급에 따라 기대수준의 차이가 있고, 회사의 제품특성, 업무시스템, 목표 및 전략에 따라 다르게 설정될 수도 있으나, 보편적으로 전문지식(전공학습을 통해 보유한 지

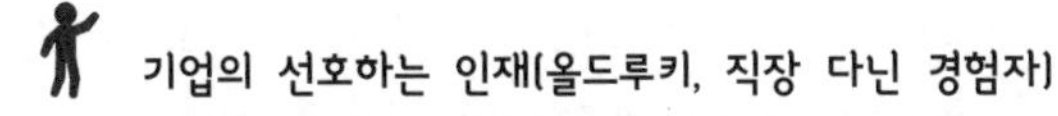

기업의 선호하는 인재(올드루키, 직장 다닌 경험자)

취업문 뚫은 신입사원 5명 중 1명은 '올드루키'

(직장 다닌 경험자)

사람인, 공채 1070명 조사

인사담당자가 꼽은 중요 스펙

전공·자격증·직무경험·학력 順

올해 상반기 취업에 성공한 신입직원 다섯 명 중 한 명은 다른 직장을 다닌 경험이 있으면서도 신입으로 지원한 것으로 조사됐다.

취업포털 사람인이 상반기 공채를 시행한 121개 기업 인사담당자를 대상으로 '신입사원 합격 스펙 및 평가방식'을 조사한 결과 전체 신입사원(1070명) 중 22.2%는 다른 회사에 다닌 경험이 있었다. 인턴 경력을 가진 신입사원(19.2%)까지 포함하면 전체 신입직원 중 40% 이상이 직장생활 경험이 있는 셈이다.

정부가 능력 중심 채용문화 확산을 위해 NCS(국가직무능력표준) 등 각종 방안을 내놓고 있지만, 현장에서는 여전히 '스펙'이 취업의 중요한 요소로 작용하고 있는 것으로 나타났다. 응답 기업의 66.1%가 신입사원 채용 시 스펙을 평가하고 있다고 답했다.

인사담당자들이 꼽은 가장 중요한 스펙으로는 '전공'(38.8%·복수응답)이 가장 많았고 '보유 자격증'(27.5%), '인턴 등 직무 경험'(26.3%), '학력'(15%), '외국어 회화 능력'(11.3%), '토익 등 어학성적'(10%), '대외활동 경험'(8.8%) 등이 뒤를 이었다.

신입사원들의 평균 학점은 평균 3.4점(4.5점 만점)이었다. 자격증을 보유한 신입사원은 45%였고, 평균 2개의 자격증을 갖고 있었다. 자격증 종류는 '전공·직무 관련'(63.7%·복수응답)이 가장 많았고 'OA(사무자동화) 관련'(32.4%), 'IT(정보기술) 관련'(25.7%), '회계사 등 전문 자격증'(12.4%) 등이었다.

백승현 기자

자료: 한국경제기사 발췌(15. 7. 17).

식 및 기술), 실무경험(현장학습을 통해 경험한 실무대처능력), 수행스킬(지식과 경험을 활용한 실무처리요령), 기대행동(실무처리에 필요한 사고, 자세 및 행동)들이라고 할 수 있다.

실무적 경험이 많지 않은 신입사원들의 경우에는 지식, 경험, 행동들은 크게 차이가 없으나, 전공학습과 교내활동의 과정에서 습득한 문제해결스킬, 커뮤니케이션스킬, 프레젠테이션스킬, 통계처리스킬, 문서작성스킬 등과 같은 수행스킬은 경험에 따라 상당한 차이가 있다.

'어려운 과제를 해결해 본 경험을 소개하라'는 자기소개서의 요구에 대하여 STAR기법을 이해한 경우라면, 논리적이고 설득력 있게 문장을 구성할 수 있을 것이다.

'우리 회사의 경영전략을 제시해보라'는 PT면접의 제시에 대하여 Logic Tree기법을 사용해 본 경험이 있었다면, 문제해결을 위한 과제를 체계적으로 전개할 수 있을 것이다.

기업 홈페이지의 채용 및 직무소개 사이트에서 제공하는 직무수행에 필요한 역량을 보라.

SK텔레콤의 마케팅 직무의 경우 ① 마케팅 전략수립에 필요한 고객 및 시장분석 능력, ② Data분석 및 활용능력, ③ 프로모션기획 및 실행능력, ④ 유통채널 육성/관리를 위한 Communication역량을 직무역량으로 소개하고 있다. 이는 SK텔레콤의 마케팅 분야에서는 서류심사와 면접에서 이러한 직무수행스킬을 평가한다는 것이다.

직무수행에서 요구되는 다양한 스킬로서 자신의 전문지식을 표현할 때, 당신은 신입지원자가 아니라 역량을 보유한 경력지원자로 평가받을 것이다.

직무역량이란 직무과제task를 수행하는 스킬의 보유와 그 활용 경험으로서 단편적인 직무지식, 직무자격만을 말하는 것이 아니다. 직무탐색의 범위를 직무프로세스 및 비즈니스 시스템으로까지 확장할 때, 직무수행스킬까지도 확인하고 준비할 수 있다.

27 합격의 결정적 요소는 태도이다.

태도Attitude는 인성적 측면과 적성적 측면으로 구분되며, 주로 면접의 과정에서 확인하게 되지만, 면접대상자를 선정하는 자기소개서의 내용검토 과정에서도 확인할 수 있는 것으로, 평가자가 자신의 인지적 차원에서 평가하는 경향이 크다. 이에 태도평가의 객관성을 확보를 위해 인·적성검사라는 표준화된 도구를 도입·활용하고 있다.

인성검사는 개인의 인성, 사회성, 사교성 등의 성격적 특질을 파악하고자 함이며, 적성검사는 지원직무에 대한 지식, 언어 및 수리능력과 상식 등의 능력적 수준을 평가하고자 하는 것으로, 면접 질문요소, 합격자 선발, 직무 및 부서 배치의 결정기준으로 활용된다.

물론 인·적성 검사를 실시하지 않는 경우라도 면접관과 실무자들은 과거의 경험적 기준에 따라 인성과 적성을 파악하여 의사결정을 한다. 소위 면접관이 선호하는 이미지라는 것은 면접관 자신이 과거 실무과정에서 습득한 1개인의 평가기준인 것으로, 비록 주관적일 수는 있지만 틀린 기준이라고 단정할 수는 없는 것이다.

최종 합격자를 선발하는 데에 있어서 KSA(지식, 스킬, 태도)는 모두 반영되지만, 그 중 가장 비중이 큰 요소는 어느 것일까? 다수의 학생들은 지식이라고 하지만, 나의 경험과 인사부서 실무자의 의견은 태도가 가장 결정적인 요소로 꼽는다.

이는 지식의 보유와 그 활용은 다른 차원으로서, 개인의 지식활용 여부와 그 정도는 현상을 접하는 태도와 문제를 인식하는 관점에 의하여 발휘되기 때문이다. 물론 지식활용의 효율성은 스킬의 보유 여부에 따라 영향을 받기도 하지만, 그보다 현상과 문제를 해결하고자 하는 열정, 도전, 책임, 끈기와 같은 태도와 의식이 내재되었을 때, 지식과 스킬이 성과로서 실현되는 것이다.

중소기업 경영진의 학생추천 의뢰 시 하는 말은 '학점은 좀 낮아도 됩니다. 열정과 태도, 자세만 바르면 됩니다. 실무는 가르치고 배우면 되지만, 인성과 태도는 가르친다고 되는 것이 아닙니다'였다.

이는 최종 합격을 결정시는 태도로서 판단한다는 방증의 사례이다.

취업역량의 종합적 요소인 KSA는 직무지향성과 조직지향성을 전제로 한 것이다. 특히 조직지향성은 지원하고자 하는 기업의 지향가치, 인재상 등의 조직문화organizational culture에 기반을 둔 것이다.

이 점이 취업준비의 출발에서 반드시 조직문화 분석이 필요한 것이다.

취업역량은 개념적 차원을 넘어선 것으로, 기업이 지향하는 지식역량, 스킬역량, 태도역량이다. 이에 그 기업이 비중을 두고 있는 역량 포인트를 탐색하여, 조직지향성을 높이도록 중점적으로 개발하는 것이 필요하다.

모든 기업, 모든 직무에 다 적용되는 스펙은 지원 자격으로서의 효력을 발휘하는 것이지, 최종 합격을 이끄는 경쟁력으로서의 효력 발휘에는 충분치 못하다는 것을 명심하라.

28 진정한 스펙은 4가지의 필요조건을 요구한다.

'설명을 하지 않아도 알아보는 회사 배지badge'를 달고 졸업식에 참석한 선배의 모습은 후배들의 로망roman이다. 상당수 학생들은 이런 기대를 가지고 1학년 때부터 차근차근 공부하여 왔고, 학점도 관리하며 어학점수, 자격증도 취득하여 왔다. 그런데 막상 자신이 입사지원서를 작성하는 시기에 직면하니 뚜렷한 경쟁력을 어필하지 못하는 자신을 발견하게 된다. 더구나 소위 스펙은 괜찮다고 생각했는데 지원결과는 합격으로 이어지지 못한 결과에 기죽고 버거워 한다.

더 높은, 더 많은 스펙 쌓기를 해야 하나!, 3종 세트를 넘어 10종 세트[1]까지 만들어야 안심이 될까!하며 걱정하고 있다. 더구나 다수의 학생들은 융합 역량의 보유를 어필하려면 제11의 스펙으로 복수전공도 포함되어야 한다고 생각하면서 경쟁적으로 이종異種 복수전공을 선택하고 있고, 학습부담을 가지며, 진로설정에 더욱 고민하고 있다.

스펙은 4S차원의 필요요건이 확보될 때, 경쟁력이 발휘된다. 열심히 공부했어도 파편화된 스펙은 이력서에 기재할 수 있는 명세specification일 뿐이며, 자기소개서에 표현할 수 있는 매력attractiveness은 되지 못한다. 열심히 확보한 스펙들이 전략적Strategic이고, 전문적Special이어야 하며, 구조적Structural이고 체계적Systematic으로 강화되

1 10종 세트(학벌, 학점, 토익, 인적성, 어학연수, 자격증, 공모전, 인턴, 봉사활동, 성형).

어야 경쟁력이 발휘된다.

전략적Strategic이란 목표 지향성으로 시작, 과정, 결과가 한 방향이어야 한다는 것으로, 예를 들어 회화능력강화를 위해 토익시험－어학연수－박람회 통역을 경험했다고 어필될 때 효과적이다.

전문적Special이란 보편적인 우수한 것이 아닌 특정분야에 필요한 것이어야 한다는 것으로, 예를 들어 회계전문역량을 확보하기 위하여, 회계전공－회계자격취득－현장실습을 했다고 어필될 때 효과적이다.

구조적Structural이란 학습의 성과가 파편화되지 않고 연계되어 시너지가 기대되어야 한다는 것으로, 예를 들어 해외마케팅 역량확보를 위하여, 토익－무역사－테셋에 응시했다고 어필될 때 효과적이다.

체계적Systematic이란 학습의 성과가 순환적으로 확장되는 것이어야 한다는 것으로, 예를 들어 실무스킬 습득을 위해, 로직트리기법－6시스마기법－품질관리과정을 이수하였다고 어필될 때 효과적이다.

설령 4S 모두 충족하기가 쉽지 않더라도, JOBJob-Organization-Business 차원에서 단 1S라도 확보될 때, 그 스펙은 경쟁역량으로 어필되고 매력적 학습의 스토리로 인정받을 것이다.

무조건 열심히만 공부하려고 하지 마라.Don't Work hard 필요 역량을 선택하여 집중하는 스펙 쌓기 공부Think hard가 경쟁역량을 만드는 방법이다. 백전백승은 의미 없는 승률이다. 1전1승이 취업성공의 전략인 것이다.

'나는 성공의 비결은 모른다. 하지만 실패의 비결은 안다. 그것은 모든 사람을 기쁘게 하려고 노력하는 것이다'라고 미국 코미디언 Bill Cosby는 말하지 않았던가.

29 스펙을 연결하는 스킬을 학습하라.

역량이라고 하면 증명할 수 있는 눈에 보이는 무엇인가로 생각하곤 한다. 그래서 성적표, 자격증, 이수증, 증명서와 같은 유첨 가능한 서류를 확보하는 것에 애를 쓴다. 물론 증빙서류는 신뢰도를 증진시키는 근거가 될 수 있다. 그러나 면접관은 제출된 서류보다는 실제로 어떤 일을 해낼 수 있는 힘과 기량의 진정성을 평가하고자 한다.

어떻게 보면 면접이란 '비가시적인 역량의 가시화Visibility 가능성'을 확인하는 과정일 수도 있다.

비가시적인 역량은 문제해결스킬, 분석스킬, 통계처리스킬, 프레젠테이션스킬, 커뮤니케이션스킬을 활용한 기획력, 논리력, 창의력, 분석력, 설득력, 추진력으로서 보유여부를 증빙하기는 쉽지 않다.

그러나 면접관들은 자기소개서에 쓰인 글의 구성에서, 면접 답변과 자세에서, 비가시적 역량의 수준과 개발흔적을 발견할 수 있다고 한다.

이에 다양한 이슈, 기사를 읽고, 생각하고, 해결방법을 정리해보고, 가능하다면 글로 써보는 노력을 하라. 이는 특별한 전문프로그램 참가가 아니더라도 전공학습과정에서도 개발될 수 있다. 과제 작성과 발표를 하면서 글쓰기, 말하기, 만나기, 주장하기, 설득하기 등을 적극적으로 해보라.

비가시적 역량 학습의 일환으로 신문구독과 읽기를 권장한다. 신문탐독은 취업정보의 수집은 물론이고 다양한 지식과 식견의 함양뿐만 아니라 글쓰기 요령까지도 습득할 수 있는 무한한 유익성이 있다.

특히 경제신문에서는 산업과 기업의 이슈와 관심사를 가십gossip과 논평review으로 제공하고 있으므로, 면접에서의 세련되고 경쟁력 있는 답변을 가능하게 해준다.

기업입사를 목표하고 있다면, 지원 시점 전후에서 최소 3개월간은 경제신문의 시사적 지식 및 이슈, 경제상식 내용을 탐독하여야 한다. 신문은 당신의 채용을 결정짓는 경영진이 매일 읽고, 생각하고, 경영방향을 수립하는 paper이다. 이 신문에 면접의 질문거리와 정답이 있다.

자신의 역량을 보여주는 면접은 '나를 선택하세요'라고 설득하는 만남의 장場인 것이다. 어떻게 설득력을 확보하고 강화할 것인가? 면접의 과정에서 '평소 경제신문을 정기구독하면서 귀사의 활동과 유관업종의 산업을 이해하려고 노력하였습니다'라고 대답해 보라. 면접관의 눈빛이 달라질 것이다.

기업의 경영진과 실무자가 매일 보고 읽는 신문을 읽지 않고, 면접에 참석하는 것은 총gun이 필요한 현대 전쟁터에 칼sword을 들고 참전하는 것과 같다는 것을 명심하라.

정신분석학자 프로이드가 '말speech은 강력한 마력을 가지고 있다'고 한 것처럼 '말 잘하는 사람'에게 똑똑하다는smart 평가를 종종 한다. 이때 말을 잘한다는 것은 말재주와 말재간, 수완과 센스가 있다는 것이 아니다. 상대방이 이해되고 그들의 관심내용에 전문성을 담아 공감과 설득을 이끌어 낸다는 것이다. 이는 소위 인터넷에서 찾을 수 있는 지식수준을 교과서의 논지로 표현하는 당연한 말로는 상대방의 신뢰를 이끄는 데 부족하다는 것이다.

채용 및 선발의 포인트는 직무수행능력을 보유한 사람이지만, 보유자가 없을 경우에는 일정한 실무교육과 실무경험 후에는 그 역량을 발휘할 가능성이 있을 것으로 판단되는 사람이다.

이 가능성의 판단기준은 ① 적성자질, 능력, ② 인성성격, 태도, ③ 의욕 및 지원동기, ④ 전문성의 잠재성인 것이다. 이것을 소위 지원자의 열정이라고 표현하는 것이다. 스킬 없는 지식은 두려움을 이끌지만, 스킬이 담긴 지식은 열정을 이끈다.

이렇게 습득된 비가시적 역량이 바로 스펙의 4S를 가능하게 만들어 주는 스킬이다. 열심히 확보한 1역량에 기초하여 그 다음에 준비할 역량을 이끌어내고, 하나하나의 노력과 성과가 어느 날 체계적이고 논리적이고 구조화된 전문역량으로 현재화되어 있을 것이다.

30 블라인드 채용, 새로운 기회가 아니다.

최근 새로운 방식으로 구인, 구직자 모두에게 관심을 끌고 있는 블라인드blind 채용이란 그동안 우리나라의 채용과정상에서 보이지 않게 만연되었던 학벌, 학연, 연고, 성별, 신체요건 등의 편견 유발 요소를 제거하여, 능력중심의 공정한 채용을 한다는 것이다.

그 취지는 이해되지만 과연 블라인드 처리를 하는 요소인 소위 스펙이라고 하는 출신대학, 전공, 학점수준, 어학점수, 자격증보유, 수상경력 등등을 가린다면 무엇으로 지원자의 능력 및 역량을 평가할 수 있을까?

능력중심으로 바뀌는 기업의 채용방식

단계	기존의 채용절차	능력중심 채용과정
서류 전형	• 일반지원서 출신학교, 신체조건, 가족관계 등 직무와 관련없는 개인신상 중심	• 역량지원서 - 구체적인 직무내역 및 요건 제시(직무기술서) - 지원직무와 관련된 활동 경험, 자격사항 등을 기술(입사지원서) - 기업의 핵심가치/인재상과 관련된 자기소개서
검사 전형	• 필기시험 전공과목, 영어, 상식 등	• 역량테스트 직무수행에 필요한 인성, 직무능력·지식 등 직무적합성 평가
면접 전형	• 면접시험 비구조화된 면접으로 지원동기, 개인특성 등 질문	• 역량면접 경험 및 상황면접, 직무관련 발표 및 토론 등을 구조화된 방법으로 평가

자료: 상의, 고용부에서 제안한 능력중심 채용모델(2015. 12. 15. 발표).

물론 채용과 직접적 관련성이 낮은 지극히 속인적인 요소는 당연히 소거해야 하지만, 지원자의 전공, 성격, 특기, 직무관련 경험과 수상경력 등은 지원자의 역량평가 요소가 될 수 있고, 일부이지만 외모 및 신체적 요건도 채용T/O의 제한적 상황에서 최종 평가기준이 될 수밖에 없는 것도 현실적인 실무자의 고민인 것이다.

블라인드 채용 및 면접이 정부, 공공기관에서부터 도입되어 사기업으로 확산되는 경향을 보이면서, 적임자를 선발하는 기업의 입장에서는 다양한 방법과 절차를 연구하게 될 것이고, 채용담당자의 과제가 되고 있다.

채용실무경험에 따르면 앞으로 기업의 채용과정에서는

- 면접스킬 개발 및 강화를 위한 면접자 육성 교육 강화
- 이색 질문 및 압박 질문의 연구와 매뉴얼 제시
- 인·적성검사 및 직무능력평가를 위한 필기시험 강화
- 자기소개서 질문의 직무 구체성과 심화 및 세심한 분석
- 장문의 서술형 자기소개서 작성요구로 역량심사 강화
- 면접의 세분화와 다단계 실시 및 강화
- 직무중심으로 세분화된 채용공고와 자격요건 강화
- 다수인원을 선발하는 인사부서 주도의 정기공채 축소
- 소수인원을 필요시 현업에서 선발하는 수시채용 증대
- 경력사원 채용, 교수 및 학교 추천 채용 확대
- 인턴 및 현장실습, 공모전의 채용연계 확대
- 캠퍼스리쿠르트, 채용설명회의 다양화와 현장면접 병행
- 지원자의 평판조회, SNS 활동이력 검증

등이 더욱 확대되고 증가될 것으로 본다.

이런 일련의 블라인드 채용은 책상에서 공부하는 데 익숙한 학생,

학교공부만 열심히 한 학생들에게는 도전의 가능성을 위축시킬 것이고, 지원기회의 포착을 위한 발품, 손품노력을 강요할 것이다.

블라인드 채용의 확산은 취업경쟁률의 고공을 가열시킬 것이고, 구직생求職生의 더 많은 노력과 경험을 요구하고, 또 다른 스펙을 만들어 낼 것이 분명하다.

기업의 채용절차 강화는 학생들을 공시족으로 몰고 갈 것이지만, 더욱 치열해진 공무원 시험경쟁률은 경제적, 시간적 압박에 처한 학생들을 다시 기업취업으로 돌아오게 하고 말 것이다.

청년 학생들을 이런 악순환에 몰아넣지 않게 하는 방법은 오직 교수, 교사, 부모가 인생선배로서 '성공취업의 A~Z'를 코치하고, 학생 자신도 '취업 준비하는 대학생활'을 하는 것뿐이다.

31 차별적 실행 스토리로서 블라인드 장벽을 넘어라.

치열한 경쟁 속에서 적격인재를 선발해야 하는 기업도 기존의 채용시스템을 개선·보완하기 위하여 상당한 노력과 투자를 할 것이며, 증가되는 정보보안니즈는 보다 더 엄격한 선발기준과 기법개발을 하게 할 것으로 예상된다.

채용을 결정하는 면접관, 실무자에게 종전까지 제공된 지원자의 특성과 역량수준을 이제부터는 감춘다고 한다. 감추면 보려고 할 것인데, 이에 지원자의 입장에서는 무엇을 어떻게 보여줄 것인가를 전략적으로 준비해야 할 것이다.

자신의 스펙이 감추어진 상태에서 면접을 한다고 생각해보라. 무엇을 질문할지 오히려 더 불안해지지 않을까?

인기리에 방송되고 있는 서바이벌 가요 프로그램인 복면가왕 출연진들의 소감에 의하면, 가면을 쓰고 있으니 일반 예능프로그램과는 다르게 외모, 표정과 과거 이미지 등을 의식하지 않고, 자신의 스타일로, 노래에만 몰입할 수 있어서 오히려 편했다고 한다.

그렇다. 자신의 실력 특히 차별화 역량을 가지고 있다면 불안보다는 실감나는 감동을 이끌 수 있을 것이다. 특히 자기이해와 기업분석을 바탕으로 목표 지향적 취업준비를 하였다면 실감나는 스토리를 전달할 수 있을 것이다.

장벽Blind이 존재하는 이유는 절실히 원하지 않는 사람을 구별해서 멈추게 하기 위함이라고 한다. 장벽은 얼마나 절실한가를 깨달도록 하기 위함이지, 전진을 막고자 하는 것이 아니라고 한다.

장벽이 가로막혀 나아가기 힘들어서 포기한다는 것은 절실함과 간절함이 극한에 도달하지 않았다는 것이다. 되돌아보게 하는 공감이다.

몸부림치며 공부하라. 책상에서가 아닌 '몸으로 공부하라.' 즉 실무현장에서 요구하는 지식과 경험을 체득해보라. 다소 완벽하지는 않을 수 있지만, 차별화된 스토리가 감동을 이끌어 낼 것이다.

대학공부는 책을 읽고, 개념을 암기해서, 시험으로 평가받는 것이 되어서는 안 된다. 책을 읽고, 현장에 가서, 적용되고 활용하는 방법을, 학습하는 것이어야 한다. 산업박람회에 가보고, 현장실습, 아르바이트도 해보고, 신문 등에서 비즈니스 트렌드를 읽어보고, 그리고 현장의 실무자, 전문가를 만나 질문도 해보아야 한다.

- 지원기업에 한번이라도 가보고 쓴 자기소개서는 내용이 달랐다.
- 실무체험 전략을 짜서 한 아르바이트는 생동감이 묻어났었다.
- 발표·토론·보고회 참석이력이 있는 학생의 답변은 이해가 쉬웠다.
- 박람회·전시장 탐방소감을 담은 학생의 말에는 힘이 들어 있었다.
- 기업의 사업동향을 바탕으로 작성한 자기소개서는 보고서 같았다.

블라인드 채용의 취지는 스펙이 우수한 good people보다 '직무수행역량을 가진 조직적합인재' 즉 right people를 선발하고자 함이다.

그리고 종전에 구직자학생, 구인자기업 모두에게 익숙했던 외재적인 요소에서 탈피하여 내면적인 요소로서 인재를 평가하겠다는 것이다. 최근 공기업, 대기업의 자기소개서 작성요구offer가 '구체적인 스토리를 3,000자 이내장문로 기술하세요'라는 의도는 바로 지원자의 내면적 차별 포인트를 평가하기 위함인 것이다.

지금 여러분의 취업환경은 점점 불확실해지고 있다. 불확실한 상황에서는 새로운 답을 찾는 기회탐색의 노력이 필요하다. 불확실하기 때문에 선택의 부담도 있다. 과연 이것이 정답일까? 하는 의심도 든다. 그러나 가장 큰 위험risk은 그 위험을 피하는 것이다.

기업이 요구하는 인재는 불확실하고 변화하는 비즈니스 환경에서 전문적인 지식, 경험, 식견으로 과제해결을 실천하는 인재이다. 즉, 전략적으로 대처할 줄 아는work think 인재이다.

다르게 생각하고, 다르게 보고, 다르게 시도하라. '다르게'는 지금까지 학생들이 그리고 여러분에게 당연하게 인정되었고, 심지어 강요되었던 고정관념에서 벗어나는 것이다.

학점, 토익, 자격증, 인턴경험도 없는, 심지어 지방대 출신인 저스펙의 학생이 소위 괜찮은 기업에 취업했다는 신문, 매스컴의 사례는 일부 특별한 일화겠지?라고 생각하지 마라. 괜찮은 기업, 당당히 소개할 수 있는 기업에 입사한 학생들은 모두 남다른 스토리를 가지고 있다. 들어보면 '아아, 그랬구나'하는 경쟁매력을 준비했다.

직무와 조직에 적합한 right people을 뽑겠다는 것은 과거에도, 현재에도, 미래에도 기업의 변하지 않는 채용기준이고 방침인 것이다.

03 조직역량 이해

역량개발

졸업에 직면한 4학년 중에 '준비한 게 없습니다. 휴학이나 졸업유예를 생각하고 있습니다'라는 학생에게 '자네의 목표가 어디이며, 어떤 준비를 계획하며, 휴학기간 동안 충분히 획득될 것으로 생각하는가?'라고 질문한다. '열심히 하겠습니다'라고 대답하는 학생에게 그러지 말고 회사 입사를 먼저 하라고 조언하곤 한다.

15년 상반기 취업성공 신입사원 중 40%가 회사에 다닌 경험이나 인턴경력을 가지고 있었고(사람인, 16. 12. 31), 16년 대기업 합격자 중 86%가 인턴 및 직무경험을 가지고 있었다(잡엔조이, 16. 12. 31).

이런 조사결과와 실제 취업추천을 했던 선배의 사례를 설명하면서, 조직생활의 경험과 경력은 신입사원 선발의 긍정적 요소로 반영하고 있으므로, 그동안 직무역량을 충분히 준비하지 못했다면, 이제부터는 방향을 바꾸어 조직역량을 준비하는 것이 차라리 보다 효과적이지 않겠냐고 조언해주곤 한다.

32 조직의 상사는 조직역량을 우선한다.

직무역량이 직무활동에서 기대하는 수행역량이라면, 조직역량은 조직활동에서 기대되는 적응역량이다. 이 역량들은 상호 연계되고 시너지화 되어 조직성과로 실현되는 것으로 우선순위를 단정하기는 어렵지만, 분명한 것은 조직구성원을 선발하는 면접관들은 조직역량에 보다 비중을 두고 있다는 것이다. 그럼에도 불구하고 취업준비를 하는 지원자들은 직무역량만을 역량의 대부분으로 이해하고 있다.

면접관이 비중을 두는 조직역량은 기존 구성원들과 함께 조직의 목표와 성과를 이끌거나 함께 할 수 있는 조직 적응 친화력이다.

신입사원 1명이 들어왔는데 그의 성격, 일하는 자세, 대인 관계 등이 기존 구성원의 스타일과 충돌이 발생된다면 신입사원을 잘못 뽑았다고 평가한다. 물론 기존의 조직분위기와 스타일을 변화시키기 위하여 새로운 스타일의 사람을 투입하고자 한다면 좀 다르겠지만, 경력이 일천한 신입사원에게 그러한 역할을 기대하기는 쉽지 않다.

기업에서 인턴과정을 통해 신입사원 채용을 하는 배경이 무엇인지 아는가? 정규채용 이전에 역량검증을 하기 위함도 있지만, 한편으로 인사부서의 입장에서 신규인력투입에 대한 현업부서의 욕구를 충족시켜주기 위함도 있다.

자기부서의 인력보강이 필요한 상사는 신규채용을 하기 전에 타부서원 중 이동 가능한 사원을 먼저 찾는다. 여의치 않은 경우에는 신입채용보다 경력채용을 하고자 한다. 왜냐면 신입사원의 경우는 부서 분위기 습득과 회사의 업무패턴을 이해하는 데 교육시간이 필요하고, 혹여 조직 부적응으로 중도퇴직하면 업무상 차질이 생길 수 있기 때문이다.

이에 인사부서에서는 이번에 신규로 채용한 사원은 우리 회사에서 방학기간 등을 통하여 인턴 및 실습경험을 하였다. 또는 우리와 유관한 타 기업에서 근무한 경력이 있다는 사실을 제시해 주면서 조직적응역량을 보유하고 있으니 바로 실무현장에 투입하여도 될 것이라고 제안하게 되며, 이에 현업조직의 상사도 수용하게 된다.

이런 측면이 인턴, 실습생, 타 기업 경력자를 선호하는 기업의 입장인 것이다.

입사결정이 된 학생들에게 전해주는 제1의 조언은 '밖에서 본 회사와 안에서 본 회사는 전혀 다르다'이다.

이 말은 입사한 후 조직생활을 하다보면 입사준비과정에서 또는 입사 당시에 가졌던 기대가 예상했던 것에 미흡할 수도 있고, 반면에 기대하지 않았던 사항 또는 처우가 입사해보니 의외로 발견될 수도 있다는 것이다.

이에 입사 후 접하는 단편적 사실에 너무 낙심하거나 만족해하지 말고, 그 현상과 배경을 살피면서 그 다음에 어떻게 대처할까를 차분히 생각해보고, 자신의 개발 및 학습 포인트를 찾아내는 시도와 노력을 하라는 것이다.

이런 일련의 과정에서 조직적응역량인 융통성, 끈기 등을 개발하고 강화하게 되며, 조직내부에서의 능력으로 또는 조직외부, 즉 경력입사로의 기회와 능력인정을 받게 되는 것이다. 이것이 도서관에서 공부하지 못한 현장공부인 것이다.

33 중소기업 정규직 인턴으로 조직역량을 개발하라.

4학년 졸업을 앞둔 학생들에게 중소기업 입사지원 추천을 하면 상당수는 적극적인 지원의사를 보이지 않는 경향이 많았다. 여러 가지 이유가 있지만 대체로 좀 더 공부를 해서 원하는 기업에 들어갈 계획을 가지고 있다고 한다. 그럼 어떤 공부를 어떻게 할 것인지를 질문하면, 거의 대부분이 스펙을 쌓는 계획을 말하지만, 그 각오와 계획 그리고 성공가능성에는 신뢰가 크지 않는 게 솔직한 느낌이었다.

물론 구체적인 비전과 개발목표를 가졌고, 재학 중의 학습 성과가 있었던 학생의 경우는 격려와 용기를 부여하고 구체적인 방법을 조언해주었지만, 그렇지 않은 경우에는 중소기업의 매력과 비전을 설명하며 입사지원을 조언했다.

그러나 상당수 학생은 소위 '눈높이를 낮추라'는 말로 이해하고서 좀 더 생각해 보겠다느니, 부모님과 상의해 보겠다느니 하고, 심지어는 자존심이 상했다는 생각까지 하면서 연락을 중단하는 경우도 있었다. 안타까움이 들기도 했고, 간혹은 졸업예정인 학생은 취업추천을 하지 말아야겠다는 생각까지도 했었다.

그러나 어느 정도의 이해를 하는 학생들에게는 중소기업의 입사를 '정규직 인턴'을 한다는 생각을 가지라고 조언했다. 그럼에도 불구하고 여전히 상당수 학생들은 대기업 또는 공기업 인턴 모집에는 적극적이며, 더구나 졸업 유예 기간을 온전히 인턴생활로 보내면서도 중소기업 입사는 주저한다.

대부분의 인턴은 실무경험을 위하여 3개월, 6개월 심지어는 1년 정도 비정규직으로 근무하며, 인턴 종료 후에 정규직으로 보장되는 경우가 아니면 취업준비생으로 복귀되는 것이 현실이다(인턴 종료 후, 큰 결격사유가 없다면 정규직 전환을 한다고 응답한 기업의 경우 실제

100% 전환시킨 기업은 28.2%에 그쳤고, 90% 전환은 29.7%, 80% 전환은 12.4% 정도였다. – 조선일보 2016. 3. 25,389개사 조사).

한편 인턴기간 동안에 권한과 책임이 수반되는 실제 직무경험을 할 수 있는 기회는 거의 없다고 해도 틀리지 않다. 기업의 실무자 입장에서 생각해보라. 일정기간 후에 회사를 떠날 사람과 계속해서 같이 있을 사람 중에서 누구에게 실무적 지식전달과 경험기회를 제공하겠는가?

대기업 인턴에게는 정규직 전환이 전제되지 않은 경우라면 인턴기간 동안 단순히 직장과 직무를 경험하라는 차원에서 과제를 부여한다. 실효적인 실무경험의 기회는 그리 많지 않다. 더구나 정규직 전환이 전제된 인턴 채용의 경우에는 정규직 채용에 준하는 평가기준에 의거하여 선발하므로 인턴합격은 그리 녹녹치 않은 것이 실상이다.

스펙 쌓기를 위해 대기업 인턴을 해보겠다면 생각을 달리해야 할 것이다. 더구나 실제 기업채용과정에서의 짧은 인턴경험은 기대한 것보다 파워풀한 경쟁력이 못된다. 또한 인턴기간중의 경험은 그리 대단한 것이 없다는 것을 기업의 실무자는 다 알고 있다.

현업실무에서 인턴 제도를 운영해본 나의 경험을 소개하며, 오히려 비정규직의 입장이 아닌 정규직으로서 중소기업에 입사한 후 실질적인 업무경험을 해보도록 권한다.

중소기업의 정규직으로 입사하여 1~2년 정도 근무하면서 실무경력과 경험을 쌓고, 한편으로 중소기업의 매력을 발견하여 비전을 재정립해보는 것이 보다 실효적인 기회가 된다고 수없이 조언한다.

나의 조언을 들었던 학생들 중에는 중소기업에 입사하여 1년 이상 계속 근무하고 있으며, 심지어는 회사의 높은 비전과 처우를 제시받으며, 업무에도 만족을 하고 있다는 소식을 전해주는 학생도 상당히 있었고, 한편 대기업으로의 전직에 성공한 학생도 있었다.

실제 중소·중견기업에서의 직장경험을 가진 신입 및 경력 지원자는 채용면접에서 관심을 받고 또 입사에 성공하는 경우가 많다. 그 이유는 실무경력뿐만 아니라 조직생활에 대한 경험이 있기 때문에 실무현장에 바로 투입할 수 있고, 중도 퇴사하는 가능성도 적을 것이라고 평가받기 때문이다.

중소기업 입사가 결코 성공취업에 실패한 것이 아니라 새로운 비전을 설계하며 역량을 개발하는 과정이라고 이해하라. 성공취업은 연봉이 높고, 복지가 좋고, 정년까지 안정적으로 다니면서 가족을 부양할 수 있는 회사에 입사하는 것이 절대 아니다. 그리고 그런 회사는 세상에 없다는 것을 강조한다.

목표기업에의 취업역량이 부족할 때면, 눈높이를 낮추라고 하면 쉽게 수용되지 않을 것이다. 그러나 '직무수행스킬과 조직역량을 개발하기 위하여 정규직 인턴을 한다'고 생각을 전환하고, 4년 동안 확보하지 못한 스펙을 휴학, 졸업유예를 해서 보강하려고 하기보다, 직접 기업에 들어가서 역량개발의 포인트를 바꾸어 보라.

이런 각오로 눈높이를 낮추어 입사하였다고 루저loser가 되는 것이 아니다.

34 기업분석 없이는 인·적성 검사 통과 쉽지 않다.

90년도 초반 채용담당자 W/S에서 격렬한 토론을 했었던 인·적성 검사가 이제는 대다수 대기업의 필기시험으로 정착되었고, 상당수 중견기업에까지 확산되었으며, 공기업에서는 NCS(National Competency Standards/국가직무능력표준) 기반 필기시험의 핵심내용으로 반영되고 있다. 더구나 최근 블라인드 채용확산으로 그 비중의 강화와 도입확산이 예상되는 인·적성 검사는 '이제는 인·적성이다'라는 학원가의 안내광고로도 쉽게 접할 수 있다.

서류심사 및 면접전형만으로는 지원자의 적합도와 평가의 신뢰도를 충분히 확보하기 어렵고, 짧은 시간 내에 실제 업무수행역량을 직접적으로 측정하기 어렵고, 또한 지원자가 많기 때문에 시험 및 면접대상자를 1차적으로 선별하는 것이 필요하므로 인·적성 검사는 채용전형의 기본관문이 되고 있다.

더구나 블라인드 채용 방식의 확산으로, 인·적성검사는 종래 출신대학, 학점 등으로 개인역량을 평가하던 기준을 대체하는 수단으로 활용되고 있으며, 일부 의견이지만 블라인드 채용은 형식적으로 지원만을 개방하고 지원자격만을 완화시키는 것이라는 불신논란으로 인·적성마저도 절대평가하여 순위를 매기는 경향까지도 보이고 있다.

2017년 올해부터는 332개 모든 공기업 채용에서 NCS기반 직무적성검사를 실시한다. 일명 신의 직장에의 면접참석은 물론이고 입사하려면 상위 안정권의 인·적성 검사 득점이 되어야 한다.

대기업 및 공기업 입사를 생각한다는 학생들에게는 인·적성 대비 공부 철저히 하여야 할 것을 주문한다. '예'라고 대답하는 학생들의 표정에서 왠지 '잘 모르겠습니다'라는 말을 하는 것 같았다.

그렇다면 어떻게 준비할 것인가?, 학원을 다닐 것인가?, 수험서로 공부할 것인가?, 각 기업마다 상이하고, 출제범위도 다양하고 종종 바뀌고, 특히 지원 관문gate 같고, 스피드 찍기 같고, 심지어 '정답이 없다'라고 하는데! 막막함과 부담감이 엄습해 올 것이다.

인·적성검사의 목적은 조직과 직무에 적합한 인재를 선발하기 위함이며, 검사의 결과로서 최종면접의 신뢰도를 높이기 위함으로써, 개인의 성격, 가치, 태도, 흥미 등을 인성검사로서, 직무관련 언어능력, 수리능력, 추리능력, 공간능력, 지식 및 상식 등을 적성검사로서 구분하여 각기 1~200개의 문제로서 1시간 정도에 걸쳐서 실시된다.

인성검사는 정서적, 성격적 특성이나 문제점을 확인하여, 기업 및 직무에서 요구하는 인재상에의 적합성 정도를 검사하는 것이지 개인의 종합적인 인성특징을 측정하는 것이 아니다.

이에 기업의 인성검사는 특히 조직적응도를 전제로 하기 때문에, 현직사원의 Pilot데이터와 해당기업에 지원했던 응시자 데이터를 비교 기준치로 하는 경향이 많다. 이것이 인성검사에는 '정답이 없다'라고 하는 배경이며, 그 정답은 현직의 우수사원 성향과 그 수준인 것이다.

인성검사는 개인의 사고 및 행동의 일관된 성향을 측정하는 것으로 신뢰도가 확보되지 못한 응답의 경우에는 검사결과의 무효판정이 되기도 하며, 심지어 일부 기업에서는 인·적성검사에 탈락하게 되면 일정기간 입사지원이 제한하는 경우까지도 있다.

이에 의도적인 보편적 정답 찾기, 암기식의 학습은 적절한 방법이 되지 못하므로 출제 문제의 유형을 이해하고, 조직문화 분석을 통해 인성 및 가치관의 정립과 내재화가 필요하다.

적성검사의 목적은 직무수행상의 지능 및 지식의 이해 및 해석능력을 측정하고자 함이다. 이에 직무관련 기초능력을 IQ테스트 유형의 문제와 직무관련 상식문제 등으로 측정한다. 이에 기출 되었거나 유사한 문제가 반복되는 경향도 있다. 이런 배경에서 적성검사대비 학습으로 문제유형의 이해가 효과적이라고 한다.

적성이란 특정의 직무수행에 적합한 능력 및 성향이므로 지원직무 및 직군별(관리, 영업, 생산, R&D)로 측정영역, 측정항목, 측정시간을 다르게 하고 있다. 특히 직무수행역량은 지능·지식·경험 등을 직무성과로 이어주는 의사소통능력, 상황판단능력, 변화적응능력, 창의력, 문제해결능력 등과 연계되어 있고, 조직문화 및 직무특성, 특히 구성원간의 교류관계에 따라 그 역량의 발휘 가능성과 기대치가 다르므로 기업의 환경적 특성에 따라 가변적이다.

기업별 인성/적성 검사항목

	삼성 (GSAT)		LG (RPST)		현대 (HMAT)		SK (SKCT)		농협 (NHAT)	
인성	상황판단	25	인성	210	인성	112	인성	340	인성	340
적성	-		-						지각정확성	30
	언어논리	30	언어이해	20	언어이해	24	인지(언어)	60	언어유추력	20
	추리	30	언어추리	20	정보추론	25			언어추리력	20
			도형추리	20	도식문제	15			공간추리력	20
	수리논리	30	수리	30	논리판단	15	인지(수리)	60	응용계산력	20
									수추리력	20
			-				실행역량	30	판단력	20
	시각적사고	30	도식적추리	20	자료해석	20	심층역량	360	창의력	1
	직무상식	40			역사에세이	40	한국역사	10	-	

* 기업마다 검사시기 및 직군별로 검사영역 및 항목의 변경 및 조정이 되고 있음.

적성검사는 지원기업의 직무에 대한 지식, 스킬, 경험에 대한 필기시험이다. 이에 최근에는 직무적응능력ability의 TEST 수준을 넘어 한국사, 한자, 상식 등의 학습수준까지도 평가항목에 포함하며, 심지어는 에세이 형식으로 글쓰기 능력까지도 평가하고 있으므로 지원기업의 직무분석과 직무명세에서 제시하는 역량의 개발에 집중하여 준비하여야 한다.

인·적성검사의 결과지는 이력서, 자기소개서와 함께 면접관에게 제공되며, 검사결과에서 나타난 특이사항(우수 또는 부족, 강점 또는 약점)에 대하여는 특성 확인용 예시질문까지도 제공하면서 반드시 확인하도록 한다. 이는 검사결과를 알지 못하는 입사지원자에게는 두려운 압박질문으로 들리게 될 것이다.

기업의 입사전형용 인·적성검사에는 '정답이 없다'라고도 하지만 모든 시험에는 정답과 만점이 있다. 인·적성검사에도 정답은 있다.

그것은 기업분석으로 알 수 있다. 이에 인·적성을 대비하는 공부의 출발은 기업분석이라는 것을 명심하여야 한다. 문제의 이해와 해석요령만으로는 통과는커녕, 합격에까지 도달할 수 없을 것이다. 장기적인 역량개발 계획CDP과 함께 자기이해와 인성의 내재화가 인·적성시험 대비 학습의 정도正道이다.

35 아르바이트도 경력이고 역량이다.

많은 학생들이 작성한 이력서의 경력 란column은 대체로 빈칸이다. 아르바이트를 한 경험도 있지 않은가?라고 하면, 그제야 자신의 화려한 알바 경력을 생각하여 채워 넣는다.

설령 용돈벌이를 위한 아르바이트였지만, 매장에 찾아온 고객에게 홍보와 설득으로 커뮤니케이션했고, 판매결과를 집계했고, 지시업무를 수행하며, 아이디어도 냈고, 사장의 입장과 고객의 입장도 되어 보았고, 동료와의 관계에서 역할분담을 했으며, 선임으로서 솔선수범과 후배교육도 해보았던 것이다.

이러한 일련의 과정이 조직역량을 개발한 이력이다. 자신의 진로 및 취업방향을 고려하고 선택한 아르바이트 경험은 인턴, 실습 못지않은 조직역량인 것이다.

아르바이트 경험을 구조화하여 정리해보면, 지원직무에 활용될 수 있는 학습된 역량을 찾을 수 있고, 심지어 입사 후에 적용해 볼 만한 아이디어도 제안할 수 있다.

그동안 적어두었던 인턴, 실습, 아르바이트의 일지Diary를 통하여 4가지 차원에서 과거의 경험과 기억을 정리해보라. 무한한 스토리의 보고寶庫가 된다.

① 자신이 경험하고 학습한 내용은?

② 자신의 역할 및 과제를 수행하는 과정에서 개선했던 결과는?

③ 자신의 활동 중에서 달성한 양적 차원의 성과는?

④ 자신의 활동 중에서 달성한 질적 차원의 성과는?

현장실무경험 정리 프레임

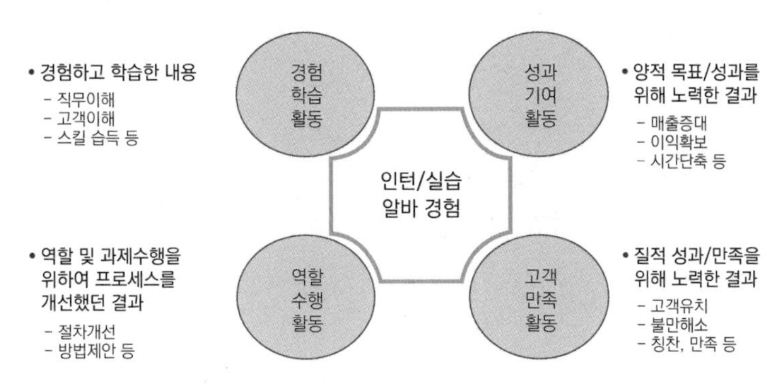

이를 가능케 하는 것은 평소 역량개발 다이어리를 작성해두었는가이다. 대학생활 추억노트, 전공 프로젝트 추진일지, 스크랩북, 여행 일기, 소소한 메모지 모음 등을 통해 정례적으로 역량개발 다이어리를 정리하는 활동은 내가 취업교과목 수업에서 강조하고 있는 스토리 만들기 요령인 것이다.

04 역량개발 방향

역량개발

신입사원을 채용하는 과정에서 평가되는 역량은 보유된 역량만이 아니다. 역량개발 과정도 매우 효과적인 역량으로 인정된다. 특히 그 과정의 스토리는 비록 가시적인 결과, 탁월한 성과가 아니더라도 최종 선발의 결정적인 영향을 발휘한다.

EU전문가로 성장하겠다는 직업비전을 가지고 교내 EU전문가 양성프로그램에 참여하여 영어와 독일어 그리고 무역실무와 공학기초지식 학습을 꾸준히 했던 J군이 있었다. 그러나 당초에 설정했던 역량개발의 목표수준을 습득하지 못하였으나 지역공단의 자동차부품 제조기업 입사에 도전하였다. 다행히 운이 좋았던지 최종면접까지 갈 수 있었고 면접과정에서 자신의 비전과 그동안의 학습노력, 앞으로의 목표를 어필한 결과 당당히 최종합격자로 결정되었다.

J군이 최종 합격자로 선정된 과정과 배경에 대한 인사팀장의 전언에 의하면, 면접에 동참한 경쟁자 중에는 J군보다 높은 스펙을 가진 학생이 있었지만 J군의 학습과정과 노력 그리고 전문가로의 성장 열정이 오히려 높게 인정되었다는 것이다.

36 취업역량은 차별화 역량이다.

최종합격의 결정을 가능케 하는 역량은 그 역량의 절대적 평가수준이 아니다. 설령 평가요소의 절대적 수준이 높아서 서류전형에 합격되었다 하더라도, 그것이 최종합격을 결정하지는 않는다.

대부분의 입사 합격자들을 보면 그들은 상대적으로 차별화된 포인트를 가지고 있다는 공통점을 발견할 수 있었다.

어학, 학점, 자격, 시험성적 등이 상대적으로 우수한 것이 아니라, 기업 및 직무에 있어서 특별하게 비중을 두는 부분에 있어서 상대적으로 우수했다는 것이다. 다른 사람과 비교해볼 때 '무엇인가 특별하고 차별화된 것', '다른 시도와 다른 결과'가 최종합격을 가능하게 하였다.

차별화 역량은 '동일 분야에 대한 상대적 비교우위'의 차원을 넘어, 나아가 '다른 분야에 있어서 상대와 비교되지 않는 역량'까지로서 그 수준이 조직 및 직무성과에 기여할 수 있다고 판단되는 정도의 역량을 말한다. 이것은 역량의 개발을 대부분의 사람들이 인식하고 있는 동일한 분야에서만 하려고 하지 말고, 단순비교가 되지 않는 자신이 더 잘할 수 있는 분야에서 찾아서 집중하라는 것이다.

- 차별화는 부족을 채우는 것이 아니라, 넘침을 키우는 것이다.
- 차별화는 불안을 걱정하는 것이 아니라, 유혹을 떨치는 것이다.
- 차별화는 자신감을 찾은 극소수가 하는 시도이다.
- 차별화는 불균형을 더욱 불균형하게 만드는 과정에서 얻어진다.

차별화의 추진 포인트는 지원목표에서부터 시작되며, 준비과정에서 강화되어, 그 과정의 스토리가 차별화의 결과로 이어진다.

차별화 역량개발을 추진하고자 한다면, 먼저 지원목표직무와 기업를 결정하라. 그리고 그들 기업에서 요구했던 자기소개서의 질문문항을 확인하라. 추가로 기업분석을 통한 회사 내의 주요활동을 탐색도 해보라. 마지막으로 자신의 현재수준을 냉철히 평가하여 어떤 역량을 언제까지, 어떻게 개발할 것인가에 대한 우선순위를 결정하라.

 **차별화 추진 선행과제와 전략과제**

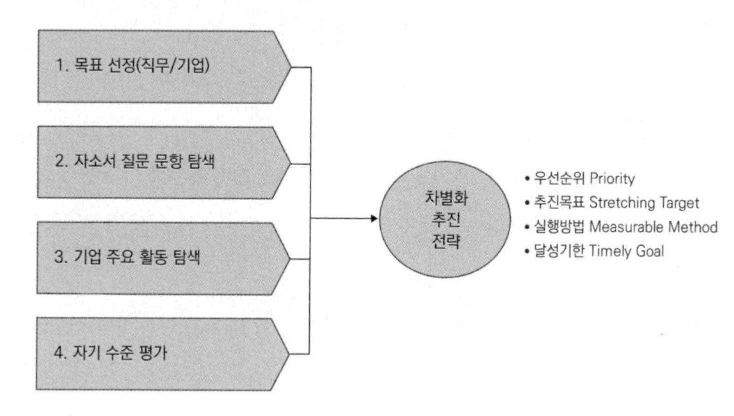

역량개발의 목표는 정말 하고 싶은 것이어야 하고, 좀 더 노력한다면, 그 달성 가능성이 충분한 것이어야 한다. 막연하게 꿈꾸는 바람이 아니라, 기업의 입장에서 냉철한 자기평가와 객관적 확인을 거쳐 장기적 관점에서 설정하는 것이다.

그리고 그 수준은 최고가 아닌 상대적으로 우수한 정도면 충분하다. 어느 기업에서도 수석입사자를 선정하지 않는다.

영어전공 학생의 경우, Top수준의 영어능력을 보유하려고 하기보다는, 지원 자격수준과 비교하여 20% up정도가 확보되었다면, 영어 외의 제2외국어를 공부하든지, 아니면 지원 분야 업무에 필요한 무역실무, 공학기초 등을 학습하여 차별성을 확보하라.

공학전공 학생의 경우라도, 특정의 자격취득을 하였다면, 어학학습과 경제지식학습을 추가하여 해외영업과 같은 분야로의 배치 확장성을 확보한다면 최종합격의 가능성은 더욱 증가된다.

입사전형의 모든 요소에서 상대적 우위확보를 하고자 하지 말고, 역량의 전문화, 다양화, 다각화의 관점을 정한 후, 자신만의 차별화 포인트를 확보하는 학습을 하라.

우리나라의 상당수 기업에서는 인재의 육성방향을 내부육성과 조직역량개발에 두고 있다. 그러므로 입사하여 일정기간 생활하다 보면, 구성원 1인에게 all-round player로서의 역할과 성과를 기대하지도 않고, 심지어는 발휘할 수도 없다는 것을 알게 된다.

더구나 기업에서의 업무는 조직구성원들의 조화와 협력으로 추진되는 것이며, 기업에서는 이러한 업무스타일을 통한 시너지증진을 권장하고 있다.

'빨리 가려면 혼자 가고, 멀리 가려면 함께 가라(If you want to go quickly, go alone. If you want to go far, go together)'는 격언이 있지 않은가? 기업에서는 '같이 해서 더 많은 성과를 이루도록 격려'하며, 같이 일하는 방법을 강화하는 교육을 수없이 하고 있다.

이는 기업의 일반적 입사전형에서는 '혼자 공부한 스펙학점, 어학성적, 자격증 등'보다 '같이 체득한 스펙인턴, 현장실습, 공모전참여, 프로젝트 수행 등'에 더 높은 점수를 부여한다는 것을 설명하는 배경인 것이며, 이 점은 그룹 및 팀 활동의 과정에서 협력과 조화 그리고 시너지의 효과까지도 체득하였다고 인정한다는 것이다.

37 역량개발의 로드맵을 그려라.

'이것이 차별화된 역량이다'라고 제시하거나 단정하는 것은 쉽지 않다. 더구나 신입사원의 경우는 채용 후 배치의 가능성이 다양하므로 '영업직무 지원자의 경우 리더십 활동 경험과 그 역량이, 인사직무 지원자의 경우는 노동법규 교육이수가 차별화된 역량이다'라고 단정하는 것은 적절치 않다. 물론 우대조건이 될 수는 있지만.

설령 차별화 역량이 List up이 되었다고 할지라도 자신의 관심정도와 개발여건에 따라서 확보시기와 그 정도를 설정하는 것도 용이하지 않을 것이다. 이에 직무특성, 조직문화, 채용공고 등에 대한 우선적 분석이 필요함을 강조하지만, 특히 저학년의 경우 이 역시 실천으로 옮기기는 말처럼 쉽지 않을 것이다.

학생들은 전공학습과정과 선배들의 성공담에서 확인한 차별화 역량의 정보에 기초하여 자신의 관심, 흥미, 여건 등에 적합하다고 판단되는 역량개발노력을 시도하고 있고, 상당수 도서관에서 스펙 쌓기 공부부터 시도하는 경향이 있다.

건축공학을 전공하고 있는 한 학생의 경우이다. 그는 중동지역에서의 건축, 토목사업에 대한 정보와 매력을 가지면서, 아랍어 공부를 하고 있으며, 3학년 여름 방학 때 중동지역으로 아랍어 어학연수를 가겠다고 하면서 상담을 요청한 적이 있었다.

그 학생과 직업적 비전과 학습내용, 어학연수 후의 계획 등에 대한 상담을 하면서 알게 된 것은 '대기업 입사를 위한 차별화 포인트로서 자신이 관심이 있는 아랍어 능력으로 정하였으며, 건축분야 해외전문가에 대한 직업적 비전을 가지고 있다'는 것이었다.

건축전문가로서의 필요역량은 전문자격의 취득과 직무교육 및 경력의 우선적 습득이다. 그러므로 직무분야에 대한 실무역량이 부족한 상태에서 비록 어학역량을 확보하였다 하더라도 목표하는 대기업에의 입사는 쉽지 않을 것이고, 설령 입사를 하였다 하더라도 중동 현장으로의 파견은 실무역량이 습득된 이후에 가능할 것이라고 설명하였다.

3학년인 지금 해야 할 것은 기술자격의 취득 및 실무경험을 통해 건축회사에 입사하는 것이므로, 중동어학연수는 직무역량의 확보 이후로 할 것과 건설기술교육원의 해외건설인력 양성프로그램 참여를 권유하였다. 물론 그 학생은 4학년 방학기간을 활용하여 훈련수당까지 받으면서 해외건설 플랜트인력양성 과정을 이수하였고, 희망하는 기업에 입사하였으며, 입사 3년차인 지금은 중동 및 중국 등 해외건설현장에서 땀을 흘리고 있다.

역량개발을 위한 로드맵road map을 수립하라. 자신의 현재 위치에서 어떤 경로path를 통해, 어떤 학업 및 경력 습득train을 통해, 어떤 중간과정course을 거쳐, 어떤 경력career을 보유한 전문가professional가 될 것인가를 설계하라. 이것이 단기적으로는 대학생활이고 장기적인 인생life인 것이다.

큰 그림인 직업적 비전하에서 작은 방학계획, 더 작고 구체적 학업 및 경험계획을 수립하고Plan 실행하고Do 수정해가는Check & Act 일련의 과정PDCA이 바로 성공취업의 과정이다.

이런 로드맵 설계과정은 반드시 대기업 신입사원employee이 되려하기보다는 전문분야의 인재talent가 될 수 있게 하며, 공학을 전공했다고 반드시 기술자engineer가 되어야 한다기보다는 사업의 관리자management도 될 수 있다는 경로와 시각을 제시해 줄 것이다.

38 역량개발을 위한 실천계획은 SMART해야 한다.

직업적 비전과 목표를 기반으로 수립된 역량개발의 로드맵은 하나하나의 과제target와 계획plan의 실행action으로 이루어질 것이다. 그러므로 실행은 바로 계획이고 목표이며, 궁극적으로는 비전인 것이다. 이에 그 계획은 실행이 가능하여야 하며achievable, 가능하도록 수립되어야 할 것이다.

늘 달성되지 못한 계획에 아쉬움을 가졌던 것은 상황과 환경의 변화보다는, 그동안의 문제, 과제, 원인 등을 보다 논리적으로[logical] 구체화하지[definitely] 못했던 점과 이로 인해 실행의 동력과 시너지의 발현이 위축되고, 지속화의 열정이 강화되지 못했던 점이 가장 큰 이유일 수 있다.

역량개발의 과제도출을 보다 논리적으로 이끌어내는, 잘 알려진 방법이 Logic Tree 기법이다.

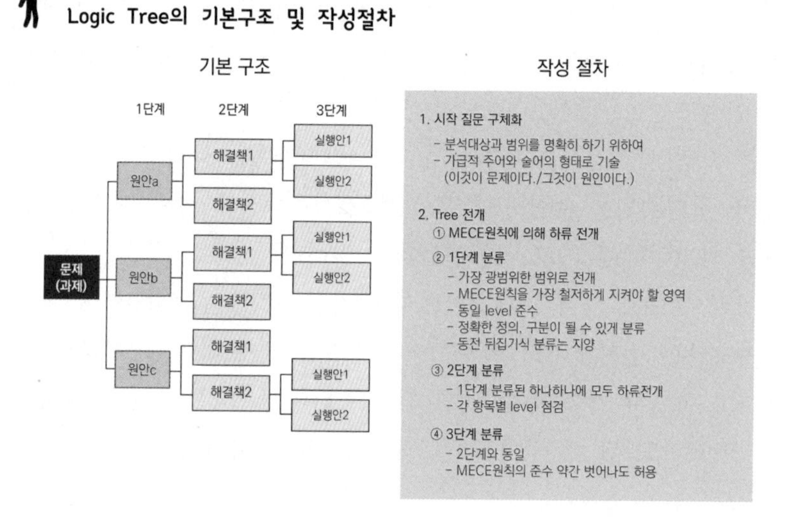

먼저 차별화된 역량개발이라는 목표(예: 자동차부품산업의 EU전문가)를 달성하기 위한 당면의 과제 또는 문제가 무엇인지를 명확히 설정한다. 그리고 과제 및 문제의 해결을 위한 원인, 소과제, 구성요소 등을 MECE(Mutually Exclusive & Collectively Exhaustive의 약칭으로 구성요소들이 중복되지 않고 상호 배타적이며, 그 합이 전체가 될 수 있게 하는 구분법) 원칙에 따라, 나뭇가지 형상으로 하류 전개[breakdown] 한다. 마지막으로 문제해결의 실행안을 도출한다.

실행되지 못하거나, 실행하지 않은 계획은 계획이 아니다. 그래서 계획은 실행될 수 있게 수립되어야 하고, 또 실행의 강화를 위해서는 보완 및 변경을 반복해도 무방할 것이다.

목표는 그 달성 기간의 차원에서 장기적이고 지향방향을 설정하는 setting목표[먼 지향목표]인 vision, goal과 단기적이고 활동과제를 설정하는 lacking목표[발 앞의 실행목표]인 target, object로 구분해 볼 수 있다.

lacking목표(부족함을 확보하는 과제목표)와 setting목표(장기적으로 필요한 비전목표)는 계획수립에 모두 고려되어야 하며, 상호 연계되어야 할 것이다. 특히 lacking목표[Target]는 SMART하여야 보다 효과적이고 효율적인 달성이 용이할 것이다.

역량개발을 위한 실천계획(CDP: Career Development Plan) 역시 SMART하여야 성공취업을 이끌 수 있을 것이다. 지금부터 성공취업(하고 싶은 일을, 자기 스타일로 하니, 칭찬과 보상으로 이어지는 곳에 입사)을 위한 SMART한 계획을 수립하라.

실행계획의 SMART 요건

- **S** ■ Specific - 구체적이어야
  : 목표달성의 내용, 방법, 일정 등이 구체적으로 표현되고, 제시되어야 함.
- **M** ■ Measurable - 측정 가능해야
  : 목표달성 정도를 평가할 수 있는 평가기준 및 방법이 제시되어야 함.
- **A** ■ Achievable - 달성 가능해야
  : 개인의 노력에 의해 달성 가능한 수준으로 설정되어야 함.
- **R** ■ Result Oriendted - 결과 중심적이어야
  : 목표달성 시 얻게 되는 결과에 대하여 구체적으로 표현되어야 함.
- **T** ■ Time based - 완성시간이 있어야
  : 목표는 시간에 대한 계획이 반드시 수반되어야 함.

차별화는 '할 수 있는 것을 더 잘하는 것'이다. 반면에 '할 수 없는 것을 잘하려는 것'은 평준화이다.

물론 차별화를 위하여 일정수준은 평준화 시도를 거쳐야 하는 경우도 있겠지만, 이에는 그 전략과 실행 그리고 비용과 시간이 더 필요하다.

지금 자신이 차별화되려면 무엇을 해야 할 것인가?

- 더 잘 하는 것, 더 잘 할 수 있는 것을 선정해보자(과제선정).
- 더 잘 한다는 것을 보이자(달성목표와 기한선정).
- 더 잘 할 수 있는 관리방법을 선정해보자(중간성과측정).

취업 스터디 활동을 지도하면서 참여 학생들에게 Logic Tree를 통해 실행과제를 도출하게 하고, SMART한 실행계획을 수립하게 하였다. 그리고 정기적인 활동 & 성과 Review면담을 실시하였다.

그 결과는 스스로 학습의 자신감, 성취감 그리고 취업성공으로 이어졌다. 차별화는 특별한 것이 아니었다. 중고시절에 익숙했던 열심히 하면 된다는 학습인식과 패턴을 논리적이고 구체적으로 정리하여 전환한 것이었다.

이러한 차별화시도는 스펙이 낮은 학생도, 진로가 구체화되지 않았던 학생도, 취업준비가 늦었던 학생도 취업성공을 가능하게 만들어 주었다.

지금 당장!

냉정하게 자신을 평가한 후

목표(지원직무 그리고 도전기업)를 수립한 후에

Logic Tree 기법으로 우선과제를 선정하고

SMART한 실행계획을 수립하라.

그리고 실행하라.

실행은 당장 할 수 있는 것.

하는 방법을 아는 것.

해 본 경험이 있는 것부터 해라.

그래야 미루지 않고, 쉽고 빠르게, 실천할 수 있다.

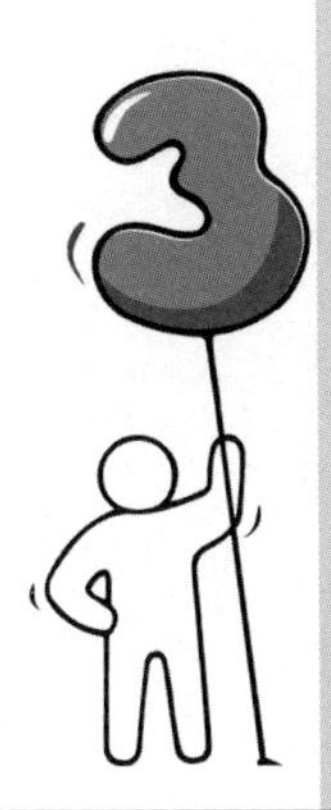

직무탐색분석

01 직무이해와 결정

02 직무탐색 방법

03 직무탐색 계획

01 직무이해와 결정

직무탐색분석

취업상담을 시작할 때면 가장 먼저 지원직무를 확인하고 직무설명을 요구한다. 그러나 직무내용과 수행역량과 역할에 대한 구체적인 설명을 하지 못하는 학생들이 대부분이다. 그나마 일부 학생은 전공학습, 군대, 아르바이트 등을 통해 알게 된 내용을 말하기도 한다.

전공에서의 학습내용이 직업 관련성, 직무 구체성, 자격·면허 취득 가능성과 연계성이 높은 경우에는 그 전공학습을 충실히 한다면 지원직무선택이 상대적으로 용이할 것이다.

그러나 기초학문 및 예체능 계열의 전공학습의 경우에는 진로 및 취업과 관련된 직무, 직군의 범위가 넓고 다양하며, 한편으로는 매우 제한적이기 때문에 취업진로를 구체화하는 데 어려움이 많다.

더구나 전공학업의 과정에서 인턴, 실습과 같은 현장체험이 용이하지 않을 경우에는 직무이해와 선택은 더욱 어렵다. 이는 취업 목표기업을 선정하는 것을 더욱더 어렵게 한다.

많은 학생들은 중고시절뿐만 아니라, 대학에 입학한 후에도 자신의 진로와 향후 직업에 대한 관심과 고민을 하면서, 다양한 검사방법으로 직업을 탐색하고 또 직·간접적인 체험의 기회도 가졌을 것이다.

일반 적성 및 심리검사의 결과에서의 해석은 자신의 성격, 흥미, 적성이 직업사전에서 분류하고 있는 공무원, 군인, 학자, 법률가, 경찰, 교사, 디자이너 등에 적합하다는 것을 설명하지만, 그 직업에서 하는 일의 내용인 구체적인 직무 탐색과 확인은 피검사자의 추가적 몫으로 암묵적으로 남겨두고 있다. 더구나 상담자, 교사, 부모 등은 피검사자의 추가적 필수 탐색활동을 지도하고 피드백 하는 노력을 간과하고 있다.

그러니 지원하고 싶은 직무의 내용을 묻는 질문에 직업적 영역에서의 포괄적 대답을 할 뿐이지, 실제 취업과정에서 확인하고 분석해야 할 수행직무에 대하여는 구체적인 설명을 하기 어려웠던 것이다.

39 직무탐색은 직업을 탐색하는 것이 아니다.

직업職業/occupation, vocation이란 개인이 생활을 영위하고 수입을 얻을 목적으로 한 가지 일work에 종사하는 지속적인 사회 활동으로서, '직업을 탐색한다'는 것은 사회적 활동의 위상position과 그 종류class를 확인하는 것이다.

반면 취업과정에서의 직무職務/job는 직업 활동을 수행하는 과정에서 설정된 기본적인 과업task과 역할role들의 합을 통칭한 보편적인 개념인 것이다(예: 인사직무, 연수직무, 노무직무 등).

이들 직무의 합을 그 수행상의 곤란도 및 책임정도에 따라 종적으로 합한 개념이 직렬職列/Job series이며(예: 인사직렬, 재무직렬, 홍보직렬 등), 이들 직렬들의 합이 직군職群/Job family이다(예: 관리직군, 영업직군, 생산직군 등).

직무의 개념적 구조와 관계

업종(Industry)					•제조업 •금융업 •유통업 •건설업
직종(Job type)					•사무 •생산 •영업 •서비스
직군(Job family)					•관리 •생산 •영업 •개발
직렬(Job series)					•인사 •재무 •홍보 •IT
A직무(Job)		B직무	C직무		⊙인사관리 ⊙교육훈련 ⊙노무관리
a과업(Task)	b과업				a채용배치 b급여근태 c복리후생
ⓐ동작 (Action)	ⓑ동작				ⓐ 공고, 모집, 심사, 면접, 합격결정 ⓑ 발령, 통보, 배치

이에 '직무를 탐색하는 것'은 직무단위에서 과업 및 동작과 그에 따른 역할 및 책임의 내용을 탐색, 분류, 분석하는 것으로 '직업을 탐색하는 것'과는 그 관점에 있어서 상당한 차이가 있다.

취업전형에서의 적임자 선발과정은 '나는 공학전공을 했고, 기술적 지식과 기능적 적성이 있어서 「엔지니어」가 되고 싶다' 또는 '나는 경영학전공을 했고, 창의력과 설득력이 우수하여 「마케터」가 되고 싶다'라고 해서 그 적임여부를 평가받는 것이 아니다.

그와는 다른 차원에서 '나는 A자동차부품개발을 하고 싶어 CAD 자격을 취득했으므로 귀사의 「기계설계담당자」로서의 역할을 수행하고자 한다' 또는 '나는 경영학전공을 했고, 문제해결스킬을 습득하면서 귀사의 경영전략팀의 「기획담당자」가 되고자 지원한다'라고 했기에 그 능력과 적임여부를 평가받아 선발되는 것이다.

기업의 실무자는 '거시적이고 장기적 관점에서의 직업인professional'이 아닌 '미시적이고 단기적 관점에서의 직무수행자worker'를 최종 합격자로 선정한다.

자동차 부품제조기업의 직무 개요(사례)

원가관리		물류관리	
내용(과업&동작)	목적(역할&책임)	내용(과업&동작)	목적(역할&책임)
1. 생산제품에 대한 원가관리를 통해 →	조직의 수익성 향상 도모	1. 적정재고를 설정하고, 관리 스케줄링을 통해 →	적정생산을 유도
2. 제품에 대한 표준원가를 설정하고, 실제원가와 비교하여 →	원가 개선책 제시	2. 장기성 재고 및 불용재고를 방지함으로써 →	재고 가용성 유지
3. 단순숫자 계산이 아니라, 전체 산업의 현황을 고려한 객관적인 분석을 실시하여 →	산업 전반 분석	3. 생산계획을 분석하여 자재(원재료, 부품, 유무상 시급품, 임가공)를 적기/적량 공급하여 →	자재 실적 관리
4. 경쟁입찰 작업과정에 참여하여 →	제품, 금형 등의 설계 원가 조정 및 협의	4. 납기 내 제품 인도하여 →	고객사 생산라인 가동에 문제가 없도록 하며 고객의 요구에 적시 대응
5. 내부원가관리, 목표원가관리, VE효과평가 & 유효성 점검, SAP시스템을 통하여 →	제조원가 경쟁력 강화	5. 원활한 운송활동을 위한 관련 부서 및 협력업체 등과 협상하여 →	물류 운영 및 혁신의 유연성 강화
6. 기타 고객자산 관리, 금형 공증을 통해 →	자산관리	6. 적정재고의 관리, 자재 적기/적량 관리를 통하여 →	납기 내 제품인도와 생산 가동 지원과 고객만족 달성

이에 기업에 취업하고자 한다면, 직무수행자로서의 역할과 그 능력을 제시하는 수행직무의 내용을 탐색하여야 한다.

기업에서의 직무개요 및 수행직무의 내용은 직업사전의 내용과 일치하지 않는 경향도 있다. 더구나 동일한 직무명이라도 A기업, B기업, 대기업, 중소기업에 따라 직무내용과업과 역할에 있어서 차이가 존재한다. 그 차이와 특징을 지원기업의 홈페이지 등에서 확인할 수 있다.

40 직무는 직업의 원천인 것이다.

직무Job와 직업Occupation은 엄연히 구별되는 개념이지만, 그 관계는 필요 조건적, 충분 조건적으로 상호 연결되어 있다.

직무와 직업의 개념 관계

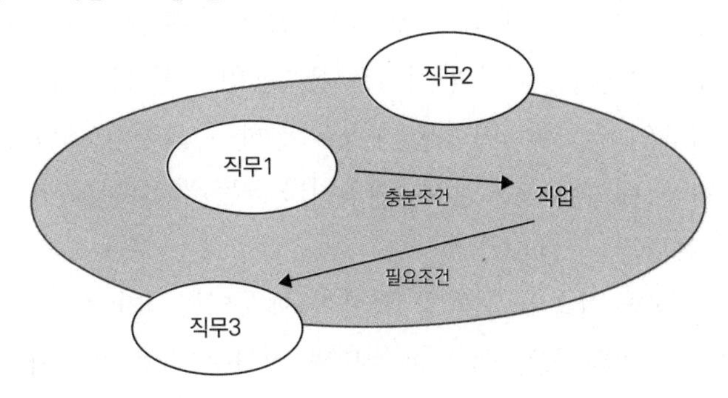

세부 직무와 직렬간, 직군간에서도 이러한 관계가 연결되어 있다고 볼 수 있다. 예를 들면 HRM은 HR직렬의 세부직무이므로 HR직렬의 충분조건 관계이지만, HRM은 HR직렬의 타직무인 HRD, LRM과 구분되므로 HR직렬은 HRM, HRD, LRM직무와 필요조건 관계를 가진다고 할 수 있다.

- HR(Human Resources): 인사관리 총칭
- HRM(Human Resources Management): 인적자원관리
- HRD(Human Resources Development): 교육훈련
- LRM(Labor Relational Management): 노사관계관리

이처럼 직무는 직업 활동에 있어서의 구성단위로서 그 직업수행의 원천이라고 할 수 있으며, 한편으로는 전문영역으로서 세분화될 수도 있고, 또 다른 직업영역으로 확장되고 전환될 수도 있는 것이다.

최근 경남은행에서 '자동차 공작기계, 전기/전자, 철강 및 소재, 나노 바이오 분야 공학박사 5명으로 구성한 기술 평가팀'을 구성하여 조직내부의 기술금융역량을 강화한다는 신문기사(한국경제 2017. 6.20.)를 접한 적이 있다. 은행의 직무확장에 대한 관심과 함께 그 은행에 입사한 공학박사들에게 '당신의 직업은 무엇인가요?'라는 질문을 해보고 싶고, 과연 금융 분야와는 전혀 무관한 공학기술과 이론을 공부한 석학들이 '저의 직업은 은행원입니다'라는 대답을 할까 하는 궁금증이 들었다. 아마도 내가 예상하는 그들의 대답은 '은행에 근무하는 데이터 분석엔지니어입니다'라는 것이 아닐까 하는 생각을 해 본다.

장래 융복합 기술의 전방위 확산이 예상되는 4차 산업시대에는 이와 같은 직업의 등장 그리고 소멸과 변화는 더욱 보편화될 것이고, 매스컴의 관심거리도 되지 않을 것이라고 본다.

그렇다면 직업이란 무엇이며, 어떻게 찾을 것이며, 또 만들어 가야 할 것인가? 이것이 바로 직무탐색으로 가능한 것이다.

어떤 사회적 위상position이 직무가 아니라, 어떤 조직적 일Job, task이 직무인 것이다. 그리고 그 일Job을 하는 장소인 직장workplace은 직무의 중요한 결정요소가 되지 않을 것이다. 즉 직무를 수행하는 장소가 대기업, 중소기업이 될 수도 있고, 제조업, 유통업, 서비스업도 될 수 있다는 것이다.

41 직무결정은 자기 자신의 정립에서부터 시작하는 것이다.

2013년 우리나라의 직업 수는 13,605개이며(고용노동부, 직업사전 수록) 미국은 우리보다 3배 이상 많다고 하는데, 그 구성단위인 직무 수는 얼마나 될까? 수많은 산업, 업종, 기술 그리고 기업에 따라 상이할 것을 고려해보면 상상하기가 어렵다.

인생, 비전, 직업 이런 거창한 것은 접어두자. 직무결정은 첫째, 자신의 전공분야에서 먼저 찾아보라. 왜냐하면 전공복수전공 포함은 입사지원과 취업성공의 가능성을 높여주는 가장 큰 경쟁요소이기 때문이다.

이어서 자신의 흥미, 관심, 성격 등에 적합한 업종, 직종 및 직군, 직렬, 직무에서 요구하는 역량의 특성·적성을 확인한 후 일치성(자기성향특성과 직무역량특성)을 확인해보라. 그래야 평생 즐겁게 일할 수 있기 때문이다.

그리고 그 직무역량의 현재 보유정도와 앞으로의 강화습득 가능성을 생각하며 도전의 열정이 꿈틀거리는지를 느껴보라. 그 느낌의 정도가 바로 자신의 꿈이고 비전이며 목표인 것이다.

자신이 지원하고자 하는 직무는 단순한 인지적 감각으로 결정하는 것이 아니다. 왜냐하면 동일 직무명이라고 하더라도 산업 및 업종에 따라 직무 내용이 다르고 실제로 각 업종별로 직무내용과업과 역할을 비교하기가 용이하지 않기 때문이다. 이에 가장 현실적인 방법은 업종부터 시작하여 직종, 직군, 직렬단위로 하류 전개하는 것이다.

자신이 관심을 가지는 업종(예: 제조업, 건설업, 유통업, 금융업 등)부터 정하고, 직종(예: 금융업의 경우 은행, 증권, 보험 등), 직군(예: 개발, 생산, 영업, 관리), 직렬(예: 영업의 경우 해외, 국내, 네트워크 등)을 순차적으로 정해 간다. 물론 직무단계까지 하류 전개할 수도 있지만 직

지원직무 결정 절차

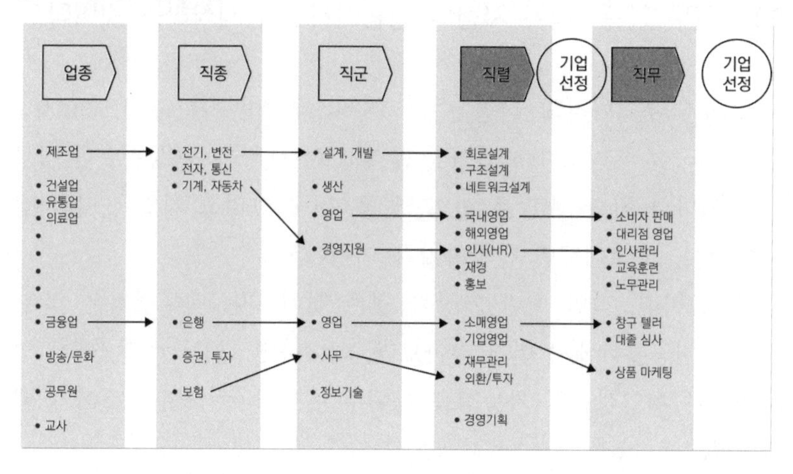

렬수준이 적절할 것이다.

이 단계에 도달하면 관련된 기업의 선정이 가능해질 것이고, 해당 기업의 채용사이트를 통해 직무내용을 탐색할 수 있을 것이다.

이러한 일련의 순차적 과정이 바로 취업 목표의 선정이고, 성공취업을 준비하는 워밍업인 것이다.

42 직무탐색에 앞서 비즈니스 시스템을 이해하라.

기업에서의 직무는 그들의 기업 규모, 사업 활동범위, 심지어는 경영층의 리더십 스타일에 따라 그 내용과 범위가 상이하다.

중소기업에서의 인사직무와 대기업에서의 인사직무는 1개인직위, position에게 부여되는 과업의 양적 범위와 질적 수준에 차이가 있다. 또 기업의 업종 특성과 기업의 전통 및 문화에 따라서 그 직무를 표현하는 용어도 상이하다. 예를 들어 현장의 노사, 노무관련 업무를 일반적으로 노무관리 직무라고 칭하는데, LG그룹의 경우는 노경지원 직무라고 한다. 이것은 LG그룹의 기업문화와 유관한 것이다.

이에 직무탐색은 일반적인 직무용어 이해와 단편적인 업무내용 이해의 정도를 넘어서서, 기업의 업무적 특성과 비즈니스 프로세스를 이해하는 것을 포함하여 복잡하고 심도 있는 접근으로 가능하다.

비즈니스 시스템은 직군, 직렬, 직무분류 및 편성의 Frame인 것이며, 1기업의 비즈니스 시스템은 그 기업의 직무 총합체인 업무의 수행프로세스로서 기업 경쟁력과 혁신의 기반인 것이다.

비즈니스 시스템의 총체적 프레임

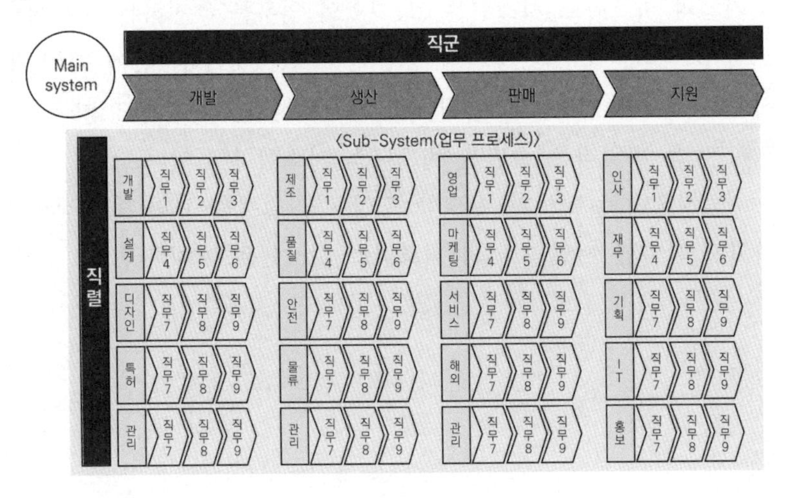

비즈니스 시스템의 혁신을 통해 저비용의 고객가치를 창출한 글로벌 가구 제조/유통기업 이케아의 경우는 비즈니스의 과정, 특히 가구의 제조 및 설치단계에서 '불편을 판다'라는 경영전략으로 시장 경쟁력을 장악할 수 있었다.

이케아의 비즈니스시스템 특성

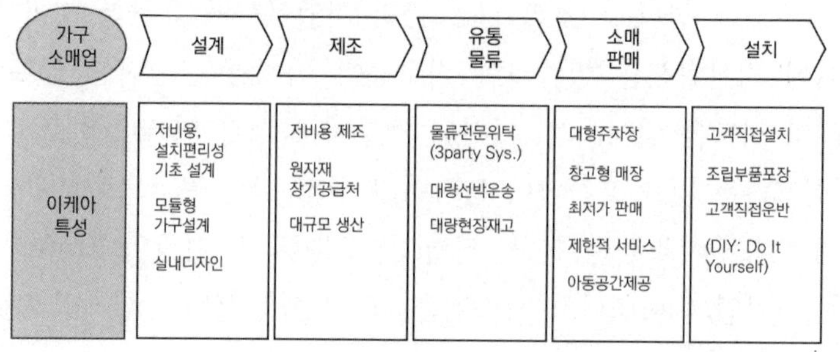

비즈니스 시스템은 기본적으로 개발－생산－판매－지원관리의 구성패턴을 가지지만 업종별로, 기업별로 다양하다.

기업의 비즈니스 시스템은 그 기업의 업무를 추진하는 프로세스로서 조직 내 직무의 체계적 총합체Frame인 것이다. 이에 기업 및 사업 그리고 경영전략을 이해하고, 직무특성과 직무수행역량KSA:지식, 스킬, 태도을 파악하는 출발은 비즈니스 시스템 분석이다.

취업경쟁력의 확보와 차별화 포인트의 설정을 보다 효과적으로 하고자 한다면 지원 기업의 비즈니스 시스템을 이해하라.

02 직무탐색 방법

직무탐색분석

취업준비를 위한 직무탐색의 중요성은 충분히 이해하였지만, 막상 직무탐색을 시도하고자 하면, 회사 홈페이지와 인터넷상의 정보탐색 외에는 특별한 방법이 없음에 직면하게 되는 경우가 많다.

이러한 애로는 상당수 학생들이 직무탐색을 차선의 과제로 미루고 우선 스펙 쌓기에 몰입하는 패턴을 답습하게 하여 효율적인 취업준비를 어렵게 하고 있다.

그러나 신문지상에서 접할 수 있는 취업성공을 이끌었던 직무탐색의 사례는 특별한 것 같지만 '나도 할 수 있는' 평범한 것들이다.

- 취업할 회사를 선택한 후 입사선배의 말을 직접 들어보았다.
- 공모전 과제를 준비하고자 동문기업과 현장실무자를 찾아다녔다.
- 인턴에 지원하여 회사의 분위기와 업무처리요령을 관찰하였다.
- 주말에 동아리 친구들과 기업매장을 방문했고 아르바이트도 했다.
- 일찍이 진로방향을 잡고서 특강을 듣고 토론에도 참여했다.

- 박람회, 전시회를 탐방하여 산업의 신기술 동향을 살펴보았다.
- 발로 뛰며 은행 창구를 조사하고, 고객의 불편사항도 들어보았다.
- 스터디 및 동아리, 카페, 블로그에서 정보교류활동을 했다.
- 회사 홈페이지를 방문해 현직자들의 직무소개 동영상을 보았다.
- 홈페이지 고객의견에 접속, 제품·서비스의 개선Idea를 구상했다
- 2학년 때부터 지원기업의 상품을 공부하면서 꼼꼼히 기록했다.
- 금융지식의 이해증진과 실전연습을 위해 주식투자도 해보았다.
- 기업 제공 칼럼이나 뉴스, 신문기사를 통해 업계동향을 이해했다.
- 지원 기업의 사업전략자료를 탐색하여 읽고 자기의견을 정리했다.
- 협회 전문가 양성과정을 통해 노하우를 익히고 현장을 경험했다.
- 취업지원 패키지 프로그램에서 업무프로세스를 익혔다.

43 직무탐색의 과정이 대학생활이다.

취업을 위하여 대학에 입학했다면, 지원직무를 탐색하는 것은 온전한 대학생활이고 대학공부여야 한다면 지나친 단정일까? 그러나 대학 4년간 직무를 선정하지 않았거나, 못하였다는 것은 '목적 없이 대학을 다닌다'는 것과 다를 바가 없다.

직무탐색 과정에서의 직무이해는 자신의 적성 적합성을 판단하게 되며, 학습 및 경험의 과제를 제시받고, 그 과정에서 자신의 차별화 역량을 강화하게 되어, 성공취업기반을 단단히 할 것이다. 그 결과는 신입생으로 만났던 새로운 세상을, 졸업하면서 신바람나는 행복한 세상으로 이어줄 것이다.

그러나 상당수 학생들은 대학생활을 중고시절에 익숙했던 방식으로 '책과 정보를 읽고 외워서 시험 보는 시간TIME: Text, Information, Memory, Exam'으로 온전히 채우고 있다. 성공취업을 준비하는 대학생

직무탐색 및 선정 목적

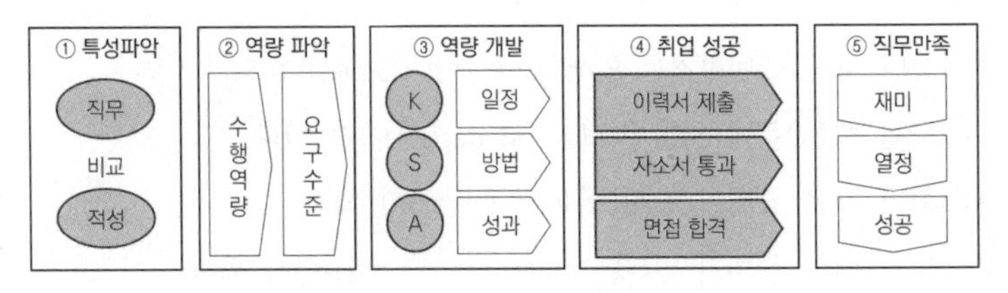

활에서의 학업과정과 학습방법은 전환되어야 할 것이다.

1학년 신입생은 대입의 노고를 스스로 격려하며, 직업이해를 위한 다양한 경험을 하면서 자신의 진로를 결정하길 바란다.

2학년은 대학시절의 황금기이다. 직무탐색과 기업분석의 실천과정을 통해 진로 및 취업목표를 구체화하길 바란다. 이 과정에서 전공의 변경, 확장을 고민할 수도 있다. 대학생활 중에 또 한 번의 기로에 직면할 수도 있다.

3학년이 되었다면 전공학업을 단단히 하고, 역량개발에 집중하여 자신만의 차별화된 경쟁력을 강화하여야 할 것이다. 혹여 3학년 학업을 소홀히 하면 휴학, 졸업유예의 유혹에 빠질 수도 있다.

4학년이 되었으면 입사지원에 필요한 문서작성 및 프레젠테이션 등의 스킬개발을 통해 입사 지원하라. 두려워하지 말고 자신감을 가져라.

이런 방식의 대학생활은 당연하고 평범하다고 생각되겠지만 가

성공취업을 위한 대학생활

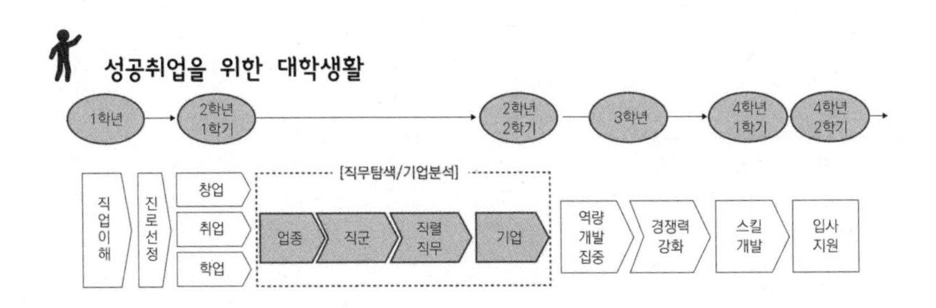

장 차별화된 성공취업을 완성하는 것이다. 성공 취업 어렵지 않다.

- 1학년 때는 준비하려는 인재(dreaming nomad)가 되라.
- 2학년 때는 준비하는 인재(vision designer)가 되라.
- 3학년 때는 준비한 인재(trained talent)가 되라
- 4학년 때는 준비된 인재(competitive candidate)가 되라.

여러분의 대학생활에는 고교시절과는 전혀 다른 다양하고, 특별하고, 복잡한 상황의 직면을 감지할 것이다. 그 상황에서 온전히 자신이 결정해야 하는 선택을 강요받게 될 것이다. 자신의 대학생활을 주도적으로 리딩하라.

그러나 역시 상당수 학생들은 직무탐색과 기업분석의 중요성을 알면서도 4년의 기간을 여유롭게 생각하고 그 실천을 스펙을 쌓고 난 후로 유예한다.

이것은 밀림密林에서 이리 저리 잡목을 치면서 길道을 만드는 격이다. 길부터 찾아라. 지금 길이 안 보인다고 무작정 잡목과 풀을 치면서[1] 힘들어 하지 말고, 잠시 여유를 가지고 칼날을 갈면서[2] 하늘의 별자리를 보며 방향을 잡고,[3] 길을 더듬어 보라. 막막해 보일 수도 있지만 체력을 비축하면서 집중하면 조만간 작은 오솔길[4]을 발견할 것이고 이어서 큰 길을 찾을 것이다.

그 길을 더듬는 것이 바로 직무탐색인 것이고 그 큰 길은 바로 입사에 성공한 선배들이 갔었던 길[5]이다.

---

1 무작정 스펙 쌓기
2 전공학습과 진로탐색
3 선배, 현장실무자 만남
4 핵심역량요소
5 차별화된 경쟁역량

44 직무탐색은 4차원에서 실시하여야 한다.

직무탐색은 직접적-간접적, 주도적-의존적인 4차원적 방법에 의거 종합적으로 실시하기를 권장한다.

직무탐색 방법

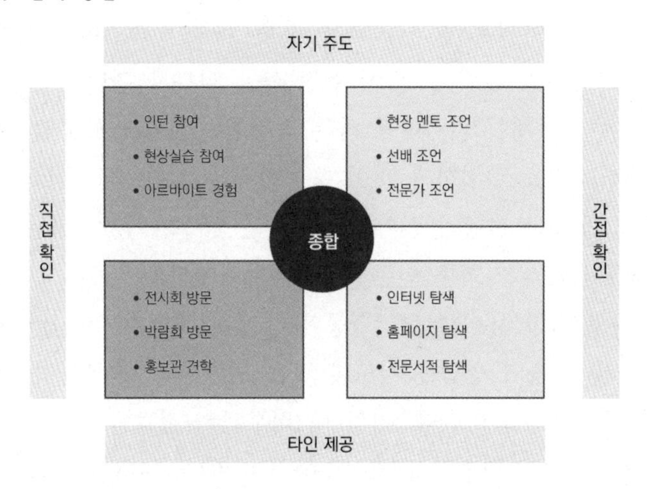

① 직무현장에서의 인턴, 현장실습, 아르바이트, 실무자 상담 등을 통하여 직접 체험하는 체험방법

② 산업박람회, 제품전시회, 채용박람회 및 설명회 등에 참여하여 확인하는 참여방법

③ 직무관련 미디어 기사 및 서적 내용을 탐독하여 정보를 확인, 정리하는 학습방법

④ 기업에서 제공한 홈페이지의 내용을 탐색하여 이해하는 탐색방법이 있다.

개인이 처해있는 상황과 여건에 따라 방법을 선택하게 될 것인데,

대다수 학생들은 간접적-의존적 차원의 홈페이지 탐색에 그치는 경향이 있다. 물론 그것도 하지 않고서 서류제출 및 면접참석을 하는 경우도 있지만, 단편적인 탐색 활동만은 소위 장님이 코끼리 다리를 만지는 격이 된다.

기업에서 홈페이지 등으로 제공, 게시하는 자료의 내용에는 홍보적 측면이 상당히 내포된 경우도 있으며, 기업의 현재 실태와는 차이가 있는 지향 방향을 게시하는 경우도 있다. 이에 기업홍보용 내용에만 의존하여 직무탐색을 하는 것은 부족한 측면이 많다.

가장 효과적인 방법은 인턴, 현장실습, 실무자 면담, 기업프로젝트에 참여하여 체험적 이해를 하는 직접적-주도적 활동일 것이다. 물론 체험방법을 실시하는 것이 용이하지는 않다. 심지어 인턴, 현장실습도 채용의 선행적 절차로 실시되는 경우가 있기 때문에 직접적인 직무탐색의 기회를 얻는 것도 제한적이다.

그렇다고 가장 용이한 탐색활동에서 그칠 것인가? 차선의 방법으로 참여 및 학습의 방법을 시도할 것을 권유한다. 직무관련 박람회, 전시회를 다녀오길 바란다. 기업 및 직무관련 정보를 신문, 잡지 등의 기사를 통하여 확인하고 지식화하길 바란다. 이러한 노력의 과정과 결과는 바로 자기소개서의 스토리가 되고, 면접과정에서 차별화된 열정을 설명하는 흔적이 될 것이다.

45 직무탐색, 공부하듯이 해야 한다.

직무탐색은 소위 공부하듯이 해야 한다. 수학문제를 풀듯이, 이해가 될 때까지 논리적인 접근이 필요하며, 그 상하, 좌우의 관계를 분석하여, 체계적으로 정리하여 확인하여야 한다. 또 필요하다면 직무수행상에서 사용되는 개념과 용어를 이해하고 숙지해야 한다.

직무탐색은 직업인(자신의 직업적 비전을 추구하는 사람)이 되어가는 과정에서 반드시 거쳐야 하는 '행동으로 구체화하는 목표설정 공부'인 것이다.

인터넷을 탐색하고, 동료와 토론하고, 현장의 실무자를 방문하고, 뉴스기사를 확인하는 것을 짬나는 시간에 잠깐 잠깐 하는 것이 아니다. 목표와 계획을 수립하여Planing 추진하고Doing 결과를 정리하여Checking 공유하는Seeing 과정이 필요하다.

직무탐색의 방법도 직접적인 방법과 간접적인 방법, 자료조사방법과 현장체험방법 등으로 매우 다양하다. 이에 다각적인 방법에 의한 탐색이어야 채용과정에서 '지원하고자 하는 직무job, 직위position가 어떤 일을 하는지 아십니까?'라는 질문에 대처할 수 있을 것이다.

생각해 보라. 이렇게 직무파악을 한 사람과 그렇지 못한 사람 간의 취업역량개발의 방향과 내용과 과정은 전혀 다르다. 이것이 바로 차별화된 취업역량인 것이며, 합격의 기쁨으로 현실화되는 것이다.

직무탐색을 공부하듯이 하라. 지원기업의 직무파악과 이해는 토익 100점보다도 더 강력한 파워를 발휘한다는 것은 성공취업을 한 선배들의 공통적 조언임을 명심하라. 직무탐색을 공부하듯이 한 결과는 나는 이런 일을 하고 싶었고, 그래서 이런 학습과 경험을 하였으며, 입사 후에 이런 일을 통해, 이런 성과를 내겠다는 열정과 소신 그리고 자신감으로 표출될 것이다.

대졸신입사원의 조기 퇴사율이 27.7%로 4명 중 1명은 입사 후 1년 이내에 회사를 그만두고 있다(2016년 경총, 306개 기업 조사). 더구나 그 비율은 매년 증가추세라고 한다(12년 23.6%, 14년 25.2%, 16년 27.7%) 그 이유로는 '조직 및 직무적응 실패'가 49%로서 가장 높으며, 역시 그 비율도 증가하고 있고, 신입사원의 업무수행만족도 역시 평균 76점으로 계속 저하되고 있다.

대졸 신입사원 1년 내 퇴사사유

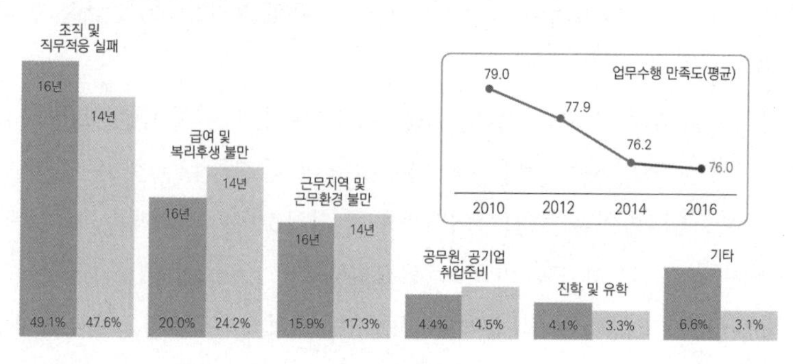

왜 좁아진 취업문을 어렵게 통과했음에도 회사를 그만두었어야 했을까? 얼마나 힘들었을까?하면서도, 입사지원 전부터 좀 더 꼼꼼하게 검토해 봤으면, 퇴사한 그 자리에 다른 적임자가 취업할 수 있었을 것이고, 특히 중소기업의 경우 인력확보에 어려움이 해소됐을 것인데 하는 속상함이 든다.

이 모든 것이 직무탐색을 공부하듯이 하지 않고, 일단 들어가 보자는 식이었기 때문이 아닐까? 한다.

46 생산제품과 개발계획을 전시장에서 확인하라.

면접에 임박한 전자공학 전공 학생의 전화를 받은 적이 있다. 면접에 대비하여 예상 질문을 정리하던 중 제품에 대한 답변을 준비하기가 어려워 조언을 구하였다.

제일 먼저, 그 기업의 생산제품, 사업내용이 자네의 전공과 관심분야에 어느 정도 연관성이 있는가? 라고 질문하였다. 그 대답은 '정확하지는 않지만 생산제품이 전자분야와는 직접적 관련성은 좀 떨어지는 것 같은데요'라는 것이었다. 그러면 왜 지원했는가?, 그리고 면접참석 통보의 배경이 무엇이라고 생각하는가?를 재차 질문하였더니 아마도 스펙 때문이지 않겠느냐는 것이었다.

얼마 후 불합격의 소식을 전한 학생에게 입사지원 전에 회사의 제품을 확인하거나 또는 전시장에 가 본적이 있느냐?고 확인하니 그것은 생각도 하지 못하였다고 하였다.

이공계 전공자로서 전공분야 제조 및 연구개발 직무군에 지원하려는 학생은 반드시 기업의 전시장, 관련 박람회 탐방을 하여야 한다. 기업의 상설전시장에는 제품소개뿐만 아니라 개발 계획, 사업계획 및 비전까지도 게시되어 있다. 기업의 중점 관심사항이 리얼하게 보여주고 있는데 그것을 놓치고 면접에 참석해서야 되겠는가?

이공계 전공 지원자가 회사의 제품전시장을 가보지 않았다면 합격의 가능성이 낮지만, 지원자 자신도 이미 불합격을 예견하고 있다고 판단해도 크게 틀리지 않을 것이다.

한 자동화기기 제조 기업에서는 메카트로닉스 공학을 접목한 컨트롤시스템을 생산하는 관계로 전자공학 전공학생들에게 매력적인 기업이었다. 그러나 그 기업은 통상적으로 전기공학 전공자를 선발하여 사내교육과 OJT On Job Training를 통해 제품생산과 기술개발을 추진하여 왔으며, 일부 전자공학 전공자는 신뢰성 및 품질관리 직무에 투입하는 정도였다. 만약에 전자공학 전공학생이 사전에 기업의 제품 전시장에서 생산제품과 주요기능을 확인하고 실무자의 조언을 들었다면 그 기업 입사지원을 보다 신중히 했을 것이다.

현장 실무자의 이야기에 의하면 전시된 제품과 그 기능을 면밀히 검토해보면 그 제품 및 개발에 필요한 기술, 기능을 대략 파악할 수 있다고 한다. 이 점은 정상적인 전공지식을 가진 학생이라면 전시장 방문만이라도 공부하고 도전해야 할 역량개발 포인트를 파악하고 이해할 수 있다는 것을 말하는 것이다.

지원기업의 직무파악과 이해는 책과 강의실에서만 하는 것이 아니다. 기업의 상설 전시장과 산업 박람회의 출시제품을 견학하는 것은 지원과 합격여부를 판단할 수 있는 매우 중요한 취업준비과정이다. 특히 이공계 전공자에게는, 지원직무가 생산/개발이 아닌 영업이라도.

47 전시장 탐방소감이 면접합격을 통보한다.

면접 대비 지도를 할 때면, 입사 의지의 강도와 그 열정을 확인하고자, 지원 직무군이 어디든 기업의 생산제품, 중점적 사업 분야와 활동내용에 대하여 질문해보곤 하지만, 많은 학생들은 대체로 홈페이지의 홍보내용 정도만으로 답변하곤 한다.

그것만으로는 자신의 의지와 열정을 어필하기에는 부족하다. 늦었지만 회사의 상설 전시장을 방문하라. 시간이 부족하다면 면접 당일이라도 반드시 1~2시간 먼저 도착하여 전시제품과 전시장의 홍보문구를 살펴보고, 면접장에서 자신의 의지를 어필할 수 있는 멘트를 구상하라고 조언한다.

면접관은 지원자의 입사의지와 그동안의 노력 정도를 확인하고자 한다. 이때 지원자의 답변 중에 전시장을 방문한 후의 소감과 이를 바탕으로 입사 후 포부를 사업 및 제품과 연결해서 설명할 때면 매우 우호적 호감을 가지게 된다.

생명과학대를 졸업하였지만 건축자재회사 입사에 성공한 L군의 사례이다. L군은 대학생활 중의 활동이 지원기업의 업종과는 거의 관련성이 없었다. 더구나 학점 등의 소위 스펙도 그리 뛰어나지 못했다. 졸업을 앞두고 취업을 고민하던 중 자신의 성격과 맡는 영업부문으로의 지원을 하겠다고 생각하면서 입사지원서를 제출하였고 운 좋게도 면접참가 통보를 받았다.

'자네는 솔직히 면접통과의 가능성이 높지 않아, 그러나 강력한 입사의지를 어필한다면 도전할 만하다'고 조언하면서 며칠 간의 기간 동안 회사의 전시장을 탐색하고 어필의 포인트를 찾으라고 과제를 부여하였다.

L군은 전시장 방문에 이어 인근 제조현장까지 찾아가서, 근무하고 있는 현직사원들에게 입사조언까지도 얻어 왔다. 그리고 면접의 시나리오를 작성하면서, 전시장 방문소감과 선배들에게 들은 사항을 바탕으로 입사 후 포부를 설명하였다. 그 결과는 바로 출근 통보였다.

회사의 전시장, 박람회에는 대체로 생산제품만이 전시되어 있는 것이 아니다. 그 곳에는 그 기업이 고객감동을 이끌고자 하는 그들의 핵심역량과 경영전략 그리고 비전을 같이 전시하고 있다. 그 곳을 방문한 지원자는 보다 현실적이고 박진감 넘치는 feel과 메시지를 확인할 수 있다.

취업목표기업을 결정한 학생이라면 반드시 회사의 제품 전시장과 산업 박람회를 방문하라. 그리고 그 곳에서 장차 자신과 같이 근무할 선배, 상사를 만나 입사Tip도 얻고, 명함도 받아오라. 이때 자신의 명함도 전달해 두면 성공취업을 조력하는 멘토를 얻게 될 것이다.

48 취업포털사이트, 가장 손쉬운 직무탐색 정보源이다.

직무탐색의 중요성과 인턴/실습 및 박람회, 전시장 방문의 효과성을 이해하였지만, 당장 해 볼 수도 없으니 상당수 학생들은 직무탐색의 시도를 다음으로 미룰 수밖에 없다.

답답한 마음과 솔직한 심정으로 지금 당장 손쉽게 하는 방법은 없나요? 라고 질문하는 학생에게 취업포털사이트(예; 잡코리아, 사람인, 인쿠르트 등)를 활용하는 것도 방법이라고 지도한다.

취업포털사이트의 채용정보 화면에는 수많은 기업들의 구인요강이 등록되어 있고, 구인기업 탐색 편의를 위하여 직무별, 산업별, 지역별, 기업규모별, 전공별 등등의 분류 색인이 제공되어 있다.

이 절차에 따라 진행하면 기업의 직무리스트를 한눈에 볼 수 있고, 현재 구인하는 기업 소개와 채용기준까지도 확인할 수 있다. 이 과정에서 특정의 직무와 그 내용을 탐색할 수 있으며, 구인기업의 채용사이트 접속도 가능하다.

혹여 소규모 중소기업의 경우에는 충분한 직무소개를 제공하지 않을 수 있는데, 이 경우에는 관련 업종의 대기업삼성, 현대, LG 등 홈페이지에 접속하면 동일하지는 않치만, 보다 상세한 직무소개 자료를 확인할 수 있을 것이다.

처음부터 대기업 홈페이지를 활용하면 되지 않나요? 하겠지만, 다양한 직무들을 업종산업 – 직종직군 – 지역 – 학력 등으로 좁혀가면서 직무의 종류를 선택해 보도록 하기 위하여 권장하는 방법이다.

포털사이트를 통한 직무탐색은 용이하면서도 경제적인 방법이다. 그러나 그 직무탐색의 수준은 포괄적이지 못한 측면이 있다.

이에 포털사이트는 관심 직무분야의 구인기업 현황과 동향, 업종의 유형과 특징을 파악하는 차원에서 활용하고, 보다 심층적 직무탐색 방법을 구상하는 기초로 활용하길 바란다.

수많은 포털사이트는 졸업이 임박하여, 취업은 해야겠는데, 준비는 아직 부족하고 정보도 적으니 답답한 심정으로 찾아가는 곳이 아니라, 저학년 때부터 구인 동향과 내용 등을 개략하여 자신의 진로목표를 설정하는 차원에서 활용한다면 유익할 것이다.

03 직무탐색 계획

직무탐색분석

출근이 임박한 학생들에게 '입사하여 업무를 하게 되면 자네가 기대했던 것과 다른 점이 상당히 많을 거야. 그럴 때 적응을 해야 한다고 생각하면 부담과 고민이 될 것이다. 그러나 새로운 것을 배우는 성장의 기회라고 생각한다면 고민이 아니라, 늘 모든 것이 새로울 것이다'라고 조언을 한다.

기업의 홈페이지에 제시되었던 전체적인 내용이 실제 개별부서 및 개별직무에서도 동일하지 않은 경향이 있고, 또한 조직분위기 적응 및 OJT 기간 중에 접하는 특정의 단면이나 이슈만으로 조직과 업무의 전반을 모두 파악한다는 것은 신입사원에게는 용이치 않을 것이다. 심지어 부서의 리더와 구성원의 스타일은 자신의 기대와 상당히 다른 경향도 있다.

이러한 조언에도 불구하고 안타깝게도 중도퇴사를 하는 학생들을 보면서, 기업 및 직무탐색의 과정에서 기업현장의 실무자를 만나는 기회를 가질 것을 재차 강조한다.

49 직무탐색을 위한 활동계획을 수립하라.

직무탐색을 공부하듯이 해야 한다는 것은 공부성과를 위한 진도 관리를 해야 한다는 것이다. 중고시절 수없이 해 보았으니 이해가 될 것이다.

간략하게 활동계획표board를 만들고, 활용하는 방법과 절차를 소개한다. 이 방법은 기업에서 업무과제의 진척도 관리를 위하여 일반적으로 활용하는 것으로서, 스터디 지도를 하면서 실제 개인의 학습 계획과 활동에 적용해보니 상당한 효과가 있었다.

1) 큰 도화지에 직무탐색을 위한 계획 틀(양식)을 디자인하라.
   - 세로축: 정보원(인턴, 실습, 견학, 방문, 탐색 등)
   - 가로축: 추진일정, 목표, 관리 포인트
2) 정보源별로 활동내용을 구상하라.
   - 실행 가능한 구체적이고 세부적인 활동내용을 적극적으로 구상
   - 초기에는 월 2~3개로 시작해서 상황에 따라 가감 가능
3) 활동내용(과제) 포스트잇에 작성, 계획 틀에 일정별로 부착하라.
   - 양식에 적합한 포스트잇에 활동계획내용 작성
   - 상황에 따라 과제의 일정이동, 내용변경이 가능함.
4) 성과측정지표(KPI)를 명료화하라.
   - 활동성과를 평가하기 위한 척도, 지표를 선정
   예) 멘토선배찾기의 경우 선배명함이 KPI가 됨
5) 추진목표(중간목표, 최종목표)를 결정하라.
   - 목표는 가급적 계량화할 수 있는 숫자로 정함
   - KPI단위로 중간 및 최종목표를 정함(목표 변경가능)

6) 각 계획별 활동계획 내용(과제)을 추진하라.

- 계획은 변경전제, 실행은 변경불가

7) 일정별 추진내용과 그 진척도를 평가(review)하라.

- 평가는 계획을 변경하기 위함이므로 냉정하게 한다.

8) 진척도(조기·지연)에 따라 일정·내용을 수정하라.

가급적 활동목표, 특히 최종 기한dead line은 변경을 하지 말라. 그러나 포스트잇에 작성한 내용이나 추진일정은 상황에 따라 변경해도 무방하다. 이는 당초의 계획활동내용, 실행과제 등은 자신이 구상한 것으로 상대방기업 및 실무자에 따라 가변성이 있기 때문이다.

직무 탐색 활동 계획(Job Searching Plan)

정보원	추진 일정				추진 목표		관리포인트
	6월	9월	12월	3월	KPI	목표	
• 인턴 참여							
• 현장실습 참여							
• 아르바이트 경험							
• 전시회 방문							
• 박람회 방문							
• 홍보관 견학							
• 멘토 선배 찾기							
• 홈피 탐색							
• 신문기사 탐색							

KPI: Key Performance Indicator, 핵심성과지표

이렇게 수립한 활동계획표는 확고한 추진의지와 유연한 일정관리, 그리고 적극적인 실행의 다짐이므로 눈에 잘 보이는 곳(예: 출입문 앞, 뒷면)에 부착하고 자신의 조력자에게 공개하라. 그들은 관심과 기대, 그리고 지지와 조력할 것이다. 자신도 다짐, 다짐하게 될 것이다.

- 계획하지 않으면 실행하지 못한다.
- 실행하지 않으면 성과는 없다.
- 평가하지 않으면 의욕이 없어진다.
- 공개하지 않으면 방치를 허락한다.

50 직무탐색은 직무역량개발을 위함이다.

직무탐색과 분석은 직무이해와 적성확인이 제1의 목적이지만, 최종 목표는 직무역량의 개발이다.

- 직무수행상의 과제해결에 필요한 역량(지식, 스킬)은 무엇인가?
- 직무수행상의 기대역할에 필요한 역량(스킬, 태도)은 무엇인가?
- 그 역량을 정한 기한까지, 정한 수준까지 개발할 수 있을까?
- 여의치 못하다면 대안(Plan B)과 그 전략은 어떠해야 할까?

등등을 판단하고 결정하여 실행하기 위함이다.

직무역량을 개발하는 것은 소위 스펙을 쌓는 것과는 다른 것이다.
왜냐하면 그 선택한 직무는 첫째, 적성과 일치하고, 둘째, 하고 싶은 것이고, 할 수 있는 것이고, 셋째, 스스로 판단하고 선정한 것이어야 하기 때문이다.

스펙은 무조건적이고 절대치이지만 최종경쟁의 비교치가 되기 어렵다. 그러나 직무역량은 조건적이고(내가 지원한 분야, 기업에 해당하니까.), 상대적이기에(나만 가지고 있을 수 있으니까.), 최종경쟁에서 확실한 차별성을 보일 수 있는 것이다.

직무역량만 우수하면 공통스펙이 부족해도 합격할 수 있다. 그러나 지원스펙만 우수하고 직무역량이 부족하면 합격할 수 없다.

독일기업에 자동차부품을 납품하는 국내 중견기업에 기술통역담당자로 입사한 학생이 있다. 그는 토익점수가 750점대이고, 독일어는 현지학기 이수를 한 수준이었으나 상위수준은 안 되었다.

반면에 부친이 경영하는 전기설비회사에서 제조실무경력과 경험을 쌓으면서 도면을 해석할 수 있는 실력을 가지고 있었고, 자동차정비기능사 자격도 취득하였다. 왜냐면 자동차부품회사에 입사하는 목표를 설정했었기 때문이다.

면접에 참석한 상대 경쟁자는 영어전공과 회화능력 그리고 무역사 자격을 취득한 수준이었고, 지원업무도 통역과 해외영업이었다. 하지만 최종합격은 소위 어학능력이 밀리지만, 기술적 경험과 지식이 있는 학생에게로 돌아갔다.

이 학생의 합격비결은 바로 직무탐색을 바탕으로 한, 직무역량의 개발이었던 것이다.

여학생들 중에는 금융권 입사를 희망하고 준비하는 학생들이 많다.

깔끔한 복장으로, 찾아오는 고객에게, 선善한 상품을, 갑甲적 입장에서 취급하고, 여성 친화적 조직, 높은 급여와 복리후생, 그리고 고용안정성까지 보장되므로 은행 취업매력은 높다. 이런 매력은 높은 경쟁률을 나타내고 있으며, 입사지원 희망학생들은 여전히 많다는 것을 상담과정에서 느낄 수 있다.

은행 입사를 준비한다는 학생에게 질문을 하곤 한다.

- 은행업무가 어떻게 진행되고 있는가?
- 지원예정은행의 요구역량과 자신의 경쟁력 포인트는 무엇인가?
- 은행입사 성공사례를 들어 보았는가?
- 자신도 성공사례와 유사한 노력, 활동을 해본 적이 있는가?

상당수 학생의 대답은 당황하고 씁쓸해 하면서, 어학, 자격 취득

준비를 하고 있으며, 일부는 인턴 및 홍보대사 활동에 참여했었다고 할 뿐이었다.

신문기사(한경, 2017. 8. 22.)에 소개된 100대 1의 경쟁을 뚫은 신입행원의 비법은 'KB영업점을 방문하여 직무특성을 조사했고, 실무자 조언을 바탕으로 고객응대 방법을 정리했고, 회사사이트와 경제신문을 통해 금융지식을 습득했다.', 'NH은행의 중점사업을 이해하고, 금융교실 멘토링 활동을 하면서 상품지식과 고객응대요령을 배웠다'이다.

지원기업의 입사성공을 위해서는 다양한 준비활동이 필요할 것이지만, 그 시작은 직무탐색과 실무현장이해이며, 그리고 그에 적합한 역량개발과 습득인 것이다.

어학, 금융자격, 은행도우미 등의 스펙을 보유했지만 최종합격을 하지 못한 안타까운 학생도 있었고, 겨우 입사지원을 할 정도의 스펙 밖에 보유하지 않았지만 당당하게 최종합격을 한 학생도 있다.

그 차이는 역량의 양적 수준이 아니라, 스토리 있는 질적 차이로서, 그것이 가능하게 했던 것은 바로 전략적인 직무수행 역량개발 계획CDP이었다.

51 신문, 직무역량을 배가시켜주는 확실한 참고서이다.

경영학을 전공하고 자동차부품회사의 개발영업팀에 입사한 J군의 사례이다. 개발영업은 국내외 시장동향과 정보를 바탕으로 납품업체를 발굴하고, 외주협력사를 관리하며, 기존고객뿐만 아니라 신규고객으로부터 매출물량을 수주하는 직무로서, 사업 및 기술흐름과 고객니즈를 파악하는 대처능력이 상당히 요구되었다.

J군은 수차례의 경영관리분야 입사지원을 했지만, 한 번도 면접에

참석하지 못하였다고 하소연하면서, 자기소개서에 문제가 있는지 궁금해서 답답한 마음으로 상담을 요청했다. J군의 스펙을 보니 그렇게 낮은 수준은 아니었다. 더구나 대학생 논문발표대회 수상과 시장경제칼럼 공모전 입상경력까지 있었다.

J군에게 테셋(시사경제경영 상식인증시험) 응시를 권유하였고, 단번에 2급 인증을 받을 수 있었다. 때마침 공고된 개발영업팀 채용전형에 지원한 결과는 그렇게 고대하던 합격통보였다.

면접과정에서 경영진과 팀장은 테셋 응시 배경과 공부요령에 대하여 질문했고, 경제시사상식수준에 호감을 보였다고 한다. 물론 최근 시사이슈에 대한 나름의 해석과 소견을 차분히 설명했었다고 한다.

입사 후, 신입사원 축하모임에서 J군은 사장님이 '젊은 친구가 경영이슈에 대하여 해박하고 통通하는 것이 있어'라고 하면서 특별한 관심을 가졌었다는 뒷이야기를 들었다고 전해 왔으며, 테셋 응시 정보를 준 것에 대하여 감사했다.

나는 취업지도를 하면서 많은 학생, 특히 인문/어문계열 학생들에게 신문탐독과 경제경영시사상식 인증시험 테셋 응시를 제안하며, 모든 학생이 다 준비하는 토익은 스펙이 되지 못한다고 강조했다.

경쟁력 있는 스펙은 차별화이다. 차별화는 The Best최고, The First최초, The Only유일 중의 하나 이상을 확보할 때 뚜렷이 나타난다.

이 3가지 차별화 포인트 중에서 어느 것이 가장 확보하는 데 용이하겠는가? 물론 모두 쉽지는 않다. The Best최고는 너무 어렵다. The First최초는 좀 불안하다. 그러나 경쟁효력이 증명된 The Only유일는 상대적으로 빛을 내기 쉽지 않겠는가? 높은 수준에 대한 부담이 크지 않고, 자신이 지원한 ground의 경쟁자들이 미처 준비하지 못하고 있었다면 말이다.

경제신문에는 산업과 기업의 동향과 정보가 넘쳐 난다. 그리고 그 기사를 기업의 경영진과 실무자는 매일 보고 있다.

자신이 지원하고자 하는 직무분야의 기사를 정독하거나, 관심 있는 주제를 정하여 꾸준히 읽어라. 그 결과는 자신의 말과 소신에 면접관을 귀 기울이게 한다.

신문독서 동아리를 지도하면서 스크랩북을 만들게 하였고, 면접장에 반드시 지참하고, 기회를 보아서 면접관에게 보여주는 용기를 가지라고 조언하곤 했다. 이것을 실천한 학생의 거의 대부분은 출근이 결정되었다.

52 실무부서의 장이 채용여부를 결정한다.

채용공고상의 지식knowledge, 스펙, 기술skill, 기능, 태도attitude, 인·적성의 공지내용이해는 지원의 기초사항이다.

그러나 동일 직무라고 하여도 KSA 수준은 모든 기업, 모든 직무에 있어서 동일하지는 않다는 것을 이해하여야 한다. 이는 기업마다의 채용여건과 사업특성 심지어 채용시점의 채용상황이 다르기 때문이다.

그러므로 취업준비과정에서 스펙 쌓기는 기초/기본 다지기의 수준에서 하고, 경쟁력을 발휘하는 직무역량은 기업의 하위조직 직무에 따라 다르게, 차이 있게 준비해야 보다 짧은 시간, 적은 노력으로도 실무팀장의 호감을 이끌 수 있다.

실제 기업의 전체 인재상과 하위부서의 직무수행자에게 요구하는 인재요건과는 상이한 부분이 많다. 이것이 각 직무군의 합격자 역량특성과 스펙level 차이가 나타나는 배경이다.

예를 들어 기업 전체의 인재상이 '한계를 극복하는 도전성, 과제를 해결하는 적극성'이라고 하더라도, 하위 재무부서에서 요구하는 적임자의 인재요건은 '기준을 준수하는 성실성, 절차를 준수하는 준법성'이다. 이에 재무부서와 영업부문 합격자의 행동특성이 다르고, 평균어학level도 다른 것이다.

재무부서에 지원하려는 학생이라면 역량개발과 그 역량의 보유여부를 제시하기 위하여 어떤 준비를 해야 할 것이라고 생각하는가? 또 지원역량을 확인하려면 어떻게 해야 할 것인가? 최적의 방법은 지원직무의 기업실무자에게 확인하는 것일 것이다.

기업의 실무자를 만나라. 거기에 정답과 방법이 있다. 채용결정을 하는 파워는 인사부서, 경영진보다 실무부서의 長이 더 강하다.

채용여부를 최종 결정하는 실무부서장은 인사부서의 조언, 경영자의 지시보다는 실무자의 입장에 있는 사람으로서, 지원자가 내부조직에 적응할 수 있는 조직역량과 맡길 과제를 수행할 수 있는 직무역량을 보유하고 있는지, 발휘할 수 있을지를 집중적으로 평가한다.

이 경우 단지 스펙이 우수하다고 해서 결정하는 것이 아니다. 더구나 보유하고 있는 스펙이 우수하더라도 이미 자기부서에 그와 유사한 능력을 보유한 사람이 어느 정도 있다면, 제2, 제3의 스펙을 보유한 사람을 찾는다. 즉, 이전 채용 시에는 우수한 커뮤니케이션 능력을 제1요건으로 하였지만, 이번의 채용 시에는 우수한 프레젠테이션 능력과 기획력을 제1요건으로 할 수 있다는 것이다.

이러한 차이는 기업의 실무자만이 알 수 있고, 그들에게서 정보를 구할 수 있다. 구하고 싶다면 만나야 하고, 만나려면 자신의 매력을 제안해야 할 것이다.

53 실무자와의 면담도 전략적으로 준비하라.

기업의 실무자를 만나는 것은 생각보다 쉽지 않다. 신입사원을 뽑고자 하는 실무부서는 기존 인력의 업무부하가 이미 크다는 것이다. 그러므로 그들은 매우 바빠서, 외부인 더구나 학생들을 만나는 시간을 허락할 만한 여유가 없다.

그렇다고 포기할 것인가? 그들과의 만남에서 합격의 길이 있는데 말이다. 무작정 실무자들에게 청년 구직자에 대한 애정과 배려를 기대하고 시간허락을 호소할 수만은 없는 것이다.

'두드려라. 열릴 것이다'라고 하지 않았던가? 시간이 많지 않은 실무자에게 작은 시간이라도 쪼갤 수 있는 감동을 보여라. 사실 현재 실무자들도 얼마 전까지는 여러분의 지금 심정과 같은 입장에 있었던 선배들이기 때문에 여러분의 입장과 심정을 알고 있는 따뜻한 가슴을 가졌다.

실무자를 감동시킬 방법을 여러 차례 제시한 바가 있다.

1. 자신을 소개하는 매력적인 명함을 만들어 내밀어라.
   명함을 받은 실무자는 당신의 열정과 함께 당신을 이미 비즈니스맨이 되었다고 생각하고 시간배려를 해 줄 것이다.

2. 실무자를 알고 있는 지인을 찾아 면담주선을 부탁하라.
   지인에는 이미 입사한 선배도 있고, 선배의 친구도 있으며, 그 기업에 연락을 해줄 수 있는 입장에 있는 교수도 있고, 거래관계에 있는 아르바이트 편의점의 사장도 있다.

3. 실무부서에 전화하라. 그리고 방문하고 싶은 열정을 설명하라. 한두 번의 전화로 면담의 기회를 얻을 수 있다는 기대는 애초에 하지마라. 면담을 승낙할 만한 자신만이 보유한 특징과 특기를 제시한다면 매우 효과적일 것이다. 그리고 전화연락은 바쁘지 않은 시기에 하라. 중식시간 다음, 주중, 15일 전후, 여름휴가 전후 등은 대체로 여유가 있을 것이다.

4. 직접 방문면담 시도가 여의치 않다면 채용설명회라도 가보라. 그곳에는 주로 인사담당자가 있지만 그들이 실무자를 연결시켜줄 수 있는 역할을 해줄 수가 있다.

실무자와의 만남을 앞두고 기업분석 소홀, 목표설정 불충분, 질문사항 미준비, 약속시간 미준수, 적절치 못한 매너 등으로 어렵게 얻은 기회를 활용하지 못하고 이미지마저 손상하는 경우도 있다.

명심하라. 기회opportunity란 확고한 목표를 향해 행동하는 것이며, 준비된 자만 잡을 수 있는 것이다.

<기회의 동상>

"앞머리가 무성한 이유"는

사람들이 나를 보았을 때

쉽게 붙잡을 수 있도록 하기 위함이고

"뒷머리가 대머리인 이유"는

내가 지나가면 사람들이

다시는 붙잡지 못하도록 하기 위함이며

"발에 날개가 달린 이유"는

최대한 빨리 사라지기 위함이다.

나의 이름은 '기회'이다.

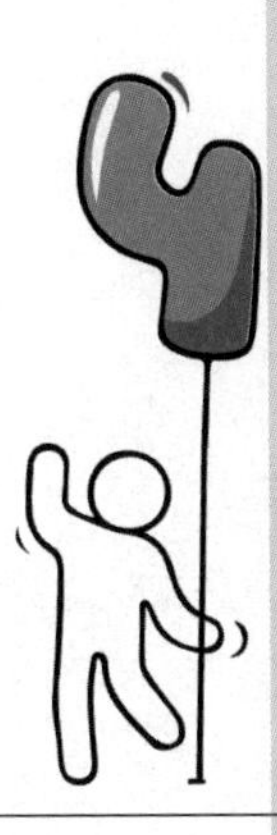

조직문화분석

01 기업분석 필요성

02 기업분석 항목

03 조직문화 이해

04 조직문화 해석

01 기업분석 필요성

조직문화분석

'똑똑해 보인다', '준비를 많이 한 것 같다'라는 면접관의 소감은 지원자들의 어떤 특성, 특징때문이라고 생각하느냐는 질문에 대부분은 출신대학, 학점, 자격, 어학능력 등 소위 스펙이 우수하다는 뜻이라고 답한다. 단언하건데 그렇지 않다는 것이 인사담당자의 답변이고 나의 경험이다.

면접관들의 우호적 평가의 근거와 배경은 소위 그들이 기대하는 답변과 그들이 필요역량이라고 생각하는 부분에 대한 대답을 지원자가 잘 했기 때문이다.

그렇다면 어떻게 답변해야 할 것인가? 답변뿐만 아니라, 눈빛, 표정, 행동은 어떻게 해야지 똑똑해 보일까? 쉽지 않다. 배운다고 해도 면접장에서 실행하는 것은 어렵다. 더구나 기업의 실무자도 아닌 학생인 경우는 두렵기까지 할 것이다. 일단 참석해서 자신감을 가지고 탁월한 순발력과 재치 있는 눈치로 대처한다는 것은 약간은 무모한 일이다.

54 똑똑해 보이고 싶다면 기업을 분석하라.

'면접참석 통보를 받았다. 서류전형에 합격하였다'라는 것은 지원서를 검토해보니 지원자의 보유역량이 입사에 필요한 기본요건을 갖추었다고 1차적으로 판단되었으며, 그 판단의 사실여부를 직접 만나서 확인해보고 싶다는 것이다.

회사에서 실시하는 채용 면접은 주요한 사업과제project이고 활동business인 것이다. 인사부서의 연례적 업무 및 계획차원을 넘어서는 경영진에서부터 현업실무자까지 관심과 기대를 가지는 중요한 회사의 비즈니스 이벤트인 것이다. 관련 부서의 실무자와 인사담당자가 1차적으로 서류전형을 통해 적절한 역량을 보유하였다고 판단한 지원자를 실무부서장과 경영진이 직접 확인하고 상호 비교하고자 면접이라는 이벤트 장stage에 초청하여 기업의 장기적 인적 자원資源을 최종적으로 선정하는 전략적 투자投資결정인 것이다.

입사전형에서 최종 선발된 지원자를 중에는 소위 스펙이 아주 우수함에도 탈락된 사람이 있고, 그렇지 않음에도 합격한 사람이 있다. 왜 그럴까? 객관적으로 우수한 인적자원은 당연히 선택될 것이라고 믿어 왔고, 그래서 스펙 쌓기에 시간, 비용, 노력을 다해왔는데?

이것은 회사에서 최종합격자를 선발하는 기준은 스펙순위에 의함이 아니라 다른 무엇이 있다는 것이다. 그 무엇은 바로 면접관의 선호도와 판단기준이라는 것이다.

면접관은 최종합격자를 결정할 때, 조직에서 선호하는 인재상과 조직에의 기여가능성에 기초하여, 그동안 자신이 경험하고 활용했던 인재평가기준에 의거, 적임자를 선발한다. 이런 평가기준이 바로 기업에 공유되어 있는 조직과 그 구성원들이 지향하는 조직문화에의 적합성인 것이다.

나는 '우수한 스펙을 보유하였기 때문에 입사할 수 있을 거야!'가 아닌 '기업과 조직에 적합한 역량을 보유하였기 때문에 입사하여야 한다'는 것을 보여 주어야만 면접관은 똑똑한 사람이라고 평가한다.

면접관이 그들과 함께 일할 똑똑한 사람의 판단기준은 조직과 직무에의 적응력인 것이다. 이 적응력의 우수여부를 어느 하나의 요소에 의거, 한두 번의 면접으로 판단하기는 쉽지 않치만, 분명한 것은 적응력이 '있다, 없다'는 평가된다는 것이다.

마치 처음 만난 사람과의 첫 대면에서 무엇인가에 따라 상대를 평가하는 우리들의 일상과 같은 그런 것이다. 처음 만난 사람이 '나와 맞다. 그렇지 않다'는 무엇으로 평가될까? 아마도 상대의 말과 행동이 자신의 평소 생각, 행동, 기준과 유사하다면 '나와 맞을 것 같다'라고 할 것이다.

면접관이 '우리와 맞다'라고 생각할 수 있게 만드는 것은 기업분석을 통해 알게 된 정보를 자신의 말로 표현한 결과이다. 이것을 열정이라고 하고, 똑똑하다고 느끼게 하는 것이다.

다양하고 다각적이고 복잡한 교류가 일반화되어 있는 현대의 삶에서 공부 잘하는bright 똑똑함은 이미 지혜롭게 대처하는smart 똑똑함으로 변해 있다는 것에 공감이 갈 것이다.

아인슈타인은 '지능의 척도는 변화하는 능력'이라고 한 바 있다. 지식과 정보는 이미 보편적으로 공유되어 있으므로 똑똑하려면 지능수준IQ만으로는 충분치 못하다는 것이다. 환경에 적응하여 개선하고 응용하는 지혜가 수반된 지능이 실효적 능력이라는 것이다.

면접에서 우위를 점하기 위해서는 기업과 그 구성원이 기대하는 것이 무엇인지를 파악하는 것이 필요하며, 반드시 확인해야 하는 것이다. 이것이 기업분석이 필요한 이유이다.

55 인사담당자는 기업분석을 했는지를 안다.

취업포털 사람인의 조사(2015년 하반기 신입채용기업 인사담당자 675명 대상)에 따르면, 기업의 면접관은 '예의 바르고 공손한 인성 우수형'44.1%, '인턴 등 필요한 직무경험을 갖춘 실속형'9.9%, 기업분석을 잘 해온 애사심형'6.8%, '자기소개서, 포트폴리오 등을 잘 준비한 성실형'6.3%을 '최고의 지원자 유형'으로 꼽았다.

인성우수형은 Yes Man, Good Follower차원이라기보다는 회사가 원하는 인재상을 갖추었다는 의미이며, 직무실속형은 Expert, Professional차원의 높은 수준이라기보다는 기업실무를 이해하였다는 것이다. 또한 애사심형과 성실형도 기업지향성을 전제로 하는 것이다.

이것이 취업성공에서는 반드시 기업분석을 해야 한다는 것이며, 기업분석을 잘한 지원자가 최고 인재right people로 인정받는 것이며, 그 인정기준은 회사의 입장에서 본 인재talent라는 것이다.

대체로 기업문화를 분석할 때면, 홈페이지를 통해 인재상이나 핵심가치 등을 탐색한다. 그러나 명심해야 할 것은 단순한 문장 및 어구만으로 기업문화의 특성을 이해하였다고 판단하는 것은 큰 의미가 없을 뿐더러, 해석의 오류까지도 발생할 수 있다.

2016년 국내기업의 인재상 키워드 중 '책임감'이 58%로 가장 많았다(1위 책임감, 2위 성실, 3위 열정, 취업포털 사람인, 367개사 조사). 그러나 각 기업의 인재상에 포함된 '책임감'이라는 문구의 내재적 의미는 유사하지만 동일하지 않다는 것을 발견할 수 있다.

이는 인재상을 포함한 기업문화의 분석을 심층적으로 하여야 보다 정확한 개념이해와 효과적 취업전략 수립이 가능하다는 것을 알려주는 대목이다.

기업별 인재상의 내재적 의미(예시) 

기업명	인재상 중에서 '책임감'관련 표현 문구
삼성전자	정직과 바른 행동으로 역할과 책임을 다하는 인재
현대자동차	주인의식과 책임감을 바탕으로 회사와 고객을 위해 헌신적으로 몰입하는 인재
LG생명과학	자기가 할 일을 주도적으로 찾아 실행하고 그 결과에 스스로 책임진다는 자세
효성	주인의식과 열정을 가지고 악착같이 해내는 책임을 다하는 사람
대우건설	해야 할 일은 즉시 실천에 옮기고 맡은 일은 어떠한 역경에도 기필코 완수한다.
신한생명	일에 대한 소명의식과 철저한 법규실천을 통해 회사가치를 제고하는 사람
기업은행	최선을 다하며, 능동적으로 대처하는 책임인
광동제약	회사와 일에 대한 자부심을 가지고 주도적인 자세로 업무에 책임을 다한다.
E1	목표의식과 책임감을 가지고 맡은 업무는 반드시 완수한다.

자료: 2017 한경기업정보 발췌.

기업분석 없이 작성한 자기소개서인지, 면접 전날 한두 시간 홈페이지를 보고 면접에 참석했는지를 인사담당자와 면접관은 안다. 아무리 자신이 귀사의 인재상에 적합하다고 설명하고 어필하여도 문장과 문맥 그리고 표현되는 말들이 면접관들이 실제 체득하고 체화한 의미와는 다르기 때문에 '정확히 알지 못하고 있군!, 인터넷에서 파악한 수준이군!'하면서 피면접자의 어필과 주장을 의심한다.

56 기업분석 없는 입사지원은 반드시 실패한다.

지원하는 기업이 최고의 직장great company인가를 확인하는 과정이 기업분석이고 특히 조직문화 분석이다. 지원하고자 하는 기업을 선정하였다면, 제일 먼저 기업의 조직문화 분석에 착수하라.

공무원 선발시험, 교사 임용시험을 통해서 공공기관에 취업하고자 한다면 먼저 해당 시험과목의 공부를 열심히 해야 한다. 공무원 선발 및 교사임용은 1차 필기시험에 합격한 사람을 대상으로 실기 및 면접의 과정을 시행한다. 그러므로 높은 경쟁률을 통과할 수 있는 절대기준치인 시험성적이 중요하다.

그러나 일반 기업에 취업하고자 한다면 기업분석부터 해야 한다. 이것이 취업준비를 하는 학생들에게 하는 나의 첫 번째 조언이다.

대기업, 금융기관, 공기업과 같이 지원자가 상대적으로 많은 기업의 경우에는 인·적성 검사를 1차적으로 치르고 있지만, 상당수 기업의 경우에는 대부분 필기시험 절차를 거치지 않고, 1차적으로 서류심사를 통과한 지원자를 대상으로 2차적으로 면접전형을 실시한다.

그러므로 소위 스펙을 쌓는 공부부터 열심히 하는 것이 아니라, 지원요건 및 자격을 확인하고, 자신의 보유역량과 개발목표, 방법을 우선적으로 설정하는 것이 먼저이다.

공무원시험 준비를 하고자 하는 경우에 지원 분야와 시험과목부터 확인하고, 고득점과 합격가능성을 판단한 후 공부계획을 수립하여 전략적으로 공부하지 않은가? 바로 기업분석은 기업입사 공부의 전략을 수립하는 것과 같은 것이다.

기업분석을 하게 되면 취업경쟁력을 위한 역량개발의 단계와 절차 그리고 차별화 포인트를 쉽게 파악할 수 있다.

기업분석을 4학년으로 미루지 말라. 1~2학년 때에 우선적으로 실시하여 보다 장기적 차원에서의 역량개발 방향과 과제를 찾아라.

입사에 성공한 학생들의 준비과정을 들어보면 상당수가 교내프로그램, 스터디 활동을 통해 경쟁적으로 기업분석을 했고, 심지어 시사이슈 및 환경에 대비하는 사업전략까지도 제시하곤 했었다.

기업은 수익을 창출하는 비즈니스파트너를 채용하려고 하지, 수

익을 나누어 가지려는 월급받는 구직자를 채용하려고 하지 않는다.

종업원 수, 업력, 매출 등이 일정수준 이상인 중견 이상의 기업에 입사지원서를 제출하고자 한다면 반드시 조직문화 분석을 해야만이 면접 초대로 이어질 수 있다.

그렇지 않은 지원 서류는 채 1분이 넘지 않는 시간에 쓰레기통으로 던져진다는 사실을 명심하라. 자신의 20여 년간의 노력과 열정 그리고 갈망과 절박함이 1분도 되기 전에 쓰레기통으로 던져진다고 생각하면 너무나 아찔하지 않는가?

그러나 그 이유가 자신이 기업분석을 간과한 결과라면 무슨 억울함을 호소할 수 있을까?

02 기업분석 항목

조직문화분석

한 전력기기 제조기업의 경우 제품의 하드웨어는 외주협력업체에 위탁하는 생산 & 개발system를 가지고 있다. 이에 기계공학적 특성 및 요소의 제품적용은 외주협력업체 실무자의 과제이고 그 회사 실무자 역할은 업체관리인 것이다. 이에 기계공학 전공학생은 매우 제한적으로 채용하며, 설령 우수한 성적과 경험을 가진 기계공학 전공자라도 최종합격의 가능성은 상당히 적다.

이런 채용 경향을 파악한 전공자라면 그 기업에 입사지원을 하겠는가? 아무리 처우기준이 좋다 하더라도 지원시도를 하지 않을 것이고, 설령 입사가능성이 있어도 자신의 전공을 활용할 수 있는 다른 기업으로 지원할 것이다.

한번은 어렵게 입사한 학생이 4개월이 지나서 면담을 신청해 왔다. 회사는 나름대로 성장가능성도 있고, 하고 싶은 업무를 하게 되어 열심히 하려고 했으나, 상사의 업무지시 스타일과 회사 직원들의 업무처리 방법들을 보아하니, 자기 상식으로는 도대체 이해가 되지 않는 상황이 너무 많다는 것이었다.

'처음 접하는 환경이므로 익숙해지면 괜찮아지고, 적응해 가는 것도 실력이다'라며 입사당시의 각오를 다짐해보길 조언했으나, 2개월이 지나서 결국은 퇴직했다는 소식을 접하면서 서류작성 및 면접 준비를 하면서 주고받았던 이야기가 떠올랐다.

입사지원서 작성당시 '왜 그 회사에 입사하려고 하느냐'를 질문했을 때, '평판도 좋고, 처우도 괜찮고, 해보고 싶은 직무이며, 지원요건도 충분해서요'라며 강한 의지를 표명했었다. 그러나 홈페이지와 인터넷 기사의 내용을 보아하니 회사 분위기와 근무환경은 자네의 성격 스타일과는 다른 점이 많다는 생각이 든다. 만약 입사하게 된다면 조직적응을 위한 특별한 노력을 해야 할 것이라고 조언했었다.

대졸 신입사원 중 28%가 조직 및 업무적응 실패 때문에 입사 1년 이내에 퇴사를 하고 있으며, 그중 30%는 6개월도 채 근무하지 못하고 중도퇴사를 결심했다고 한다. 갓 입사한 사원들도 나름대로 참고 견디어 보려고 했었을 것인데, 얼마나 힘들었을까?하는 생각도 든다.

중도퇴사의 원인이 단지 개인의 조직 적응력과 융통성의 부족 때문이고, 세상물정 모르는 신출내기들의 욱하는 성정性情 때문이라고 단정할 수만은 없지 않는가?

이런 안타까움을 최소화하는 방법이 바로 자기이해과 기업분석인 것이다. 입사지원에 앞서 기업분석의 필요성을 이해시키고 그 방법을 알려주는 것이 성공취업을 지도하는 선배들의 역할이고 책임이지 않겠는가?

57 기업분석의 제1항목은 조직문화이다.

전략이란 보유한 자원과 역량을 효율적efficient으로 조합하여 경쟁력을 발휘하는 방법을 구상하는 것이며, 계획에 의거 효과적effective으로 실행하는 것이다.

이는 역량이 무조건 높아야 경쟁우위에 있는 것이 아니라, 경쟁상황에서 현재 보유역량을 적절히 조합하여 효율적으로 실행하는 것이 경쟁력이라는 것이다.

취업과정도 전략의 일환이다. 취업전략에서 직시해야 하는 것은 경쟁의 장場에 따라 경쟁력의 내용과 수준이 상이하다는 것으로, 어떤 장기업을 선택하느냐에 따라 경쟁역량과 그 조합이 달라야 한다는 것이다. 넘치면 모자람만 못하다. 최적의 경쟁역량을 준비하는 전략의 구상을 위하여 가장 우선적으로 기업분석이 필요하다.

기업분석은 기업의 특성을 분석하는 것으로, 그 목적에 따라서 분석요소를 달리한다. 취업준비 및 입사지원 차원에서는 조직문화Organizational culture, 직무내용Job, 채용공고opening Board를 기본적 요소로 해야 한다.

기업 분석 영역(JOB)

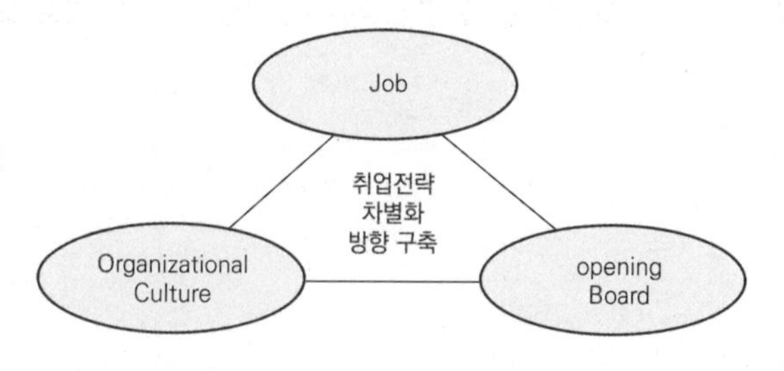

이 중 특히 조직문화 분석에 집중하여 기업의 내재적 특성과 핵심가치 및 지향방향을 탐색하여야 취업전형서류, 면접 경쟁력뿐만 아니라 입사 후의 조직적응력도 강화되어 성공취업이 가능하게 될 것이다.

내가 일하는 곳, 생활의 거의 모든 시간을 투입하는 곳, 심지어는 전쟁터라고까지 하는 곳, 그 곳의 style을 모르고 지원의사를 결정하는 것은 취업실패를 넘어 인생실패를 시도하는 것이다.

비즈니스에 대한 식견이 많지 않은 학생들이 기업을 분석한다는 것은 쉽지 않은 과제이다. 그러나 분명한 것은 조직문화분석, 직무분석, 채용공고분석을 포함한 기업분석의 결과는 학점, 어학점수, 자격증과 같은 스펙 보유보다 더 파워풀한 효과를 발휘하므로 반드시 필요하며, 절대 간과해서는 안 되는 과제이다.

조직문화란 기업 내 조직구성원들의 일하는 방식이라고 할 수 있다. 이는 기업의 사업특성 및 경쟁 환경, 경영전략, 추구가치 및 경영방침, CEO 스타일, 전통 및 관행 등의 복합적 요인에 따라 축적되어 형성되었기 때문에 매우 다양하고 특별하여 이해가 쉽지 않다.

특히 직속상사의 리더십 스타일, 선배들의 개성과 특성과 같은 조직생활에 직접적 영향을 미치지만 매우 비가시적인 요인은 자료나 홍보기사 등으로는 알아내기가 어렵다.

그러므로 홈페이지 등에서 선언된 문구sentence만으로 조직문화를 단정하는 것은 성급하고 단편적일 수 있다. 특히 그 선언 문구가 전체 문장 내에서의 위치에 따라 의미가 달라지므로 기업내부에서의 실제적 의미를 파악하는 심층적 분석이 수반되어야 한다.

이해하기 쉽지 않고, 단정하기 어려운 조직문화, 그래도 최대한 탐색·분석을 하는 것이 중도퇴사를 줄이고 성공취업을 가능하게 한다면, 스펙 취득공부 못지않게 해야 하지 않겠는가?

58 직무분석이 입사지원서의 매력을 만든다.

직무Job란 본인이 지원한 분야position의 업무내용으로서 어떤 일task & action을 통해서 어떤 결과role & responsibility를 수행하는 것이다.

직무내용은 기업의 업종, 규모, 조직 나아가 고객특성에 따라 다르다. 즉 인사직무라고 해서 모든 기업, 조직에서 일률적으로 동일한 것이 아니다.

통상적인 직무라 하더라도 그 깊이와 범위가 다르고, 조직의 세분화 정도에 따라서도 다르다. 심지어 동일한 직무라도 채용시점마다 기대하는 자질과 역량이 다를 수 있다.

기업에 따라 직무의 내용이 다르다는 것을 이해하고 그 다름을 파악해야지 이력서 및 자기소개서 작성뿐만 아니라 면접에서의 답변에서도 차별적인 경쟁력어필 포인트을 확보할 수 있다.

최종 합격자를 선정할 때 평가하는 직무역량이란 단지 직무에 대한 지식·스킬·경험의 보유여부만을 평가하는 것이 아니라, 그 직무를 조직에서 수행발휘하는 역량조직역량의 보유여부까지도 포함한다.

지원자가 보유한 지식·스킬·경험을 발휘할 수 있다고 판단될 때, 면접관은 합격이라고 결정한다.

직무역량이란 조직에서 그 직무를 수행하는 역량직무역량+조직역량으로서 이는 '지식을 알고 있는 것'과 '그 지식을 발휘하는 것'은 다르다는 차원의 관점이다. '아는 것을 발휘할 수 있는 곳을 찾는 것'이 바로 성공취업이다.

자기소개서 첨삭을 요청하는 많은 학생들의 자기소개서를 볼 때면 은유적 소제목으로, 멋진 격언·명언으로 감동을 주고자 하는 것을 발견하곤 한다. '참 애를 썼다'는 것을 알면서도 의도적으로 '자네의 멋진 문장에 감동받는 서류심사 실무자는 한 사람도 없다'라고 혹평을 하곤 했다.

매력적인 입사지원서는 '그들이 원하는 용어와 단어가 포함된 문장, 문구에 담겨진 자신만의 스토리'여야 한다. 지원자의 이력서, 자기소개서에 실무자 자신이 담당하고 있는 직무에 대한 전문용어와 익숙한 표현들이 포함되어 있을 경우 눈길이 가는 것은 당연하지 않겠는가?

기업의 실무자는 자신의 업무를 같이 해줄 사람을 선발하고자 한다. 그러므로 '나는 당신이 현재 맡고 있는 직무에 대한 지식과 스킬을 알고 있다'는 것을 알리는 것이 지원서 작성의 포인트가 되어야 할 것이다.

실무자의 업무 내용은 그 기업에서 인턴 및 실습을 했다면, 보다 정확히 파악할 수 있겠지만 그렇지 못했다면 견학, 면담 및 홈페이지 등의 자료 등을 통해서라도 파악하여야 한다. 물론 교육과정, 자격취득으로도 가능하겠지만, 기업내부의 직무내용은 조직의 특성, 사업의 전문성에 따라 그 범위와 깊이, 집중도가 다르다는 것을 이해하는 것이 필요하다.

직무분석은 직무내용의 파악을 넘어서, 그 직무의 전방, 후방의 업무까지 확장하여 시스템적으로 시도할 경우 보다 효과적이다.

이는 단지 1개 직무만을 분석하는 것에 그치지 말고, 지원기업의 중점적 활동과 이슈의 탐색을 통해 1직무와 연계되는 선행직무와 후속직무와의 연계성까지도 확인할 때, 직무 내용과업&동작과 그 목적역할&책임을 보다 정확히 이해할 수 있다는 것이다.

59 채용공고분석은 최소한의 기업분석이다.

채용공고opening Board에서는 모집분야, 지원자격, 지원절차 및 방법 등을 공지한다. 이 공고내용에는 채용의 목적과 지원해 주기를 원하는 의도를 담아서 작성된다는 것을 알아야 한다.

인사담당자는 채용과정의 효과성(예: 중도퇴사 인력의 방지)과 효율성(예: 적격인재의 지원 유도)을 증진하고자, 과거에 있었던 채용공고 문구와 지원자 특성 간의 관계를 회상하면서 모집공고의 내용작성에 정성을 기울인다.

그런데 입사지원서를 작성하는 대다수 지원자들은 단지 공지된 내용만을 보고, 지정양식에 의존하여 자신의 보유역량과 자격을 기술하는 데 급급하다. 그 결과는 '나 잘났어요!'라는 느낌이 드는 입사지원서, 특히 자기소개서를 쓰게 된다. 이것은 기업실무자가 보고 싶어 하는 내용이 아닌 것이다.

채용공고의 내용을 세심하게 관찰하고 이전의 공고내용과 비교해 보면 입사지원서 작성과 면접대응 포인트를 발견할 수 있을 것이다.

혹시 그동안 경쟁역량을 충분히 확보하지 못했다면, 더구나 조직문화분석도, 직무분석도 충실하게 하지 않았다면 최소 채용공고분석만은 꼭 해야만이 그나마 실무자의 관심을 끄는 지원서 작성과 면접참석통보를 기대할 수 있을 것이다.

채용공고문에 포함되어 있는 내용은 ① 모집직무(직군), ② 인원규모, ③ 근무지역, ④ 지원자격 및 우대자격, ⑤ 제출서류, ⑥ 일정 및 절차, ⑦ 기타 처우기준을 포함한 공지사항 그리고 모집의 배경과 취지를 담은 ⑧ 공고제목과 헤드문구copy 등이다.

모든 항목별 내용에 채용목적과 의도가 담겨져 있을 것이지만, 특히 집중적으로 분석이 필요한 사항은 '모집직무(직군)의 분류 사항과 그 내용'으로서 이는 공고의 핵심사항이고 지원자의 기대역량과 평가기준을 제시하는 것이기 때문이다.

지원자의 상당수, 더구나 순진하고 전략적이지 못한 학생은 지원자격요건이 평가 및 선발의 기준이지 않는가?라고 이해하겠지만, 결코 그렇지 않다. 스펙이라고 이해하는 지원자격요건은 단지 지원의 guide line이고 cut line일 뿐이지, 적격성의 평가 및 최종인원 선발기준이 아니다. 공통적 지원 자격요건의 스펙은 대체로 점수화하지 않는다는 것을 알라.

그리고 간과해서는 안 되는 것이 '공고제목과 헤드문구'이다. 이는 채용공고의 의도를 압축시킨 요약 메시지라는 것을 간파해야 한다.

내가 실무를 담당하면서 '이런 사람이 지원해 주세요'라는 심정으로, '이런 일직무와 역할을 할 사람을 뽑습니다'라는 선발기준을 암묵적으로 포함하여 작성에 심혈을 기울인 적이 있다.

일부 대기업 공채의 경우, 기업이미지 및 경영전략의 홍보Public Relation 차원에서 멋진 copy를 사용하는 경우가 있으나, 그 내용도 사원선발의 기준을 강조한 것이다.

60 채용공고분석은 중점사업탐색과 병행되어야 효과적이다.

문서의 내용문장, 문구, 글자크기 및 형태, 배열 등에는 작성자의 의도가 담겨져 있다. 불특정 다수의 구직자를 대상으로 공식화하는 채용공고라는 대외문서에는 '구직자의 지원유도'와 함께 '구인자의 선발관심적합인재'이 표현된다.

채용공고에는 '이런 사람이라면 지원하세요'와 함께 '이런 사람은 지원하지 마세요' 그리고 '이런 능력을 가진 사람에게 특별한 관심을 가질 것입니다'라는 내용 등을 다양하게 담고 있다. 그러므로 지원자는 그것을 읽어낼 줄 알아야 하지 않겠는가? '이런'의 기준만이 아닌 그 의도까지도 파악해야 할 것이다.

취업포털 사람인의 설문조사결과(1,255명, 16. 11. 15.)에 의하면, 구직자 1인당 평균 17.7개 회사에 지원하였으며, 서류전형 합격은 1인당 평균 3.7회, 면접합격은 1인당 평균 2.2회이었다고 한다.

결국 1회의 면접합격을 위하여 9회의 입사지원을 했으며, 합격률은 11%라는 산술적 계산이 나온다. 물론 이런 결과에는 여러 가지 배경이 있겠지만, 결국은 기업의 구인의도 파악을 정확히 하지 못하였기 때문이 아니겠는가?

취업 전형에서 '백전백승'은 쉽지 않겠지만 의미도 없다. 또 백전일승은 얼마나 힘들고 고달프겠는가? '일전일승'만이 가장 의미 있는 최고의 전략이다. 이를 위해서는 반드시 구인의도를 읽어 내어야 한다. 쉽지 않더라도 대략은 파악하여야 한다.

채용 공고문에는 기본정보로서 채용분야, 채용직무, 지원자격, 채용인원, 전형일정, 우대사항 등이 공지된다. 공고분석에서 비중을 두는 사항은 채용분야 및 직무로서, 직군단위로 포괄적으로 표현되기도 하고, 직무단위로 상세히 나열되기도 한다.

모집 및 채용분야에 대한 의도 파악은 해당기업의 중점사업 및 제품·서비스, 경쟁역량, 사업계획, 조직현황, 최근활동 등과 연계하여 시도하는 것이 필요하다.

단순히 공고문 내에서만 찾으려 하지 말고, 공고문안과 관련된 기업 내의 중점사업과 중점과제, 비즈니스 시스템상의 사업흐름에 대한 정보를 연계하여 공고문을 해석하는 시도가 채용의도 파악에 효과적이다.

개발, 생산, 영업, 관리의 포괄적인 직군단위로 모집하는 경우에는 일반적인 사업 및 업무수준에서 해당 기업의 조직도와 함께 이해해도 충분할 것이지만, 상세직무단위로 구분되어 있는 경우에는 중점사업 및 제품·서비스의 특성과 해당 직무의 기능 및 역할까지도 추정해 보는 것이 효과적이다. 심지어 이전 공고내용과의 차이를 비교분석한다면 이번 채용에서의 선발 포인트를 쉽게 파악할 수 있고, 채용의지의 강도까지도 쉽게 추정해 볼 수 있을 것이다.

기업에서의 사원 신규채용은 퇴직충원과 사업 확장에 따른 인력보강 그리고 신규 사업추진을 위한 인력확보를 위하여 추진된다.

구직자의 입장에서는 퇴직충원의 배경파악은 용이치는 않겠지만, 사업확장 및 신규사업에 따른 신규충원의 배경은 해당기업 및 관련사업에 대한 평소 관심에 따라 어느 정도는 파악할 수 있을 것이다.

61 과거와 현재의 채용공고 내용을 비교해 보라.

모집분야의 내용이 이전의 공고전년, 직전의 2~3회 내용에서는 어떻게 구분되었고, 표현되어 있었는지를 비교해 보라.

이전과 동일하게 반복 공지되어 있는 분야, 직무/직군의 구분이 달라진 분야, 추가·삭제·변경된 내용, 특별하게 강조하는 사항 등을 찾아보라.

- 이전과 동일, 유사한 직무분야가 재공지되어 있다면, 이전 채용에서 적임자를 선발하지 못했거나 입사포기·중도퇴사를 하였으므로, 이번에는 조직친화력과 이탈가능성에 집중할 것이며, 적임자 선발의 의지가 강할 것이다.

- 이전의 공고와는 달리 직무분야가 세분되어 있다면, 이전 채용에서 적임자를 선발하지 못하였으며, 이전의 지원자들의 특성이 회사의 기대수준과 차이가 있었기 때문에 구체적인 역량을 제시하여 이번에는 꼭 채용하겠다는 것이다.

■ 동일·유사 직무분야의 선발지역이 변경되었거나 확대되었다면, 추가적인 채용계획과 업무확장이 발생되었다고 이해할 수 있으며, 이번에는 지역연고성과 근무가능성을 확인할 것이라고 예상할 수 있다.

■ 동일·유사 직무분야의 지원자격이 완화되고 확대되었다면, 이전에는 지원인원이 소수였던 관계로 적임자 선발을 못하였으므로, 지원인원을 늘어나길 기대하고 있다는 것으로 입사의지가 강한 지원자의 경우 선발 가능성이 높을 수 있다는 것을 예상할 수 있다.

■ 새로운 직무분야가 있다면, 기존인력의 공석이 발생되었거나, 신규로 사업확장 등이 발생되었다는 것으로, 신규로 사원을 채용하겠다는 의지로서, 이 경우에는 직무역량에 집중하여 선발할 가능성이 높다는 것을 예상할 수 있다.

■ 이전의 기본요건이 우대요건으로 변했다면, 이전에 공지되었던 기본요건의 충족기대가 높지 않았었고 그 비중도 크지 않았었다는 것으로, 이번에는 과거 기본요건에 비중을 두지는 않지만, 면접과정에서는 우대요건의 역량 보유 여부를 확인할 것이라고 예상할 수 있다.

이러한 비교결과는 채용방향의 이해와 합격을 위한 어필 포인트를 추측해 낼 수 있으며, 도전과 합격의 가능성까지도 짐작할 수 있다.

채용공고 분석은 개별기업 단위, 직무(직군)단위로 실시하는 것이 효과적이다. 중소/중견기업이나, 기업 및 사업장 단위에서 실시되는 채용의 경우에 채용공고의 비교만으로도 채용 및 선발기준을 유추할 수 있지만, 그룹차원에서 정례적, 일률적으로 실시되는 공채의 경우는 채용인원이 상대적으로 많은 관계로 분석의 정확성이 낮을 수 있다.

수시채용을 하는 기업, 정례적 채용을 실시하는 중견기업에 지원하는 경우는 반드시 채용공고 내용을 비교하여, 채용 및 선발기준을 예측하여 자기소개서 작성 및 면접 준비를 전략적으로 하길 바란다.

전략적 취업준비가 합격의 전략이다. 높은 스펙으로 경쟁우위를 확보하려고 하지 마라. 전략은 효율성과 효과성을 강화하는 것이다,

취업전략은 J－O－B차원의 기업분석으로 right people이라는 차별성을 확보하는 것이다.

03 조직문화 이해

조직문화분석

성공취업은 '하고 싶은 일을, 자신의 스타일로 처리하였더니, 칭찬과 성과가 있는 곳에 입사'하는 것이다. 이런 곳은 빨리 출근하고 싶고, 동료들을 만나고 싶고, 업무계획과 결과를 보고하고 싶은 소위 직장 분위기가 좋은 기업인 것이다.

Good To Great의 저자 짐 콜린스는 '사업성과가 지속적으로 높은 기업good company을 넘어, 위대한 기업great company으로의 도약'은 최고경영자에서부터 사원 각자에 이르기까지 '그칠 줄 모르는 호기심과 스스로를 규율하는 실천'으로 가능했다고 설파하였다.

이는 위대한 기업에는 위대한 조직문화great culture가 있어야 한다는 것이다. 그러나 이런 위대한 조직문화의 특질과 요건은 일률적이고 보편적으로 존재하는 것이 아니다.

조직과 그 구성원의 호기심과 실천을 이끄는 문화는 과연 어떤 것이며, 그 조직의 구성원이 되고자 하는 것입사지원과 어떻게 연관되는지는 지원 전 뿐만 아니라, 입사 전 그리고 입사 후에라도 반드시 고찰하여야할 성공취업의 핵심과제이다.

62 기업문화는 조직구성원의 개성이다.

사회에는 문화culture가 있고, 개인에게는 개성individual personality이 있는 것과 같이 기업체에도 독특한 문화적 특성인 기업문화corporational culture가 있다.

사회의 문화가 오랜 기간에 걸쳐서 형성된 것이고, 개인의 개성도 살아온 동안의 오랜 학습과정에서 형성된 것과 마찬가지로, 기업문화도 기업이 처한 환경에서 오랜 기간에 걸쳐 사업추진 및 목표달성과정에서 형성되었다. 그렇기 때문에 일단 형성된 기업 문화는 그 기업에 유지되고 있는 독특하면서도 전형적인 특성으로서typical character 다른 기업과 구별되는 내재적 특징이 되고 있다. 이는 구별되기 때문에 발견할 수도 있음을 의미한다.

기업에 입사를 하여 그 기업에서 자신의 역량을 발휘하여 성공한 직장생활을 영위하려면 당연히 그 기업의 문화를 알아야 한다.

이는 마치 남녀가 결혼을 결정하고 生을 함께 하고자 한다면 상대방을 면밀히 이해하여야 하는 것과 같다. 불꽃같은 사랑이 멋진 웨딩마치를 가능하게 하지만, 일상의 행복한 결혼생활을 온전히 담보하지는 않는 것이다. 이것이 평생을 함께 할 기업의 문화를 분석해야 하는 당위성should be이다.

당신의 입사를 결정하는 사람은 그 기업의 문화가 체화되어 있고, 조직 내에서의 의사결정 관행을 알고 있는 문화실행 책임자이다. 그들로부터 입사허락을 받기 위해서는 그들의 특성인 성격과 성향, 선호도를 알고 대화하고 설득해야 할 것이다.

그러나 책임자 1개인의 특성을 이해하기는 쉽지 않다. 하지만 그가 속한 기업의 문화를 발견한다면 그의 특성 경향을 추정할 수 있는 단서를 찾을 수 있을 것이다. 이것이 취업성공을 위하여 반드시 기업문화를 분석해야 하는 또 하나의 중요한 당위성인 것이다.

기업의 조직문화는 오랫동안 그 구성원들이 일을 하면서 만들어 온 것이다. 이에 기업문화는 경영자에서부터 선배사원까지 전형적, 보편적으로 선호하는 일하는 스타일이고, 의사결정을 하는 선호기준인 것이다. 그러므로 기업문화를 탐색하는 것은 사원채용의 선발기준을 탐색하는 것과 일치한다고 해도 절대 무리가 아니다.

기업문화는 구성원들이 공유하고 있는 가치관value과 신념belief, 이념ideology과 관습habit, 규범norm과 전통tradition 그리고 지식knowledge과 기술skill 등을 모두 포함하는 종합적인 개념으로서 기업 구성원과 기업체 전체의 행동에 강한 영향을 미치는 기본요소이다. 그러므로 지원기업의 구성원이 되고자 입사지원을 한다면 반드시 기업문화를 확인해야 한다.

63 기업문화는 7S요소의 특성종합이다.

기업문화를 어떻게 알 수 있을까? 쉽게 말해 결혼하는입사 격格과 같이 배우자회사를 결정할 때 무엇을 보고 결정할 것인가?

기업문화란 기업 전체를 포괄하는 개념이므로 그 구성요소도 다양하고, 연구의 관점에 따라 해석도 다양하다. 이에 기업문화 연구자들의 접근방법도 다각적이지만, 그 중에서 7S 개념이 가장 실질적 도움을 줄 것이다. 특히 7S 분석 프레임은 가시적이고 제도적 측면의 Hard적 항목과 내재적이고 스킬적 측면의 Soft적 항목을 포함하고 있어서 조직문화를 입체적으로 분석하는데 용이하게 활용되고 있다.

7S 분석 프레임

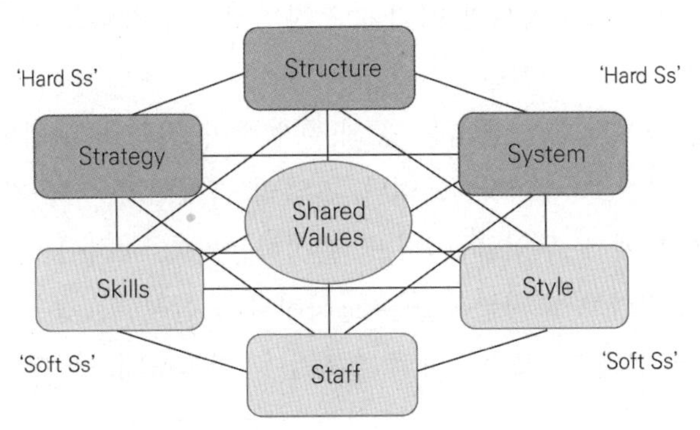

7S로 제시하는 7가지 특성의 각 요소는 공유가치Shared-Value, 경영전략Strategy, 조직구조Structure, 관리시스템System, 조직구성원Staff, 관리기술Skill, 리더십스타일Style로서, 이들 요소는 밀접하게 상호 연결되어 있고 상호 의존적이다.

그러므로 기업문화를 이해하는 데 있어서는 이들 요소 각각의 이해뿐만 아니라 상호연계성과 의존성을 분석해야 하며, 또한 전체적인 관점에서 각 요소를 통합하여야 한다.

조직문화는 조직내외의 개인 및 집단 간의 상호작용 과정을 통제하는 규범, 신념인 것으로 한마디로 '조직 내 구성원들의 일하는 방식과 그 분위기'라고 정의할 수 있다.

일하는 방식과 분위기는 상사의 업무지시 스타일에 따라 결정되는 조직구성원의 업무처리 기준, 요령 및 절차라고 할 수 있는 것이므로, 상사 1개인이 어떤 현상과 과제를 인식하고 대처해 가는 성격 및 행동특성과 맥락을 같이 한다고 할 수 있다. 이것이 바로 다른 기업과 구별되는 배경이고 근거이다.

지원 기업의 일하는 방식이 자신이 지향하는 개인적 가치, 행동, 바람과 일치한다면, 당신은 신바람과 즐거움 그리고 보람을 통해 조직의 성과증진에 기여할 것이고, 지속적 관계유지를 하고자 할 것이다. 다시 말해 중도퇴사의 어려움도 자기성찰의 기회로 받아들일 것이다.

조직문화의 탐색과 분석을 통해 취업준비 전략을 수립하는 것에 대하여는 공감할 것이다. 그러나 기업의 홈페이지, 신문기사, 기업정보 사이트에서 무엇을 어떻게 분석하는지에 대하여는 막막해질 것이다. 그렇다고 조직분석을 유보하거나 등한시 할 경우에는 입사문턱에서의 좌절과 조직에서의 부적응을 반복하게 될 것이다.

64 조직문화의 총체적 이미지를 도출하라.

삼성전자는 '열정passion, 창의혁신creativity, 인간미·도덕성integrity을 인재상으로 설정하고, 인재제일의 정신을 바탕으로 함께 할 인재를 채용하고자 하며, 글로벌 일류기업으로서의 사회적 책임을 다하겠다'는 경영원칙하에 최고제품과 서비스를 창출하여 인류사회에 공헌한다는 경영이념을 실현하고자 한다고 선언했다.

이러한 홍보내용에서 삼성전자의 조직문화가 어떤지 파악되었나? 아마도 어렴풋하지만 뚜렷하게 인식되지는 않을 것이다.

한 기업의 조직문화를 한두 가지의 선언적 문구statement만으로는 파악하기 어려운 것이다. 더구나 다른 기업과의 차이를 발견하기는 더욱 용이치 않다.

이에 7S 각 요소를 확인한 후, 그 특징 및 특성을 조직문화 유형을 분류하는 틀frame인 경쟁가치모형Competing Value Model에 적용하여 종합적 메시지를 도출하면, 보다 쉽게 조직문화를 구분하여 정립할 수 있다. 나아가 비교대상 기업의 7S특성과 상호 비교하면 보다 명확한 이해와 효과적인 분석도 가능하다.

7S 요소의 내용

구성 요소		내용 및 의미	분석 항목
Hard 측면	전략 (Strategy)	기업 활동의 장기적 목적과 계획, 그리고 이를 위한 자원배분 기준	경영방침, 영업전략, 사업전략, 투자전략, 홍보 및 광고
	구조 (Structure)	전략 수행을 위한 조직구조 및 회의체, 직무설계 및 업무 분장	조직도, 업무분장, 직무현황, 조직별 인원, 정기회의체
	관리시스템 (System)	기업 경영상의 의사결정 및 업무처리의 절차, 기준 및 관리제도	직위직급체계, 임금 및 보상제도, 경영관리제도·절차
Soft 측면	구성원 (Staff)	조직구성원의 구성규모, 능력 및 전문성, 행동패턴	종업원 수, 채용프로세스, 교육훈련프로그램
	기술 (Skill)	제품 및 서비스 생산에 투입되는 기계, 장치와 네트워크 운영기술 및 관리스킬	생산시스템, 경영관리기법, 핵심역량, 혁신활동
	스타일 (Style)	조직과 그 구성원의 상호관계를 이끄는 경영진과 관리자의 행동스타일	경영진 메시지, 인터뷰 및 훈화, 포스터, 구호 및 선언
	공유가치 (shared Value)	구성원 모두가 공동으로 소유하고 있는 가치관, 이념 및 기본 목적	경영철학, 사명, 미션 및 비전, 핵심가치, 인재상

7S의 구성요소는 다양하고 포괄적이지만, 구성개념의 단순화를 위해 각각의 S를 구성하는 파악 가능한 조직내외의 정보(예: 인재상, 조직도, 직위체계, 경영진 메시지 등)로서 그 특성을 종합할 수 있다.

한편 조직문화를 탐색하다 보면 이해의 혼란에 직면하는 경우도 있다. 즉, 보고명령의 계통도인 조직도의 하류전개 양상이 경영철학과 왠지 일치하지 않다는 느낌도 들고, 임금 및 보상체계가 인재상을 충분히 반영되지 못하다는 경향도 발견할 수 있다.

이 점이 바로 총체적 이미지를 도출하여 조직문화를 해석해야 하는 이유인 것이다.

04 조직문화 해석

조직문화분석

기업분석을 하게 한 후 느낀 점과 소감을 질문하면, 다수의 학생들은 입사를 위하여 이런 저런 준비를 해야겠다고 한다.

그러면 그 회사에 입사하면 신나고 행복할 것 같은가? 라고 물으면 '그건 잘 모르겠습니다'라고 하고, 일부 학생들은 '사실 저와는 잘 안 맞는 경향도 보입니다'라는 답변도 한다.

'자네의 개성적 성향이 어떻다고 할 수 있는가?' '분석기업의 문화적 성향은 어떻다고 할 수 있는가?'라고 질문을 이어가면 어렴풋이 이해하지만 한 마디로 표현하지는 못하고 있다.

이것을 가능케 하는 연구 틀frame이 R.Quinn이 제시한 경쟁가치 모형Competing Value Model인 것이다.

65 경쟁가치모형으로 조직문화를 이해하라.

'일하는 분위기'라고 정의되는 조직문화는 경영전략, 사업방침, 지시보고, 업무처리, 정보교류, 성과평가, 상하관계, 공유가치 등의 복합적 결정체이므로 매우 다양하다.

이에 조직문화를 구분하기 위하여 조직문화간의 특성을 상호 비교하는 유형화 연구가 있어 왔다. 그 연구 중에서 Robert Quinn은 조직의 효과성을 2개의 차원(내부지향－외부지향, 통제지향－변화지향)으로 유형화한 경쟁가치모형으로 조직문화를 구분하여 설명하였다.

7S의 조직문화 구성요소를 Robert Quin의 조직문화 유형에 접목시켜 용이하게 조직문화를 확인하는 요령을 소개한다.

R. Quinn 조직문화 유형

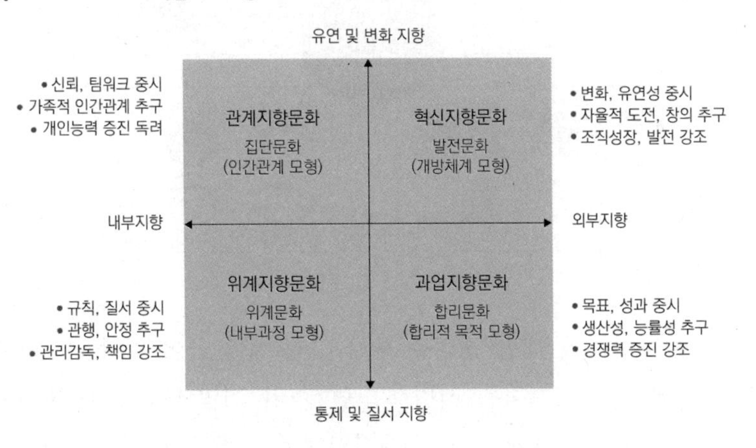

① 홈페이지 및 인터넷 탐색으로 파악할 수 있는 기업의 인재상과 핵심가치, ② 중점사업 및 제품의 특성, ③ 사내외의 기업홍보 및 광고, ④ CEO 메시지를 파악하여 4상환의 틀로서 구분해 보면 종합적인 특징을 발견할 수 있다.

7S의 공유가치 구성요소인 인재상 및 핵심가치로 사용되는 단어와 문구에서 발견되는 이미지가 위계·통제 지향적인가?[A], 관계·교류 지향적인가?[B], 혁신·창의 지향적인가?[C], 과업·목표 지향적인가?[D]를 4상환의 차원에서 상호비교하면 상대적으로 강한 이미지를 도출할 수 있을 것이다.

연속적으로 중점사업, 광고기사, CEO성향에 대하여도 각각 4상환으로 분류하여 분석하면 '지향하고, 선호하고, 추구하는' 포인트를 종합해 볼 수 있다. 그 결과를 기업의 대표적인 문화유형으로 이해하여도 무방하다.

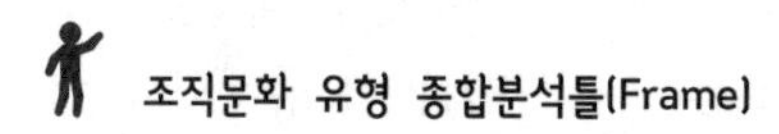

조직문화 유형 종합분석틀(Frame)

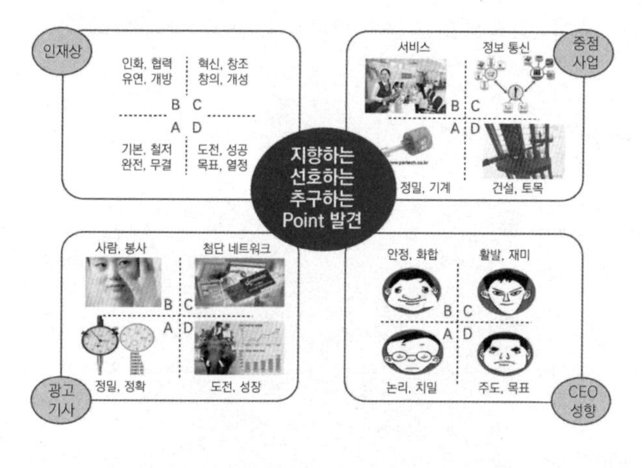

4상환의 요소에 대한 정리를 하다보면, 예를 들어 인화·협력·유연·개방의 인재상[B타입]은 서비스업종[B타입]의 기업에서 종종 발견할 수 있고, 건설업종[D타입]의 CEO메시지에서는 주도적, 목표지향적인 멘트[D타입]가 두드러지는 경향을 감지[aware of feeling]할 수 있을 것이다.

4상환의 요소는 7S 중 가시성이 높고, 탐색이 용이하고 가치지향성을 포함하는 것을 탐색의 요소로 선정하였으므로 4상환간의 연관성이 명확하게 일치되지 않는 경향도 있을 것이지만, 종합적 지향 및 추구이미지와 관련된 조직문화유형을 발견하는 것은 어렵지 않을 것이다.

이를 바탕으로 '이 기업은 관계지향문화B타입 또는 과업지향문화D타입의 성향이 강하다'라고 판단할 수 있다는 것이다.

조직문화 분석의 궁극적 목적은 자신의 성공취업인 것이다. 즉, 입사전형에 합격하는 것만이 아니라, 입사 후에도 계속하여 출근하고 싶고, 자신의 꿈과 비전 그리고 행복을 실현할 수 있는 곳인가?를 예측해보고자 함이다.

조직문화의 유형개성, 스타일이 파악되었다면, 본인의 개성 및 스타일과 비교해 보라. 본인의 스타일을 설명하기 어렵다면 당장 성격 및 행동성향 검사를 하라.

- 나를 모르고서, 남을 알아본들 무슨 소용이 있을까?
- 내 인생, 내 직업, 내 직장의 주인은 자신임을 명심하라.
- 성공취업의 출발은 자기이해부터 시작하는 것이다.

66 조직문화 분석과 함께 자기 자신도 분석하라.

조직문화이해를 통해 조직의 현재 정체성identity과 미래지향성orientation에 대한 감feel을 잡을 수 있다. 이것은 조직의 구성원들이 가지는 직업정체성occupational orientation, 업무추진지향성performing orientation과도 상당히 연관되어 있다.

신입사원은 바로 그 조직구성원들과 함께 그들의 조직에서 자신의 정체성과 지향성을 발현하게 될 것이다.

조직에서의 교류관계에서 개인의 생각과 추구가치는 끊임없는 충돌과정을 겪게 된다. 심지어 조직 내에서 자신의 뜻대로 원활하게 이루어지는 것은 아무것도 없다. 이에 그 과정을 극복해 가면서 조율하고 조정해가는 것이 자신의 성향과 특성이며, 그 경험과정에서 강화되는 것이 조직적응역량인 것이다.

그러나 충돌과 조정과 적응의 과정에서 정체성과 지향성이 조직과 자신 간에 심각한 혼란에 직면하게 되면, 개인은 불안, 위협, 박탈감 등으로 인하여 업무에 대한 의욕과 성과가 위축되고, 조직이탈의 위기상황에 직면하게 된다.

이런 측면에서 입사 후 1년 이내에 중도 퇴사하는 청년들을 단지 조직에 적응하지 못한 것으로 치부할 수만은 없는 것이다. 그보다 앞서 취업준비 과정에서 입사기업의 문화와 자신의 개성을 비교하는 노력을 간과했었던 것에 대하여 아쉬움을 가지게 되며, 이를 위해 조직문화탐색의 선행 및 병행을 반복적으로 강조한다.

자신의 내재적 성향성격, 행동, 흥미, 관심 등은 어떠하며, 어느 정도인지를 다양한 검사 도구를 통해 확인해 보라. 자신의 외재적 능력지능, 성적, 체력, 끈기 등이 어느 정도인지 냉정하고 솔직하게 평가하고 성찰해보라. 그리고 인생삶의 추구가치직업관, 경제관, 인생관 등가 무엇인지, 취업을 통해 얻고자 하는 기대욕구, 희망, 목표가 무엇이고, 어느 정도인지를 설정해보고, 나아가 자신의 후손자녀, 손자 및 가족에게 평가받고 싶은 자기 모습까지도 그려보라.

기업의 조직문화 분석에서 느껴지는 감feel이 자신의 성격과 흥미, 자신의 목표와 그 과정, 나아가 가치관과 크게 차이가 느껴진다면 목표기업을 바꿔라. 성공취업은 합격하여 입사하는 것이 아니라 그 이후인 것이다.

좋은 기업이란 자신이 느끼고 평가하는 곳이지, 다른 사람이 인정하는 곳도 아니고, 남에게 보여지는 곳도 아니다. 자신이 평가하여 목표나 방향을 변경한다는 것은 실패한 loser가 되는 것이 아니라,

성공을 향한 도전하는 challenger가 되는 것이다.

67 조직문화 유형과 자기성향 유형을 비교해보라.

조직문화 유형을 분류하는 연구Tool과 Frame은 다양하고, 개인성향특성을 유형화한 실증연구도 다양하게 접해 볼 수 있다.

이러한 유형의 분석 및 분류 결과를 바탕으로 성공취업과 역량개발방향의 설정에 반영토록 하는 것이 진로지도와 상담을 하는 전문가의 역할인 것이다.

자신의 성향특성과 조직의 문화특성을 상호 비교하여 취업목표기업을 선정하길 바란다. 자신의 개성직업선호도, 흥미, 관심 등도, 조직의 문화일하는 스타일, 추구가지, 인재상 등도 의욕과 노력으로 변화시킬 수 없다면, 유사한 성향과 특성의 조합을 선택하길 바란다.

개인행동 및 추구성향을 파악하는 진단도구가 다양하지만, 검사지가 아닌 개인의 외모적, 외형적 특징으로 성향을 파악하는 이제마 선생이 창시한 사상체질 유형분류 방법을 익혀 활동해 보기를 제안한다.

특히 초면의 상대인 면접관의 특성파악으로도 활용할 수 있다는 측면에서 사상체질에 따른 성향분류 방법을 활용한다면 보다 자신감 있는 면접대응이 될 수도 있을 것이다.

물론 처음 만나는 상대의 외형적 특징으로 그의 내면적 특성을 판단하는 것은 용이치 않고, 편견으로 인하여 판단의 오류를 유발할 수도 있으므로, 상당한 대인경험과 비교탐색의 전문적 식견이 필요할 것이다. 하지만 대면의 상황에서 나름대로의 판단기준을 가지고 대화를 하는 경우에는 초면의 불안감이 다소 해소되고, 다소나마 주도적인 대화진행이 가능했던 것이 나의 경험이었다.

태양인 성향이 느껴지는 사람과 대면한 경우에는 상대의 말을 들어주고, 소양인 성향이 느껴지는 경우에는 맞장구를 치고, 소음인 성향의 사람에게는 좀 더 세밀하고 논리적으로 설명하며, 태음인 같은 느낌이 드는 사람과는 조용하게 예를 들어가며 대화를 해 보니 자연스럽고 친화적인 느낌을 가졌던 경험이 있었다.

조직문화 유형과 자기성향 유형을 비교해 볼 때

관계지향문화 유형이 강한 조직[기업]에서는 태음인 특성의 인재가,

혁신지향문화 유형이 강한 조직[기업]에서는 소양인 특성의 인재가,

위계지향문화 유형이 강한 조직[기업]에서는 소음인 특성의 인재가,

과업지향문화 유형이 강한 조직[기업]에서는 태양인 특성의 인재가

상대적으로 조직적응에 용이하고, 생활[일]하는 데에 있어서도 원활하고 원만하지 않겠는가? 하는 생각이 든다.

자신이 소양인 특성이 강하다면 어느 문화유형이 강한 조직[기업]에 입사하겠는가? 아마도 위계지향이나 과업지향의 문화유형 조직[기업]에 입사지원 시는 조직적응에 대한 부담감으로 주저함이 생길 수 있을 것으로 추측된다.

물론 이런 추측이 반드시 일치하지는 않을 것이다. 왜냐면 조직문

조직문화 유형과 개인성향 유형

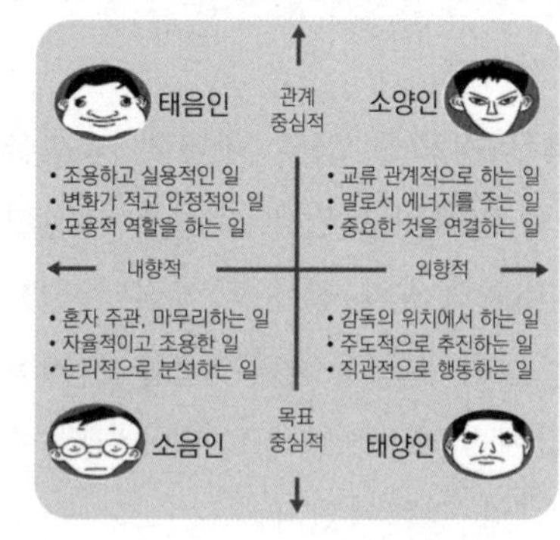

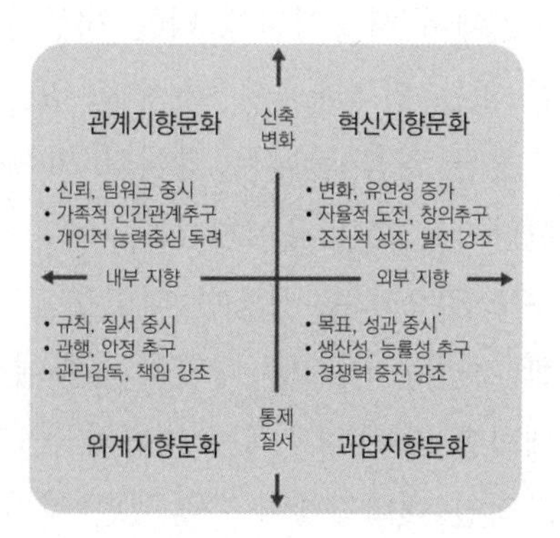

화유형도, 개인성향유형도 하나의 특성만으로 정형화하기 어렵고, 그 측정도 어렵고 복합적이며, 상황에 따라 가변적이기 때문이다.

유형분석의 방법으로 경쟁가치모형과 사상체질을 사례로 들어 보았다. 인터넷 접속, 상담실 방문 등의 간단한 방법으로 개인의 사상체질 유형검사를 해 볼 수 있고, 전문가의 전문적 검사지원을 받을 수도 있을 것이다.

지원 기업의 선정에 있어서는 자기이해를 위한 개인성향검사를 선행 또는 병행하여 자신과 기업 간의 유형비교를 반드시 하길 바란다. 물론 자신이 지원하고자 하는 기업내부의 하부조직 문화를 분석할 수 있다면 더욱 효과적인 성공취업을 가능케 할 것이다.

성공취업은 '하고 싶은 일을, 자신의 사고·행동 스타일대로 하였더니, 칭찬과 보상이 있는 곳'에 입사하는 것임을 다시 강조한다.

68 재무지표분석은 성과배경을 탐색하는 과정이다.

신입사원을 채용하는 기업, 특히 정기적으로 공개채용을 하는 기업은 채용인원의 인건비를 지급할 수 있는 재무적 여건이 이미 확보된 상태이며, 인건비 외 제반 비용까지도 사업매출로서 충당할 수 있을 정도의 판매 및 영업상의 손익구조를 가지고 있다.

20여 년 전 기업실무를 하면서 계산한 바에 의하면, 사원 1인당 인건비의 1.7배 상당의 운영경비가 발생되는 것을 확인한 바 있다. 사무실 임차비, 전력비, 식비, 차량운행비, 사무용품비 등등의 비용이 사원 1인당 인건비의 약 2배에 상당하는 비용이 발생된다는 것이다. 이것은 사원 1인은 자신의 연봉대비 약 3배의 영업이익을 창출하여야 한다는 것이며, 기업도 연봉의 3배 상당액을 부담할 수 있는 손익구조가 확보되어야 사원을 채용할 수 있다는 것이다.

기업분석을 주제로 한 취업강의에 참석한 적이 있었다. 초빙강사는 취업준비를 함에 있어서 기업의 안정성, 수익성, 성장성에 대한 재무 분석을 권하고 있었다. 어렵게 들어간 회사의 재무상태가 부실하여 혹여 임금체불, 구조조정 등이 유발될 수도 있기 때문에 사전에 검토할 것을 조언하고 있었다.

- 안정성: 기업이 망하지 않고 계속 유지하기 위해서는 타인자본에 대한 채무지불능력, 안정적인 자본조달능력 등이 필요하다. 그 정도를 자본구성의 건전성, 경영의 안정성 등을 부채비율, 자기자본비율, 유동비율, 이자보상비율 등으로 측정할 수 있다.

- 수익성: 사업을 통해 이익을 남기기 위해서는 투하자본의 경영성과로서 이익창출능력이 필요하다. 그 정도를 사업성과에 대하여 매출영업이익률, 총자산이익률(ROI), 자기자본이익률(ROE) 등으로 측정할 수 있다.

- 성장성: 기업은 외형적 규모와 내재적 성과를 통하여 지속적 성장을 하여야 한다. 그 정도를 매출액증가율, 영업이익증가율, 순이익증가율, 총자산증가율 등으로 측정할 수 있다.

일반적으로 재무지표분석은 기업의 과거 경영성과와 현재 재무상태를 평가하고, 미래 잠재력과 위험성을 예측하기 위하여 공표된 재무제표를 기초로 회계적 분석을 하는 것이다. 그러나 과거 자료에 기초하므로 미래예측에 한계가 있고, 비교대상이 되는 표준화된 기준치가 없으므로, 재무제표상의 수치만으로는 기업 성장성을 단정하기 어렵다.

심지어 일반학생의 지식수준에서는 회계자료의 이해마저도 쉽지 않고, 면접의 상황에서 재무분석 결과를 언급한다는 것은 합격의 관문을 통과하는 데 있어서 별 실익이 없다고 본다.

물론 기업의 이해와 건전성 확인을 위하여 매출액, 순이익 등을 분석하는 것은 다소 의미가 있고, 재경직군에 지원하는 지원자라면 자신의 직무능력을 어필하는 차원에서 효과적이지만, 일반 지원자의 경우라면 세밀한 재무분석보다는 매출 및 손익의 발생 배경과 그 기반을 이해하는 것만으로도 충분할 것이다.

지원서 작성

01 지원서 작성의 목적

지원서 작성

한 중소기업의 학생추천의뢰를 받은 적이 있었다. 필요서류를 질문하니 이력서만 상세히 작성하여 제출하면 된다는 것이었다.

자기소개서는 필요 없나요? 질문하니, 면접 때 이력서에 기초하여 추가적인 사항을 질문하면 된다. 그리고 상당수의 경우 자기소개서의 내용이 대체로 유사한 맥락이고, 과장된 측면도 간혹 있어 특별한 기대를 하지 않는다는 것이다.

그래도 여전히 상당수 기업에서는 두 가지 서류 모두를 제출하게 하고 있는데 일부의 경우이지만 이력서만으로도 충분하다는 중소기업 경영자의 요청배경을 온전히 이해해도 될까? 하는 의문이 든다.

어쩌면 그동안 지원자들이 지원서류 작성에 있어서 얼마나 전략적이지 못했던가를 짐작하게 하는 사례라는 생각이 든다.

69 이력서와 자기소개서를 모두 제출하게 하는 이유가 있다.

대부분의 입사지원 서류는 이력서와 자기소개서로서 그 구성내용은 동일하지는 않지만, 상당부분 관련성이 높다.

이력서의 내용만으로도 학력, 전공, 학점, 자격면허, 경력, 교육이력 등에 대한 개인역량을 대략적으로 파악할 수 있다.

그런데 왜 굳이 자기소개서를 통하여 입사동기, 강점 및 약점, 취업준비과정, 입사 후 포부 등에 대하여 의견과 생각을 작성하게 할까?

채용과정에서의 경험에 의하면, 이력서는 개인의 보유자격 및 역량 등에 대한 특징을 단번에 파악하는 데 용이했고, 지원자가 많은 경우 1차적으로 선별selection하는데 편리한 점이 있었다. 이력서는 1~2분 내외의 짧은 시간만으로도 지원자의 적임여부를 감지할 수 있고, 이어서 자기소개서에 대한 기대와 관심을 가지게 하였다.

자기소개서는 문장화된 내용이기 때문에 구독의 과정과 시간이 필요하지만, 작성한 내용을 통하여 이력의 확보 및 보유과정을 이해할 수 있었고, 문서작성 실력뿐만 아니라 문장에서 작성자의 성격특성까지도 해석해 볼 수 있었다.

더구나 자기소개서를 읽어 볼 때면 그 내용이 단순히 채워 넣는 차원인지, 입사의 열정과 그 준비과정을 어필하고 있는지를 단박에 알 수 있었다.

서류 활용의 목적이 모든 기업에서 동일하지는 않지만, 이력서와 자기소개서에서의 요구 및 기대사항은 분명 다르다.

이력서는 기본인적사항과 직무수행에 필요한 확보역량수준을 전체적으로 한 번에 보고서scanning, 지원자에 대한 이미지를 종합적으로 판단하고자 함이 제1의 목적이다.

반면 자기소개서는 조직적응에 필요한 인성과 직무수행에 필요한 역량개발의 과정을 살펴보면서 적합성과 사실성 그리고 가능성을 문서상으로 확인해보고자 함이 제1의 목적이다.

이에 작성의 중점 포인트와 스킬이 다름을 인지하여야 하고, 제시항목에 집중된 내용이어야 효과적인 어필과 관심을 이끌 수 있다는 것을 알고서 작성하여야 한다.

70 통(通)하게 작성하는 것이 목표임을 명심하라.

입사지원 서류를 쓰는 자[지원자]는 자신을 알리려고 쓴다[通하게 쓴다]. 그러나 읽는 자[실무자]는 평가하려고 읽는다[桶가게 본다].

어떤 입장에서 작성하여야 할 것인가? 자신을 어필할 수 있는 문자와 문장을 포함하여, 읽는 사람의 입장에서 쓰는 것이 바로 핵심 포인트이다.

특히 이력서는 대체로 한 장으로 작성된다. 온라인상으로 이력서를 작성해야 하는 경우는 어쩔 수 없지만, 지면으로 제출되는 이력서의 경우에는 작성의 구도[lay out]를 깔끔하게 하는 노력을 해야 한다.

칸의 행과 열의 크기, 간격이 정돈되지 않고, 글자 양에 따라 제멋대로인 경우, 한 장을 넘어가는 양식을 그대로 둔 경우, 심지어 양식 내의 글자의 크기가 다른 경우, 더구나 오탈자까지 있고, 양식의 빈칸이 많고, 작성내용이 직무관련성마저도 없다면 그 이력서는 그냥 버려진다. 그러므로 이력서(물론 자기소개서도 포함)는 반드시 출력하여 점검한 후 제출하여야 한다. 그래야 읽는 자[실무자]의 입장이 된다.

인사담당자는 수없이 많은 지원서류를 접한다. 그리고 어떤 서류가 면접장에 오르고 합격으로까지 이어지는가를 경험하였고, 그 가능성도 단번에 안다. 그런데 입사지원자는 한두 번의 작성으로 준비가 되었다고 생각하는 경우가 있다.

자신은 이력과 경력 그리고 스펙을 밤새워 고민하고 작성하였는데 인사실무자는 1~2분 동안 '슥' 보고서scanning 평가를 한다면 이는 출신대학 및 전공과 같은 일부요소에 따라 서류를 평가하는 것이 아닐까?라고 생각할지도 모르겠지만, 그것은 자격지심적 오해인 것이다.

그런 불만과 오해보다는, 짧은 시간 내에 인사실무자의 마음을 움직이게 하는 방법과 요령을 알아내는 것이 필요함을 명심하라!

소신과 열정을 담아서 쓰고, 또 쓰는 노력과 연습이 필요한 것이다. 그렇지 않으면 자신의 인생이 쓰레기桶으로 던져진다.

지원자의 마음으로 읽어주는 실무자는 없다. 실무자의 마음으로 작성하면 읽어라도 준다. 글의 구성과 내용에서 호감(만나보고 싶은 첫인상)을 이끌어야 한다.

71 이력서와 자기소개서는 '이것을 질문하라'는 메뉴표이다.

중식당의 메뉴판에는 주인이 제공할 수 있는 음식을 손님이 빨리 선택할 수 있도록 일목요연하게 정리되어 있다. 손님의 메뉴설명요청이 있을시, 주인은 손님의 주문욕구가 증가할 수 있도록 음식의 특징을 설명한다. 이때 주인은 한식도 만들어 줄 수 있다고는 말하지 않는다. 왜냐면 손님은 중식을 위해서 중식당에 왔기 때문이다.

이력서와 자기소개서는 메뉴판이며, 면접관의 질문은 메뉴설명요청이며, 입사지원자는 주인인 것이다. 그래서 주인 격格인 지원자는, 손님의 설명요구 격인 질문에, 주문요청 격인 합격결정이 될 수 있도록, 설명 격인 답변을 해야 할 것이다. 이런 맥락이 바로 이력서와 자기소개서 작성의 기본인식이어야 한다.

자기소개서에서는 대체로 재학 중의 활동, 자신의 성격 및 행동적 특성 그리고 입사 후 포부 등에 대한 내용을 작성하도록 하고 있다.

이런 요청배경은 지원자에 대한 인성 및 적성과 열정을 파악하고자 한다는 의도를 알리는 것이며 그 부분에 대하여 알고 싶다는 것이다.

우리가 필요한 정보를 파악하고자 도서, 자료, 문서 등을 읽는다. 그러나 포함된 내용만으로는 충분한 이해가 되지 않고, 작성의 취지와 의도를 충분히 파악할 수 없는 경우도 있다. 그럴 때 해석을 요청하는 질문을 한다. 지면의 제한이 있는 문서인 자기소개서에서는 당연히 질문이 따른다. 그러므로 자기소개서는 '이것을 질문하세요'라는 의도를 가지고 작성하여야 한다.

면접관의 질문에 답변을 하고 싶어 하지 않는 지원자가 있는가? 아무도 없을 것이다. 더구나 자신 있게 설명할 수 있는 질문을 받고 싶을 것이다.

면접관의 이해를 돕기 위하여 최대한 많은 답변을 하고자 한다면 센스 있게 작성해야 한다. 더구나 빨리, 예상한 질문을 받고자 한다면 미주알고주알 쓰는 것이 아니라, 읽는 사람이 빨리 판단할 수 있도록, 마치 식당의 메뉴판과 같이 소제목, 번호, 기호 등의 특수한 형태를 추가하는 것이 효과적이다.

채용공고에서 제시한 직무자격과 자기소개서의 질문문항을 통하여 관심과 질문이 될 만한 이슈를 찾아서, '이것을 질문하면 이렇게 답변할 것이다'라는 전제하에 초안을 작성하고 그들의 입장에서 읽어보는 시도를 해야 한다.

그리고 자신 있게 답변할 수 있는 질문거리가 포함되어 있는지, 답변하기 싫은 곤란한 내용이 포함되어 있지는 않은지를 확인 또 확인해야 한다.

가전제품의 사용설명서와 같은 자기소개서는 읽지 않고 버리지만, 메뉴판 같은 자기소개서는 읽지 말라고 해도 읽을 수밖에 없다. 입사 지원 서류는 발송한 이후에는 반송 받아서 다시 작성, 제출할 수 있는 것이 아니다.

자기소개서는 면접자의 질문List를 자신이 제공하는 것이고, 답변을 전제로 하고 작성하는 것이다. 질문거리가 있어야 면접에 초대한다. 그래야 자신이 준비한 답변과 설명을 할 수 있다.

72 지원서의 첫인상은 읽는 사람이 결정한다.

취업추천을 위해 이력서 제출을 요구한 적이 있었다. 일부의 사례이기는 하지만, 기본 인적사항 외에는 거의 빈칸, 가족관계가 빈칸이거나 부모 중 1명만 기재, 특기는 고민하기, 취미는 놀기, 초등학교부터 대학교까지의 학력 기재, 대학입학 당시의 사진부착, 병역兵役에 과거 진료내역 기재 등을 작성한 당황스러운 경우가 있었다. 화가 났다. 한심하기도 했다. 한편 안타깝기도 했다.

지원 서류는 한 번도 본적이 없는 인사담당자에게 '나의 역량과 경력을 읽으세요'라며 일work을 시키는 첫 대면의 과제sheet이다. 지시·명령을 할 수 있는 입장이 아닌 지원자의 요구가 기분 나쁜 인상을 주어서는 인사담당자는 성의 있게 대하지도 않고(즉, 읽지도 않고) 심지어는 거부(즉, 쓰레기통에 버림)할 것이다.

첫인상은 '사람이나 사물을 처음 볼 때의 느낌'이라고 정의하고 있다. '보는 순간'에 느낌이 결정된다는 것이다. 이 순간의 이미지는 그 다음의 정보를 수용하는 기준을 제시해주기 때문에 두렵고, 설레이는 것이다.

아무 말도 하지 않았는데, 상대방이 예상치 않은 행동을 했다면 편견이라고 단정해버려야 하는가? 한두 곳의 오타 때문에 불성실하다고, 실력이 없다고 평가를 받는다면 황당하지 않은가, 그것도 단 5초만에 부정적 평가를 받았다면 억울하기도 하지 않은가?

지원 서류에서 첫인상을 결정하는 가장 비중이 큰 부분은 이력서에서는 부착 사진이고, 자기소개서에서는 소제목이다.

설마 입사지원용 사진으로 대학입학 당시의 마치 고등학생 이미지의 사진, 편안한 상의 사진을 부착할까? 싶지만 그런 경우도 종종 보았다. 이런 경우 아무리 스펙이 뛰어나고 멋진 자기소개서를 적었다 해도 서류심사 담당자는 그냥 버린다. 왜냐면 그런 이력서를 '상사에게 면접을 해주세요'라고 요청하면 일 못한다고 혼나기 때문이다.

인사담당자들은 대체로 1차적으로 이력서를 검토한 후, 자기소개서의 소제목을 슥 읽는다. 그리고 제시 주제와 유관된, 요약된 느낌의 소제목이 보이면 일단 상세히 읽을 것으로 분류한다.

좀 더 읽어 볼 서류, 그냥 버릴 서류를 평가하는 시간은 5초 이내라는 것이 채용전형과정에서의 실제상황이고 나의 경험이다.

서류를 읽고 싶은 마음을 일으키는 제1포인트는 서류상의 내용에 앞서 작성형태인 것이다. 거기에서 인상이 결정되고 성격, 자세, 열정까지도 평가한다.

설령 의지와 열정을 담아 정성을 들여 호감가게 작성했다고 생각한 지원 서류라 할지라도, 그 평가는 실무자가 하는 것이다. 이 점이 바로 이력서, 자기소개서 작성의 제1스킬인 '읽는 사람의 입장에서 써야 한다'는 것이다.

73 서류전형 합격통보는 면접초대장이다.

대다수의 경우 면접전형에 앞서 서류전형이 실시된다. 면접전형 통보를 받지 못한 경우는 서류전형에서 떨어졌다고 이해한다.

여기서 떨어졌다는 것은 서류상의 객관적인 평가요소가 일정한 기준에 미달되었다는 의미일 것이다. 객관적인 상대비교를 한다면, 스펙이 높은 경우에는 당연히 서류전형에 합격되어야 한다. 그런데 실제 면접통보를 받지 못하는 경우가 종종 있다.

20여년 전에는 서류전형 합격자를 출신학교, 전공일치성, 평균학점에 가중치를 부여한 환산점수 순위에 의거하여 면접자를 선정하였다. 그러나 수시전형과 같은 대입전형의 다양화와 역량중심 채용이 확산되면서 서류전형 합격자 선정방식이 변경되었던 것이 나의 실무적 경험이다.

물론 이후 다양한 스펙이 면접대상자 선정항목에 추가되었지만 최근에는 스펙의 고공과 무차별성, 직무역량중시 등으로 탈스펙과 자기소개서 스토리중심으로 면접대상자를 선정하는 경향이 확산되고 있다.

고스펙자가 서류전형에 탈락한 것에 대하여, 간혹 서류전형의 합격자 선정에는 최고기준을 넘어서도 안 되고, 최저기준에 미치지 못해서도 안 된다는 기준밴드가 있다고들 하는데 나의 경험상에서는 그런 기준은 없었다.

물론 지나치게 우수한 고스펙자의 경우 입사 후 정착률이 낮고, 입사 포기하는 사례가 종종 있었기 때문에 서류전형에 탈락시키는 경우는 있지만, 실제적 이유는 회사가 선호하는 지원자가 아니기 때문에 면접전형에 초대하지 않은 것이다.

향수와 추억을 되새기는 장수 프로그램인 가요무대에 출연제의를 받는 가수는 소위 트로트 가수들이지, 인기순위 Top에 있는 아이돌 가수도 아니고 유명한 성악가도 아니다. 아이돌 가수와 성악가가 노래를 못해서가 아니라 가요무대의 애청자인 중년층이 선호하는 추억의 노래 가수가 아니기 때문이다.

면접에 초대받은 서류전형에 합격한 사람이란 그들 기업의 면접관, 경영진 그리고 구성원들이 선호하는 사람이지, 단지 스펙이 우수한 사람, 특출난 경력을 보유한 사람이 아니라는 것이다.

그렇기 때문에 입사지원을 할 경우에는 자신의 스펙을 자랑하는 것이 아니라, 지원기업 및 조직에 적합하다는 것을 소개해야 한다.

면접에 초대받지 않았다는 것은 제출한 서류의 내용이 그들의 조직특성과 선호분야를 반영시키지 못하였기 때문이다.

나름의 스펙을 보유한 지원자가 서류전형에 떨어지고서는 그 원인을 스펙의 부족으로 생각하며 도서관과 학원에서 열심히 공부하는 경향이 많다.

도서관에 갈 것이 아니라 기업의 현장으로 가서 그 기업의 정보를 확인하라. 그리고 기업탐색의 활동을 공부하듯이 하라. 그래야만 면접의 초대장을 받을 가능성이 높아진다.

이를 위하여 기업분석, 특히 조직문화의 탐색과 분석이 절대적으로 우선해야 한다.

02 이력서 작성의 핵심

지원서 작성

입사지원의 제1서류는 일정한 양식으로 기업에서 제공하는 이력서이다. 이 양식에서는 기본인적사항을 포함하여 거의 100여 개가 넘는 항목의 기입을 요구하고 있다. 물론 블라인드 채용방식의 도입으로 성명, 연락처, 지원직무 등의 기본사항만을 기입하도록 하는 경우도 있지만 아직은 여전히 이력서 기입사항은 상당히 많다.

그러다 보니 성명, 학력, 전공 외 자격, 연수, 경력, 수상 등에서 특별히 기입할 사항이 없는 경우, 특히 여학생의 경우는 본인이 보더라도 휑한 이력서에 실망과 자조에 빠지게 된다.

도대체 대학생활 동안 무엇을 했을까? 자책하고 고민한 결과, 이제부터라도 스펙을 쌓자고 다짐하며 휴학을 하고, 슬그머니 졸업유예를 신청하기도 한다. 일부는 공무원 시험 준비를 하겠다고 선언하기도 하지만 도피가 아닌가 하는 생각이 먼저 든다. 또 어떤 학생은 일단 졸업이라도 하자라고 한 후, 아르바이트를 시작하기도 한다.

그래도 용기를 내어 찾아오는 경우에 '분명 자네에게도 의미 있는 거리가 있을 거야. 앉자보라. 대학생활을 리뷰 해보자'라고 격려하며 진로와 취업목표부터 확인하면서 이력서 양식을 펼치게 한다.

74 이력서에는 최대한 많은 정보를 담아라.

이력서는 분명 기업이 요구하는 사항인 것은 분명하지만, 기재 내용은 작성을 하는 사람의 몫이며, 그가 생각하는 것들이다. 이 말은 지원 직무가 명확하고, 지원 기업을 조정한다면 얼마든지 의미 있는 거리material를 찾아서 작성할 수 있다는 의미이다.

이력서에는 기본적 인적사항 외에 학력, 경력, 경험 등의 이력사항, 어학능력, 보유자격, 교육 등의 자격사항 그리고 흥미, 특기, 종교, 심지어 혈액형, 별명까지도 기입하는 칸space이 있다.

이력서의 지나친 기재사항 지적과 함께 사진부착과 신체조건 등 직무수행과 관련성이 낮은 사항의 기재를 금지하는 법률이 발의(16. 11. 28)된 상태이지만, 자신을 알리는 사항을 많이 담는 것은 의미 있는 어필 포인트인 것이 현실적 필요악必要惡이다.

이력서 각 항목별로 관련성이 적다는 판단은 읽는 사람이 하는 것이지, 작성자가 단정하는 것은 아니다. 이력서는 첫 만남에서 자기 이미지를 전달하는 매체인 것이다. 이에 지원 분야와 관련된 사항이 많으면 많을수록 좋은 이미지가 형성될 것이다.

이런 조언에도 불구하고 지원 분야에는 직접적인 관련성이 적어서 '써야 할지 어떨지 고민스럽습니다'라고 질문하는 경우가 아직도 많다. 이런 고민은 단지 지원자의 소심한 우려인 것이다.

생각해보라! 양식의 항목과 반드시 일치하지 않더라도 자신의 특기, 특성을 어필할 수 있는 내용을 삽입했다고 해서 싫어하겠는가? 혹여 부적절하다고 지적받았다 하더라도 긍정적이고 적극적으로 자신을 어필한다면 의외의 매력을 제공해 줄 수도 있지 않겠는가!

실제 관련성이 적은 내용과 스토리를 많이 적은 것이 서류전형의 탈락의 원인이 된 적은 단 한 번도 없었던 것이 나의 경험이었다.

더욱이 지원 양식의 기입거리를 생각하고 찾아 연결시키는 시도는 자신의 목표를 다시 점검하는 기회가 된다. 실제로 거리material 찾는 상담의 과정에서 적합한 지원직무와 기업을 재조정하여 입사 성공한 경험이 상당히 많았다.

입사서류검토자는 지금 신입사원을 뽑고자 노력하고 있으므로 지원자와의 연결고리를 찾으려 애쓴다. 그러나 기본 인적사항 외에는 빈칸으로 휑한 이력서에는 실무자와 면접관의 눈길이 머무르지 않는다.

이력서의 첫 번째 제출목표는 첫인상임을 명심하라. 그러므로 지금 자신이 작성한 이력서에 호감이 없어 보이면, 소신 있는 매력거리를 생각하여 채워 넣어라. 그래도 없다면 아예 제출하지 마라. 왜냐면 바로 쓰레기통으로 가기 때문이다.

75 이력서를 전략적으로 작성하라.

이력서 작성 경험이 적은 학생의 경우, 이력서 작성은 주어진 양식에 따르면 될 것이라고 생각을 한다. 이것은 순진한 생각이다. 순진한naive 것이란 그 의도를 파악하지 못하고 겉으로 보이는 것만을 그대로 받아들이는 것이다.

자신을 처음으로 소개하는 이력서를 작성함에 있어서는 요구하는 의도와 활용목적을 파악하고 전반적인 상황을 고려하여 세련되게 전략적으로 작성해야 되는 것이다.

이력내용의 작성 항목과 순서가 고정되어 있지 않은 경우라면, 기본 인적사항 외에는 구성내용, 기록순서, 배치, 위치 등을 전략적으로 구성하여 어필하는 것도 센스이다.

■ 최근의 것을 먼저 작성하는 것이 기업실무자의 입장을 고려한 것이다. 최종 학력부터(대학-고교順), 최근 경력부터(현재-이전順순), 최근 취득시기부터 작성하라. 시계열을 무시한 이력의 나열은 논리성 부재不在로 인식될 수 있다.

■ 가급적 빈칸을 최소화하는 것이 자신에 대한 관심을 유도하는 것이다. 지원직무와 관련된 사항을 중심으로 내용을 채우는 것이 바람직하다. 지원분야와 무관하다고 판단하여 빈칸으로 둘 수밖에 없다고 포기하지 마라. 해외여행 및 경험의 경우, 직무관련성이 아닌 단순 해외여행의 경험 밖에 없을 지라도, 그 내용으로 채워라. 그것도 없으면 국내여행 및 경험으로라도 채워라.

■ 자격·면허의 취득사항은 무조건 담아라. 직무관련 자격시험을 준비하고 있다면 준비中이라고 언급하고, 직무와 관련된 것이 아니라고 판단되어도 일단은 포함시켜라. 실제 고교시절 취득한 미용사 자격증을 M금고 입사지원서에 포함한 학생, 한때 조리사를 꿈꾸며 취득한 한식, 중식 조리사 자격을 H식품 기획팀 지원서에 포함한 학생이 면접당시 다양성을 인정받아 합격한 사례는 나의 지도 경험이었다.

■ 어학시험 점수의 인증기간이 초과되었다 하더라도, 설령 작성요령으로 2년 이내의 점수라고 지정했더라도 2년 이전의 점수라도 기재하라. 특히 현재 보유한 점수보다 높은 점수는 자신의 어학능력을 어필할 수 있는 기회이지, 인증기간이 초과된 성적 작성을 했다고 감점처리하지 않는다.

■ 교내외 교육수강 실적, 행사참관 경험, 현장실습 및 아르바이트 경험도 경력사항이다. 지원직무 관련성이 높으면 직무역량 어필에 효과적이겠지만, 설령 직무무관 하더라도 조직역량 습득에는 효과적인 경력이 된다.

■ 가족관계를 알릴 필요가 없다고 생각하여 빈칸으로 두는 경우 다소 반항적으로 받아들여질 수도 있고, 이혼한 부모라고 포함하지 않으면 답변하

기 불편한 질문을 유도하게 된다. 그러나 조부모까지 삽입하는 것은 생각해 보라. 부모, 형제 등의 가족관계는 평가에 별 영향은 없다. 그러나 빈칸으로 남기면 평가에 영향을 받는다.

- 부착된 사진은 용모 외에도 성실성과 자신감을 느끼게 하는 현실적인 포인트이다. 대학 입학당시의 사진, 45도 예술사진, 안경을 썼으면서 민낯 사진을 부착한 학생의 합격소식을 들은 적이 없다.

- 작성 칸의 크기나 길이를 정렬시키는 것이 정돈된 이미지를 전달한다. 작성내용의 길이가 칸을 초과하게 되면, 글자크기 차이, 칸의 폭 차이가 발생되어 전체 균형이 불안해진다. 난잡한 크기와 열을 그대로 두면 세심하지 못하다는 이미지를 유발하며, 행과 열의 간격이 전체적으로 정돈된 경우에는 균형 잡힌 이미지를 제공하게 된다.

- 이력서의 내용은 1장에 담는 것이 일목요연하고 정갈한 이미지를 만들어 준다. 간혹 정해진 양식의 칸을 빈칸으로 두고, 특정의 란에는 많은 내용을 작성하다가 보면 1장을 초과하는 경우도 발생될 수 있다. 이 경우에는 빈칸을 삭제하거나(예: 여자의 경우 병역란 삭제), 특정내용을 압축해서 작성(예시: 기간은 연도월까지만 표기)을 하여도 될 것이다. 필요하다면 양식의 칸과 배열을 재구성해도 무방하다.

- 단어, 글자에도 세심한 주의를 해야 한다. 글자체, 크기는 동일해야 하며, 오타, 탈자가 있으면 합격은 보류될 가능성이 높다. 영자spelling, 漢字획이 틀리면 분명히 지적을 받는다.

76 질문을 유도하는 것은 이력내용만이 아니다.

이력서를 보는 실무자와 면접관은 내용의 비연속성, 비일관성,

비일치성, 비보편성에 의문을 가지며, 어긋난 경우에는 반드시 질문한다.

펠트만의 심리실험 결과2006년에 의하면 면접 참가자의 81%가 평균 3회 정도의 거짓말을 했고, 실제로 취업준비생의 55%가 면접 중 거짓말을 한 적이 있다고 했다(잡코리아, 16. 6. 1조사).

면접관들도 지원자의 거짓말 가능성을 이미 알고 있다. 면접이 많은 회사에서는 면접관을 대상으로 면접요령에 대한 사내교육을 실시한다. 그 교육의 목적은 피면접자에게 속지 않는 질문과 답변의 해석 스킬을 습득시키기 위함이다.

글의 비논리성에는 사실성을 의심받게 된다. 스토리의 비구체성은 친구의 스토리가 아닌가 하는 의심을 받는다.

글자와 문장의 부정확성은 성격의 치밀성뿐만 아니라 책임 있는 자세, 태도까지도 의심을 받는다.

군대생활의 추억, 중고교 시절의 경험, 어린 시절의 기억만 있으면 대학생활을 의심받으며, 스스로 취업준비가 부족했다는 것을 실토하는 것일 수도 있다.

이력서를 작성하기에 앞서서 '자신의 이력 중에서 무엇을 어필할 것인가?'를 먼저 생각하라. 설령 지원직무관련 이력이 적다고 하더라도 기업분석(JOB: 직무, 조직문화, 채용공고)에서 발견된 특징을 고려하여, 부각시키고 싶은 나만의 학습·경험·특기 등을 전반적으로 먼저 리뷰해보라. 그리고 전략적으로 편집하라.

자동차 부품제조 중견기업 회계팀장의 면접소감을 들은 적이 있었다. 지원자의 자격취득 이력을 세심히 살펴보니, 비록 직무와 직접적인 관련성이 적은 것도 있었지만, 매년 1개씩의 자격을 취득하였다는 것을 발견하였고, 면접을 해보니 역시 꾸준히 자기개발노력을 했었다는 것을 알 수 있었다고 한다. 이런 노력과 준비 자세를 통해서 앞으로 회사 업무를 할 때에도 체계적으로 잘 준비할 것이라고 믿으면서 최종 합격자에 포함시켰다고 한다.

일목요연하게 정리된 내용의 이력서는 면접관의 의심보다 관심을 가지게 한다는 것을 명심하라. 좋은 인상은 만남을 촉진시키고, 여운을 강화시켜 준다. 비록 좋은 인상을 만드는 것이 어렵다고 하더라도, 탐탁찮은 인상을 줄 필요는 없는 것 아닌가? 작은 정성과 세심한 살핌이 좋은 인상을 가능케 한다.

03 자기소개서 작성의 핵심

지원서 작성

많은 학생들이 자기소개서를 작성하는 보편적 패턴을 보면, 성장과정이라는 첫 번째 항목에서 어린 시절, 중고교 시절에 가족관계, 특히 부모의 가르침을 바탕으로 '나는 이런 성격과 특성을 가지게 되었습니다'라는 추억을 기술한다.

두 번째 항목인 지원동기에 대하여는 어린 시절부터 LG트윈스 야구경기를 보면서, 집안의 가전제품을 보면서 입사의지를 다졌다는 어설픈 내용을 적기도 한다.

그리고 마지막 입사 후 포부에서는 하나하나 배워가면서 조직에 기여하는 자세로 열심히 노력하겠다. 글로벌리더가 되겠다며 두리뭉실하게 어필한다.

이에 대하여 대부분의 실무자들은 '당신의 단편적 소설에 어떠한 감동적 의미도 부여하지 않을 것이다'라고 혹평한다.

자기소개서의 독자는 지원자의 어린 시절부터 취업준비까지의 20년간의 이야기를 듣고 싶어 하지 않는다. 대학 이후의 학습과정과 결과에만 관심을 가진다.

대학 이전의 스토리는 사족蛇足이다. 뱀을 그리라고 했는데 사족을 포함시키면 잘못된 그림인 것처럼, 대학 이전의 스토리로서 자기소개서를 작성한다면 그것은 틀린 자기소개서가 된다는 것을 명심하라.

77 당신은 이미 무궁무진한 스토리를 가지고 있다.

자기소개서에서의 제시 주제를 받고서 지원자들은 많은 고민을 하게 된다. 특히 지원기업의 인재상이나 지향가치와 관련하여 자신의 활동을 기술하라는 요구에 대하여, 그동안의 대학생활 및 취업준비 과정들이 기업의 지향성과 직접적이지 못하다고 생각할 경우에는 더욱 막막한 상황에 빠지게 되고, 심지어는 지원포기를 하게 되는 경우가 상당히 많다.

이런 고민을 하는 학생들에게 자네의 대학생활 자체가 이미 무궁무진한 스토리이다. 걱정하지 말고 리뷰해보자고 한다. 직접적인 거리material에 국한하여 생각하지 말고, 폭넓게 생각하고 주제 관련된 거리material들을 찾는 대화를 해보자고 하면서 첨삭지도를 시작한다.

전공학습 과정에서 자신이 참여하였던 기억, 아르바이트 활동 중에 직·간접적으로 가졌던 사항, 여행과정에서 접했던 만남의 추억, 특강 및 세미나에서 듣고 감동 받았던 내용, 선후배, 친구들과의 교류과정의 인상을 끌어내 보도록 한다.

가급적 대학시절의 기억이면 좋겠지만 여의치 못하다면 가족과의 생활기억, 대학입학 이전의 추억, 군 시절의 경험들에서도 거리material 찾기를 시도해 본다.

논리적 주제전개가 용이치 않다면, 주제에 대하여 마무리 결론으로 언급하고자 하는 내용을 먼저 결정해 보라고 한 후, 그것을 부연설명하는 거리material를 생각해 보게 한다.

이 과정에서 전개의 어려움에 빠지게 하는 것은 제시주제를 지나치게 개념적으로 접근하려고 하는 것이었다. 예를 들어 '도전적인 경험'에 대하여 설명하라고 할 경우, 도전이란 마치 극한의 상황을 극복하였던 성공스토리를 찾으려고 한다.

도전이란 남다르고, 특별하고 대단한 것이 아니다. 삶 자체가 도전인 것이다. 평상의 생활에서 다른 시도와 그 과정, 그리고 그 결과가 도전의 스토리이므로, 과정과 결과가 일상적이고 보편적인 차원과 달랐던 것에 의미를 부여하도록 인식의 전환을 하도록 한다.

한 학생의 사례이다. 저는 대학생활 중 남다른 특별한 사례가 없는데요. '어려움을 극복한 사례'를 소개하라고 하는데 어떤 것을 써야 하나요? 하면서 찾아왔다.

대학생활 중에서 전공학습, 동아리, 아르바이트, 교우관계, 만남의 기억 등등에서 무엇인가 특별했었던, 아쉬웠던, 도전해보았던 것들 중에서, 남에게 이야기 해줄 만한 추억과 경험을 생각해보라고 하였다.

어학성적을 올려보고 싶어서 여러 방법으로 공부를 했었지만 아쉽게도 만족한 수준을 확보하지 못했다며 답답해했다. 어학공부 경험에 대한 상세한 설명을 요구하니, 교내 여름방학 프로그램에 참석했던 내용을 소개해 주었다. 출석률, 과제, 시험을 통해 일정수준 이상의 학생에게 1개월간 자매대학 어학연수가 제공되는 프로그램이었으며, 열심히 일정대로 따라 갔고, 어학연수도 갈 수 있었다고 한다. 그러나 스피킹에 대한 두려움으로 1개월의 기간은 참 힘들었었고, 무료연수를 다녀왔다는 의미 밖에는 없었다고 했다.

그 교내프로그램에 지원했던 것부터 시작하여, 어학연수 기회를 얻기 위하여 노력한 과정, 그리고 1개월간의 어려웠던 내용을 리뷰하면서 느낀 바를 정리하게 하였다. 비록 지금의 어학수준이 만족스럽지는 못하지만 그러한 시도의 과정은 타의 모범이 되는 작은 에피소드임을 알게 해주었다. 물론 그 학생은 지원한 회사에 입사하였다.

기업이 자기소개서를 통하여 알고 싶어 하는 것은 대단한 결과, 특출한 노력을 알고 싶어 하는 것이 아니다. 자신의 소소한 이야기를 어떻게 주제에 맞도록 전개하는지를 확인해 보고자 하는 의도가 상당히 많다.

학생들이 보유한 역량, 경력, 장점 등은 대동소이하다. 단지 그것을 어떻게 녹여서 표현하느냐에 따라 경쟁력이 되고, 또 다르게 평가받는 것이다.

자기소개서라는 시험의 출제자 의도를 생각해보면서, 자신의 소소한 활동과 경험을 주제에 맞게 정리한다면, 실무자와 면접관의 공감을 얻는데 충분하다. 자신감과 자존감을 가져라.

지금까지의 활동과 경험 그리고 선택의 과정들은 자신만이 가진 유일한 스토리이고 역사의 발자취인 것이다.

78 방학은 스토리를 만드는 기간이다.

동계, 하계 방학기간은 전공학업 외의 학습을 할 수 있는 기간이다. 상당수 학생들은 어학시험 및 자격취득 공부, 인턴 및 실습, 국내외 여행 등을 통하여 다양하게 역량개발을 한다. 이런 노력들을 단순히 스펙 쌓기의 차원에 그치지 말고, 입사지원을 위한 스토리 만들기 활동으로 연계하는 것이 전략적 학습요령이다.

방학의 시작은 무엇What을 어떻게How 할 것인가를 정하는 스토리 만들기의 출발이어야 한다.

계획수립을 SWOT, Logic Tree, ERRCEliminate. Reduce. Raise. Create, Gantt Chart 등을 통해 전개하라. 방법과 목표에 있어서도 남과 다르게 해보고 싶은 것, 종전과 다르게 해보고 싶은 것, 120%의 노력과 인내가 요구되는 것을 정하라.

그리고 학습 및 경험의 목적을 분명히 하여, 최종목표의 수준을 정해서, 일정과 절차를 정하라. 아울러 중간점검지표KPI를 설정하여,

과정과 결과를 기록하라. 친구와 같이 할 수 있으면 같이 하라. 방학을 마치면서, 지원하고자 하는 기업의 자기소개서 질문 목록에 적고 싶은 것을 정하라. 그렇게 학습하고 경험한 방학 이야기가 바로 스토리인 것이다.

2015년 상반기 D은행입사를 준비한 N학생을 지도한 적이 있었다. 그는 D은행 창구 15개소를 시간대별로(개장시점, 오전, 오후, 마감시점 등) 탐방하고, 창구의 특징, 고객의 특성을 파악하고 의견청취를 하였으며, 창구 직원의 조언을 바탕으로 경제시사상식 인증시험도 준비하였다.

이러한 과정과 결과를 담아 작성한 N학생의 자기소개서는 다른 지원자들과는 다른 질문을 받게 하였다. 다른 학생들은 금융상식을 비롯한 스펙을 질문 받았으나, N학생은 주로 은행창구 탐방경험에 대한 질문을 받았었다고 한다. 더구나 창구탐방 사실과 소감을 확인한 면접관은 1지점의 ATM기 위치변경을 지시하였다고 한다.

이후 확인한 사실이지만, D은행의 하반기 공채 입사지원서의 자기소개서 항목에 'D은행 창구와 他은행 창구를 비교하고 D은행의 우수한 점, 개선이 필요한 점을 기술하라'는 질문이 포함되었다고 한다. 면접관이 얼마나 N학생의 열정에 감동받았으면 이러한 결과가 있었을까? 물론 N학생은 상대적으로 높은 스펙을 확보하지 않았음에도 불구하고 4차례의 면접을 거치면서 최종 합격의 기쁨을 차지하였다. N학생의 합격은 당연한 결과가 아니겠는가?

스토리란 감동의 멋진 결과가 아니라 관심 사항을 실천했던 과정이다. 자신의 관심 그리고 강점을 경쟁력으로 개발시켰던 과정으로서 '이것을 위해, 이렇게 하였고, 이렇게 되었다' 더구나 '다르게 생각하여, 다르게 시도하였고, 기대와는 다른 결과에서 다른 것을 배웠다'라는 알림이 자기소개서에서 기대하는 솔직한 스토리이다.

다른 사람과 다른 스토리는 대단하고 특별한 경험을 말하는 것은 절대 아님을 명심하라. 꼭 남들과 다른 경험에 집착하기보다 비슷한 경험이라도 평범함 속에서 나만의 특별함을 찾는 것만으로도 면접관의 호감을 이끌기에 충분하다.

자기소개서 스터디를 지도하다 보면, 초기 시작멤버들 중의 일부는 이런 저런 이유로 참석이 뜸해지거나, 끝까지 남지 않는 경향이 종종 있었다. 더구나 지원 직무와 회사를 전제로 한 작성과제를 주면 참석률과 적극성이 현저히 떨어진다.

그 이유는 무엇일까? 아마도 '기본요령은 알았으니 실제 지원시점에서 잘 쓰면 되겠지'라고 생각하지 않았을까?라는 생각이 들었다.

더구나 채용설명회를 다녀보니 처우가 좋고, 비전도 있어 보이고, 친구도 괜찮다고 하고, 현장 실무자의 장밋빛 격려까지도 있으니, 지원목표target을 변경하고서, 조금만 더 공부하자고 마음먹고 자기소개서 작성을 보류시키는 경향도 있었을 것이다.

물론 그 심정도, 상황도 이해하며 열심히 공부해보라고는 하면서도, 스터디 초기에 하였던 자기소개서는 작성하는 것이 아니라, '담는 것이다'라는 조언을 다시 강조하곤 했다.

자기소개서는 깔끔하게 읽기 편하게 작성하는 것은 분명 맞다. 그러나 더 중요한 것은 무엇이 담겨져 있느냐는 것이다. 멋진 글로 작성된 자기소개서를 보고 자소설自小說이라고 하는 이유는 실무자가 원하는 내용은 담겨져 있지 않고, 스펙 자랑으로 치장되었고, 기대하는 역량의 보유과정마저도 소설 같기 때문이다.

취업이 목전에 놓인 4학년이라면 채용설명회에서 흔들리지 마라. 4학년이 채용설명회에 가는 것은 그동안 기업방문 및 탐색의 기회가 적었던 관계로 현장에 직접 가서 채용정보를 들어보는 것이지, 합격의 Tip을 얻으러 가는 것이 아니다. 그런 기대는 충족되지 못할 뿐더러 채용설명회 참석 담당자도 특별한 합격Tip을 가지고 있지 않다.

'취업설명회에 방문하여 조언을 듣고 목표를 정해 지원했는데 운 좋게 합격했어요'라는 이야기는 합격자의 겸손한 표현일 뿐이다.

매력적인 자기소개서와 이력서에는 직무수행역량과 조직적응역량의 개발 과정이 들어 있어야 한다. 그리고 직업적, 조직적 포부와 비전이 들어 있어야 한다. 즉, WPWP Want, Prepare, Will, Performance가 들어 있어야 한다. 이것이 스토리인 것이다.

79 자기소개서의 질문(항목) 전략적 시각으로 이해하라.

상당수 학생들의 자기소개서 작성스타일을 보면, 양식의 순서에 따라 쓰고 있다. 그 결과, 내용의 흐름이 연계되지 않아 뒤죽박죽되고, 멋지게 시작한 내용이 용두사미가 되어버리고, 자신이 읽어봐도 재미도 없고, 매력도 없는 질 낮은 자소설自小說을 만들어 낸다.

답답하고 막막해 하는 상담 학생에게 하는 일관된 조언은 양식상의 순서에 따르지 말고, 입사 후 포부, 지원동기부터 시작하여 항목 간의 내용 연계성을 확보하고, 구체적인 스토리로 사실감이 느껴지도록 전개해보라는 것이다.

'입사 후 포부'는 입사 후에 하고 싶은 일·과제·성과를 설계해보라는 것이다. 지원자 자신의 직무 및 성장 비전이 얼마나 구체적인지? 그 비전이 사업전략과 얼마나 현실적인지를 알고 싶으며, 입사 후에 배치할 부서의 업무needs에 기여할 것인가를 확인해보고 싶어서 작성하게 하는 것이다.

거창하게 기술한 5년, 10년 이후의 도전적 위상은 실무자에게는 공염불空念佛일 뿐이다. 서류를 검토하는 실무자는 자신의 업무를 지원하고 분담해줄 후임을 뽑고 싶어 한다. 그러므로 입사 후 포부는 가급적 1~3년 정도의 직무계획을 쓰는 것이 효과적이다. 설령 자기소개서의 요구사항이 10년 이후의 포부라고 하더라도 1~3년의 계획을 중심으로 하고 그 이후는 약간의 희망사항hope을 언급하라.

'지원 동기'는 지원직무에서 요구되는 역량과 자질을 확인해보니 자신이 그것을 가지고 있기 때문에, 그 직무의 수행과 업적을 통해 자신의 입사 후 포부를 이루어 보겠다고 연계하여 기술하라. 더구나 회사조직의 중점사업과제을 추진하여, 성장과 기반구축(예: 매출증대, 시장확대, 제품개발, 시스템구축 등)에 기여할 수 있다고 어필해보라.

지원회사가 최고의 회사라느니, 글로벌 위상을 가졌다느니 하는 구애求愛적 문구의 활용에 감사를 표하는 회사 임직원은 아무도 없고, 그런 문구는 전체 문장의 흐름에도 방해가 된다.

자기소개서는 자신의 역량을 소개하는 서류이다. 자신에게 업무를 지시하는 실무자가 신입사원인 당신에게 요구하는 과제·프로젝트를 추진할 수 있는 실무역량을 소개하는 것이지, 훗날 기업의 동량棟梁이 될 인재로서의 성장역량을 소개하는 것이 아니다.

성격의 장단점, 성장과정, 대학활동, 성공·실패경험, 특이한 추억 등의 사항은 먼저 작성한 입사 후 포부, 지원동기를 추가적으로 보완하는 내용으로 전개할 때 자기소개서의 내용 흐름이 매끄러워진다.

'성격의 장점과 단점'에는 잘 했고 뿌듯했던 일에 대한 성격적 특성과 아쉬웠던 결과와 개선하고자 했던 노력의 과정에서 보였던 행동특성을 구체적인 스토리에 담아 기술하여야 자소설이 되지 않으며, 공감을 이끄는 문장이 된다.

대체로 자기소개서의 첫 번째로 제시되는 '성장과정'은 자기소개서의 기본요건인 직무연계성과 구체적 작성을 방해하는 질문항목이 되는 경향이 크다. 그래서 가급적 마지막에 작성하도록 권장한다.

서류를 읽는 실무자는 대학전공에서의 역량개발과정을 알고 싶어 한다. 그런데 상당수 학생들은 어린 시절 부모님의 영향과 추억, 군대시절의 화려한 무용담과 포상기억 등을 생각하곤 한다. 정말 피해야 할 소재들이다. 중간에 지치지 않고 끝까지 자기소개서를 작성하고자 한다면, 자신의 지원 분야를 탐색하고 결정했던 과정, 기업이해를 위해 뛰어 다녔던 경험과정 그리고 자신의 비전을 정립했던 스토리를 소재로 하라.

80 자기소개서에도 정답이 있다.

입사지원서를 작성, 제출하는 것도 정답이 있는 시험을 보는 것이라고 하면 의아해하는 학생이 많다.

지원자의 스토리가 가지각색이고, 평가자도 인사담당자, 실무자, 면접관으로 여러 명인데, 더구나 지원회사와 지원직무도 상이하고, 작성주제와 제한사항도 동일하지 않은데, 어떻게 정답이 있다는 말인가라고 할 수 있지만, 이런 생각은 자기소개서의 용도를 모르고 있는 것에서 생긴 의문인 것이다.

자기소개서를 작성, 제출하게 하는 이유는 이력서의 내용을 구체적으로 확인하거나, 이력서에 공통적으로 작성하기 곤란한 내용에 대하여 좀 더 세심하게 읽어보고자 하는 의도된 서면질문인 것이다.

그런데 자신이 제출한 자기소개서의 문장구성이 읽고 싶은 마음이 생기지도 않고, 읽기도 힘들다면 그 자기소개서는 틀린 것이다.

더구나 작성된 내용이 채용하고자 하는 직무와 관련성이 낮거나, 기대하는 수준의 내용이 포함되어 있지 않다면 역시 그 자기소개서도 틀린 것이다.

자기소개서를 보고 감동받는 기업 실무자는 단 한명도 없다. 그러나 틀린 자기소개서를 보면 대부분 실망한다. 관심을 끄는 자기소개서가 되려면 맥(MAC: Motivation, Aptitude, Character)을 잡아서 작성하여야 한다. 이것이 바로 정답이다.

자기소개서의 작성 MAC

작성제시항목		
M	지원동기	• 직무, 회사 선정배경 • 지원분야 적격성 여부
	장래희망	• 입사 후 포부 • 5년, 10년 후 계획
A	대학생활	• 기억나는 활동 성과 및 노력 • 도전적인 활동 성과 및 노력 • 감명 있었던 독서, 경험 • 국내외 활동 경험 • 인턴, 실습, 아르바이트 • 동아리, 봉사활동
	직무역량	• 직무역량 개발활동 • 지원분야 준비 노력 • 회사발전 제안 및 아이디어
C	성장환경	• 가족관계 • 고교활동
	성격특성	• 성격의 장점, 단점 • 단점 극복 노력 • 인재상과의 일치성 • 존경하는 사람 • 인생 목표, 가치관

자기소개서의 작성 맥(MAC)
1. 면접 질문의 팁을 제공하는 것이다.
2. 질문해 주길 바라는 것을 담는다.
3. 많이 담지 마라.
4. 제시문항의 핵심을 요약하라.
5. 소제목을 활용하고, 3줄 이내로 전개하라.
6. 읽기 쉽게 쓰라.(띄어쓰기, 영자한자, 밑줄 활용)
7. 숫자, 증거를 바탕으로 구체적으로 쓰라.
8. 논리적으로 문장을 전개하라.(문항내, 문항간)
9. 멋진 글귀, 문구를 쓰는 것이 아니다.
10. 직무관련 전문 용어를 활용하라.
11. 회사용어를 쓰되, 그대로 쓰지는 마라. (인재상 등)
12. 실무자의 입장에서 쓰라.
13. 중복되는 단어, 용어, 문맥은 최대한 줄어라.
14. 가급적 주어를 빼라. (저는 …)
15. 3번 이상 읽으라.

- 지원동기 Motivation
- 직무적성 Aptitude
- 개인인성 Character

첫째, 실무자 및 면접관의 입장에서 써라.

자기소개서를 읽는 사람은 당신을 채용해서 일을 시키고자 하는 사람이다. 그들은 이미 직무분야에서는 당신보다 우수하다. 아무리 '나 잘 났어요'라고 해도 그들을 감동시키지는 못한다. 감동은 '당신이 원하는 것을 내가 가졌어요'라는 점을 알려야만 '그런가?'하고 반응을 보이는 것이다.

자기소개서의 고객은 지원기업의 실무자, 면접관이다. 그들은 몇 명이나 될까? 아무리 많아도 10명 이내이다. 그런데 자기소개서를 작성하는 지원자는 20~30명까지로 생각하는 경향이 있다. 이는 2~3개 회사에 제출 가능한 서류를 만들고자 하기 때문이다.

이런 생각은 절대 착각이며, 결과적으로는 실무자가 관심이 없는 스펙 중심의 자기자랑 자소설을 만들게 한다. 하나의 자기소개서는 한 기업에만 유효하다. 왜냐면 각 기업마다 주력사업, 생산제품은

차치하더라도 직무내용과 기업문화가 다르기 때문이다. 명심하라! 당신의 고객이 누구인지를

둘째, 최대한 간단명료하게 써라.

자기소개서는 읽기 쉬워야 함이 제1의 기본이다. 더욱이 자기소개서는 면접관에게 제공되는 질문지 역할을 한다. 이에 압축된 쉬운 문구와 문장으로 한눈에 들어와야 한다. 이것이 소제목을 활용해야 하는 이유이다. '나는, 저는, 그러나, 그러므로'를 과감히 삭제하고 문장의 길이를 3줄 1단락으로 구성하는 것이 가독성이 높은 깔끔한 문장을 가능하게 한다. 짧은 문장에서는 주어가 없어도 가독에는 전혀 어려움이 없다.

셋째, 구체적인 근거를 제시하여 써라.

자기소개서의 내용이 장황하고 막연하고 더구나 은유적인 멋진 글들로 포장된 경우는 그 내용에 대하여 아무도 믿지 않는다. 내용의 신뢰성을 어필하고자 한다면 숫자가 담긴 구체적 문장을 쓰는 것이 요령이다. '열심히 협력하여 조직에 기여하겠습니다'가 아닌 '00년 까지 매출성과를 2배인 00억 원을 달성하겠다'라고 쓸 때 박진감과 호감이 증가된다.

넷째, 논리적으로 연계되게 구성하라.

성장배경, 지원동기, 입사 후 포부 및 목표 등의 전체 내용이 논리적 흐름을 확보한다면 설득력이 높은 문장이 될 수 있다. 각각의 내용이 전후로 연계되어 있지 못하면 무슨 내용인지 막연해진다. 더구나 은유적 멋진 글들로 포장된 경우는 '뭐야?'하는 의아함만 남는다.

자기소개서 작성의 핵심 포인트는 많이 담지 않는 것이다. 그러기 위해서는 각 항목별로 연계가 가능하도록 스토리 소재를 제한해야 한다. 또 다른 스토리가 궁금하면 면접에 불러서 질문할 것이다. 그 때 추가로 답변하면 된다.

지원직무를 명확히 한 후, 제일 먼저 1~2년간에 걸친 입사 후 포

부를 구체적으로 작성하라. 그리고 이에 맞추어 지원동기를 전개하라. 성격 및 장단점, 성장배경, 대학생활, 경험 및 활동은 입사 후 포부, 지원동기와 연결되도록 내용을 선별하여 전개하라.

81 가독성과 구체성이 자기소개서의 매력 포인트이다.

자기소개서에서 요구하는 것은 특정한 주제에 대한 자신의 입장을 설명하라는 것이다. 이에 자기소개서 작성은 주어진 주제에서 벗어나지 않도록 작성하는 것이 필요하다. 너무 많은 내용을 담으려고 하지 말고. 문서작성의 STAR기법과 비즈니스 문서형식을 바탕으로 주요 내용을 간략하게 작성하는 것이 필요하다.

STAR기법

이런 상황(Situation)에서 이런 과제(Task)를 이런 방법(Action)으로
이런 결과(Result)를 이끌었다고 설명하는 기법

- **S** 질문과 관련된 자신의 과제, 행동, 결과를 예상할 수 있는 상황, 여건을 설명한다.
- **T** 자신이 처해있던 상황에서 해결하거나 수행했던 과제, 문제, 목표를 설명한다.
- **A** 과제해결, 목표달성을 위해 실행한 구체적인 행동, 방법을 설명한다.
- **R** 질문이 기대하는 실행의 결과를 숫자, 자료 또는 종합적인 소감으로 설명한다.

STAR기법이란 어떤 상황Situation에서, 어떤 과제Task를, 어떻게 실행Action하여, 어떤 결과Result로 이어졌다는 식으로 전개하는 대화식

커뮤니케이션 방법이다. 그러나 문서, 특히 비즈니스문서를 작성할 경우에는 역순R-A-T/S을 따를 것을 권장한다.

비즈니스 문서의 일반적 작성은 핵심사항에 대하여 소제목을 활용하여, 결론부터 먼저 기술하고, 숫자를 포함한 구체성을 제시하며, 주어를 생략한 단락형 문장으로 표현하는 것이 보편적이다.

기업문서 중에는 소제목 없는 문서(보고서, 품의서, 기획서)는 하나도 없다는 것을 명심하라.

비즈니스 문서 작성 5계명

1. 핵심내용을 상대방의 입장에서 작성(상대방의 느낌 추론)
2. 조직을 이해하고, 읽는 사람을 위해 작성(자신이 아닌 상대입장)
3. 목적과 대상에 맞게 경제적으로 작성
   ① 핵심을 한 눈에 파악할 수 있게(결론 우선)
   ② 구체적이고 정확하게(객관적 근거)
   ③ 문장의 길이와 맞춤법을 유의하여(최대한 끊어쓰기)
   ④ 정중하고 문서에 책임을 지고서(적절한 경어)
   ⑤ 신속하고 기한을 놓치지 않게
4. 1페이지에 핵심을 정리하여 작성
5. 흥미를 끄는 매력적인 제목으로 작성

자기소개서의 작성에서는 글자 수와 크기를 제한하는 경우가 있다. 이는 주제에 맞추어 중요사항만을 작성하기를 요구하는 것이고, 빠르게 읽고 싶다는 것이다. 이것이 비즈니스 문서의 요건이고 형식이다.

자기소개서는 이력서상의 특정사항을 구체적으로 설명하고, 면접 및 대화의 거리material를 제공하여 그 답변의 단초를 정하는 것이다. 이를 위해서는 가독성과 구체성이 강화되어야 한다.

82 3줄 넘어간 문장은 읽지 않아도 된다는 메시지이다.

서류전형을 통과한 이력서, 자기소개서 전체는 면접관에게 제공된다. 이때 성의가 없어 보이는 서류를 본 면접관은 인사실무자에게 서류평가의 기준을 확인한다. 이에 대한 적절한 설명을 하지 못하게 되면 인사담당자는 업무지적을 받게 된다.

빈칸이 많고, 작성된 칸과 라인이 무질서하고, 단어간격과 띄어쓰기가 혼란스러운 이력서는 인사담당자가 그냥 버린다. 읽을 필요도 없고 면접에 통과되는 일도 없다는 것을 알고 있기 때문이다.

또한 너무 많은 글자로 빽빽하게 채워졌고, 많이 담긴 내용을 읽자니 부담감부터 들고, 더구나 한두 곳의 오타까지 발견되는 자기소개서는 면접관이 가장 싫어한다. 그래서 건성으로 질문하고 탈락시킨다.

자기소개서를 1,000자 이내로 작성하라고 제시하는 경우가 있다. 글자 수 제한에 대하여 학생들은 고민한다. 어느 정도의 글자 수를 써야 하는지? 이런 고민은 실무자의 입장이 되면 쉽게 해결된다.

글자 수 제한의도와 요구 심지어 기대는 첫째, 주제에 대한 의견 및 소개 등의 내용을 많이 쓰지 말고 간략하게 쓰라. 그렇다고 너무 짧게는 쓰지 말라는 것이다. 둘째, 너무 많은 내용을 구구절절하게 쓰면 이해도 어렵고, 읽기도 힘들다. 그렇다고 너무 적은 내용은 이력서와 다름이 없으므로 적절한 설명을 포함하라는 것이다.

결국 글자 수 제한은 '읽기 쉽고, 이해하기 쉽게' 쓰라는 것이다. '읽기 쉽고 한눈에 내용을 파악할 수 있게' 하는 방법은 바로 소제목의 활용과 그 아래 내용을 3줄 이내로 작성하는 것이다. 물론 3줄 내에 소제목을 반복하는 것은 바람직하지 못하다.

당신이 글을 읽는다고 생각해 보라. 3줄 이내로 쓰고, 한 줄 띄우고 또 3줄 이내로 쓴 문장의 경우에는 자연스럽게 문장과 문장이 쉽게 읽혀지고 끝까지 읽는다. 하지만 빽빽하게 쓰였고, 심지어 단락구분도 되어있지 않은 문장은 처음부터 부담이 엄습된다. 처음의 3줄 마저도 읽는 것을 포기한다. 이런 문장의 형태는 제품설명서와 같은 것으로 구매자에게 '읽지 마세요.'라는 메시지를 주는 것과 다름이 없다.

3줄이 넘어가는 문장에는 대체로 '그리고, 이에, 한편' 등과 같은 부사를 삽입하여 특정내용을 강조하거나 부연하는 경향이 있다. 강조하는 방법은 문장의 부사연결이 아니라 단정하게 압축된 문구로 정제된 문장의 구조이다.

비즈니스 문장의 핵심은 첫째가 '읽기 쉽게'이다. '읽어 주세요'하는 간절한 마음이 있다면 한 문장이 3줄을 넘지 않게 하라. 읽지 않은 자기소개서는 이면지로도 쓰지 않는 쓰레기일 뿐이다. 당신의 자기소개서가 쓰레기통으로 갈 것인지, 면접관의 책상위에 올라갈 것인지는 문장의 길이에 달려있다는 것을 명심 또 명심하라.

83 멋진 은유적 소제목으로 소설을 쓰지 마라.

'철만이 가진 따뜻함으로'라는 소제목의 H제철 지원자의 지원동기를 한참 읽다보니 '차가운 철鐵도 따스함을 만드는 도구로 사용될 수 있다'는 소신의 표현임을 알았다. 또한 자신의 유연성과 적응력을 강조하고자 '나는 물이야'라고 표현했던 소제목을 보면서 한참을 같이 웃었다.

많은 학생들이 고민하면서 찾아낸 소제목들은 대체로 멋진 은유적 표현copy이었다. 은유적인 표현은 궁금증을 유발하여 관심을 끌 수도 있다. 그러나 지원자의 의도와는 달리 '뭐야?, 호호호'라며 썩

소를 유발할 뿐이다. 서류심사자는 현업의 실무자이다. 그들은 바쁘다. 당신의 알쏭달쏭한 문장에 호기심을 가지지 않는다.

소제목은 '꼭 읽어주세요, 이것이 요약된 핵심내용입니다'라는 차원에서 쓴 어필 포인트인 것이어야 한다. 그럼에도 불구하고 상당수의 지원자들은 호기심을 소제목 선정의 포인트로 두고 있다.

현장의 실무자들은 이렇게 조언하고 있다. 읽는 시간은 2분 내외이다. 차별화된 제목으로 눈길을 끌어라. 그러나 허무맹랑한 말장난 같은 제목은 오히려 마이너스가 된다. 핵심이 담긴 간결한 문장으로 하라. 명언을 소개하며 겉으로만 그럴듯하게 쓰는 것이 아니다. 경험, 느낌을 현실적으로 작성하는 것이 훨씬 더 와 닿는다.

관심과 시선을 끄는 소제목 발췌를 하고자 한다면, 제시된 주제(입사동기, 성격, 장단점, 입사 후 포부 등)에 적합한 스토리를 먼저 구상해보라. 그리고 '꼭 보세요. 질문해 주세요'를 전제로 지원 직무분야와 연관된 사실적 핵심 포인트를 선정하라(예: 품질관리 자격과 현장경험을 가진 실무자, 항공선진국의 위기관리 매뉴얼 체득, 철저한 준비로 무한한 가능성에 도전).

그리고 핵심 포인트에 대한 스토리를 소개하라. 마지막으로 소제목을 다시 정리해보라. 반드시 압축하려거나 멋진 문구를 찾으려 애쓰지 마라. 소제목은 하단 내용의 요약이어야 함을 명심하라.

멋진 문구와 명언을 생각하는 순간, 자기소개서는 소설이 된다.

요즈음의 자기소개서 제시문이 전통적 패턴인 지원동기, 성장과정, 장단점 및 장래포부에 탈피하여 기업의 인재상 및 지원배경을 포함하는 에세이 형식의 작성을 요구하는 경향이 있다. 이 경우 반드시 소제목을 활용하여야만이 소위 1,000자 소설이 되지 않는다. 제시 항목의 문장 전체에 소제목1－스토리1, 소제목2－스토리2, 소제목3－스토리3 등으로 쓰면 바로 보고서가 되는 것이다. 자기소개서는 역량보고서임을 명심하라.

실무자는 단순함에서 궁금함을 확인하고자 하며, 소제목 아래를 읽기 시작한다. 소제목도 읽는 사람의 입장에서 선택하라. 그래야 최소한 읽어는 준다.

멋진 문구와 문장을 찾으려 하기보다는, 기업내부의 직무관련 전문용어와 단어를 찾아라. 그리고 이력서와 자기소개서에 적절히 녹여 담아라. '녹여 담는다는 것'은 그대로 억지로 삽입하라는 것이 아니라 자신의 스토리와 의지를 설명하는 글귀에 포함시켜 읽기 쉽게 편집, 구성하라는 것이다.

84 이렇게 하면 최소한은 通한다.

자기소개서는 나를 알리려 작성하는 것만이 아니라, 면접을 위해서 작성하는 것임을 명심하라.

당신이 작성한 자기소개서에 면접관이 궁금해 할 것 같은 것, 꼭 질문해 주었으면 하는 것WPWP: I Want, Prepare, Will, Performance이 있는지 확인해 보라. 이러한 정리과정에서 직무수행역량이 담겨지고 표현된다.

혹시 불편한 질문이 예상되는 내용은 순화하여 작성하는 재치도 필요하다. 그렇다고 거짓을 작성하라는 것이 아니다. 약점과 단점을 순진하게 표현하는 것이 솔직한 것이 아니다. 지혜로움은 부족함을 매력으로 바꾸어 준다.

'이것도 쓸까?'하는 추가적 생각이 드는 내용이 있어도 그만 두라. 사족의 문장이 될 가능성이 높다. 더 설명하고 싶은 것은 면접에서 부연 설명하는 기회가 올 것이다.

'3번 이상 읽어보라' 그래야 중복되는 단어, 용어, 표현을 발견할 수 있다. 1문단은 3줄 이내, 중복단어 제거, 주어 생략의 스킬은 읽

자기소개서 작성의 기본과 핵심

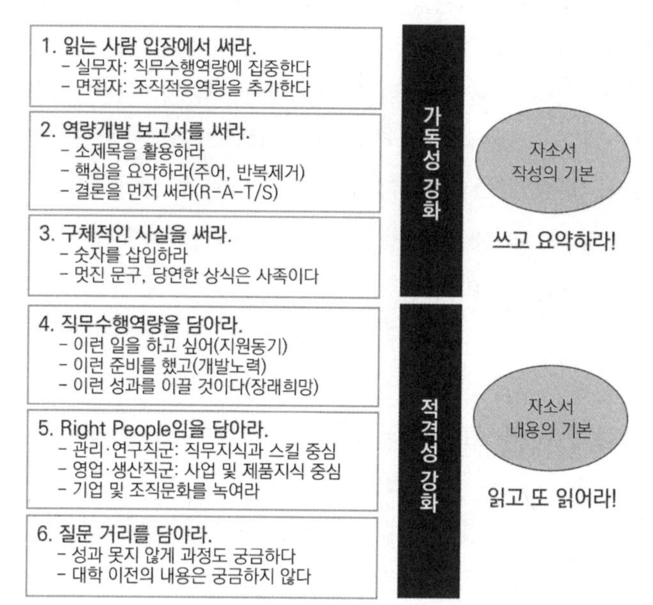

기 쉽고 전달력이 강한 문장을 만들어 줄 것이다.

여유가 있다면, 조용히 생각해 보라. 당신의 경쟁자는 무엇을 쓸 것 같은지, 결과를 생각하지 말고, 과정을 상상해보라. 즉 자신의 준비과정이 다른 사람과 비교할 때 일반적이고 보편적이 아닌 특별한 방법, 절차, 시도가 무엇이었던가를 찾아보라. 이것이 바로 실무자가 확인하고 싶은 관심사항이다.

이력서와 자기소개서는 면접관에게 질문Tip을 제공해주는 것으로 '이것을 평가해보세요'라는 것이어야 함을 또다시 강조한다.

입사지원 서류를 통하여 평가하는 요소와 내용은 매우 포괄적이지만, 인성적 측면에서 ① 어떠한 성격을 소유하였는가? ② 현상 및 사물을 긍정적으로 바라보는가? ③ 조직에 융화될 수 있는가? ④ 업무에 쉽게 적응할 수 있는가?이다.

역량적 측면에서 ① 얼마만큼의 실력을 배양했는가? ② 전공 외에 관심을 두고 있는 것은 무엇인가? ③ 소신과 주관 그리고 비전은 뚜렷한가? ④ 잠재적 능력과 역량이 확장 가능한가?이다.

이들 요소들의 진실성과 사실성이 면접에서 종합적으로 평가된다. 실제 497명의 인사담당자들도(2015년 사람인 조사) 면접에서는 자기소개서 내용의 '진실성, 실현 가능성'을 가장 우선적으로 평가한다고 하였다. 자신의 자기소개서에 '직무수행 능력이 있고, 차별화 요소가 있는 진실성이 느껴지는 사람'이라는 내용이 담겨져 있는지 자문해 보라.

자기소개서 내용의 평가 우선 순위

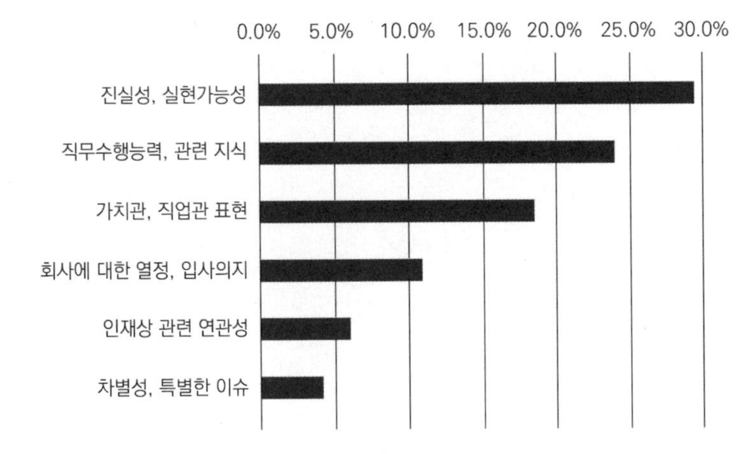

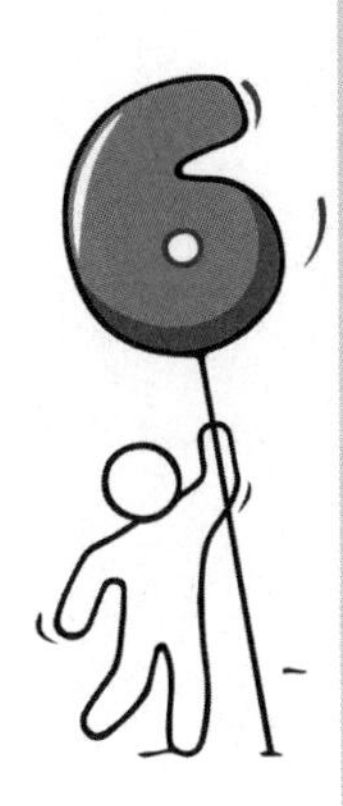

면접전략

01 면접대응 기본인식

면접전략

면접interview은 서로 간에 정보와 자극을 주고받으면서, 공감하며, 같이 일하자고 결정하는 과정이다.

이것은 우연한 것이 아니라 의도적인 만남이다. 이 만남은 서로 간에 매력적인 것이 있기 때문에 가능한 것이었다.

더구나 만나자마자 매력을 감지했다면, 사전에 매력거리를 준비했기 때문이며, 서로 간에 주고받는 정보와 자극에서 공감을 같이 했기 때문이다.

그렇기 때문에 면접은 자연스러워야 한다. 면접에서 떨리고 불안하고, 어색하다는 것은 준비가 부족하다는 것이다.

주고받을 매력거리를 준비하는 과정이 취업준비대학생활/공부이고, 공감된 매력적 정보와 자극을 자연스럽게 전달하는 과정이 바로 면접인 것이다.

단, 매력의 결정권한을 기업실무자와 면접관이 가지고 있기 때문에 입사지원자는 그들이 원하는 매력을 준비하게 된다. 그 매력 중에서 가장 효과적인 것이 무엇일까? 즉 면접에서 확인되는 것이 무엇일까?

85 면접관은 조직인으로서의 매력을 보고자 한다.

면접은 '지원자의 입에서 무슨 말이 어떻게 나오는가?'를 확인하는 과정이다. 이 '무슨 말'은 바로 직무용어, 기업용어, 자신감목표, 열정, 실천으로서 전문가, 실무자, 조직인으로서의 매력으로, 상대적으로 차별화될 때 더욱 빛난다. 그런데 지원자들은 '앞으로 더 배우겠다'는 학생으로서의 자세를 강조하고 있다. 학생에게 매력을 느끼는 사람은 선생이나 부모일 뿐이다. 사업하는 경영자, 일을 하는 실무자는 선생도 부모도 아니다.

신입사원 입문교육을 하면서 교육생 40여 명에게 '어떤 역량이 뛰어나서 합격되었다고 보는가?'라고 설문조사를 하였다. 그 결과는 직무관련 지식과 경험의 보유와 자신감 및 적극적 태도가 상대적으로 우수했기 때문이라고 응답하였다.

이것은 신입사원 선발 시 직무수행능력을 우선적 평가한다는 기업실무자의 설명이 확인된 것으로, 입사한 사원들도 이미 동일하게 인지하고 있었고, 최종 합격된 신입사원들도 실제 취업준비과정에서 지원직무와 관련된 학습과 경험을 했었다는 것이다.

성공입사의 배경 및 이유

1. 배치부서, 업무와 관련된 전문지식과 경험 보유해서	22%
2. 자신감과 열정이 상대적으로 강해서	16%
3. 긍정적이고 적극적인 태도가	12%
4. 어학 성적 및 실력이 우수해서	11%
5. 회사에 대한 정보를 바탕으로 하여	10%
6. 전공 학점이 높아서	9%
7. 인턴 및 아르바이트 경험 때문에	9%
8. 학력과 출신학교 때문에	6%

또한 신입사원의 경우라도 열정과 같은 인성적 요소보다는 직무 역량을 우선적으로 평가하며, 경력사원을 채용하는 기준과 유사한 기준으로 선발한다는 것이다.

한편 자신감과 열정은 직무수행역량과 연계되어 표출될 때 경쟁력을 가진다는 것이다.

'뽑아 주시면 열심히 하겠습니다'라는 의욕만으로는 합격의 가능성이 담보되지 못한다는 사실을 증명하고 있는 것이다.

86 면접관은 재치와 순발력을 평가하지 않는다.

면접에 소요되는 시간은 대체로 1회당 30분 전후이다. 이 시간은 지원자나, 면접자나 상대를 파악하기 위한 긴장과 집중의 연속이다. 물론 첫인상과 선입견으로 짧은 시간 내에 합격 여부를 결정할 수도 있지만, 대개는 정보의 교환과정을 통하여 적임여부를 확인한다.

이 과정에서 면접관은 다양한 질문을 한다. 지식과 경험의 확인뿐만 아니라, 답변의 일관성, 태도의 진실성, 성격의 긍정성 등을 평가한다. 간혹 황당한 질문, 애매한 질문을 하기도 한다. 그러나 이것은 단순히 재치와 순발력을 평가하고자 함이 아니라, 논리적 문제해결 및 대처능력을 평가하고자 함이다.

이에 짧은 시간 내에 면접자의 질문의도를 파악하고 대처하는 능력의 연습과 개발이 필요하다. 순간의 재치와 요령으로 극복할 수 있는 것이 아니다. 어떻게 연습할 것인가? 물론 학업과정에서 질문, 답변 경험으로 내재화되었어야 하겠지만 충분하지 못했다면 어떻게 해야 할까?

실효적인 방법으로 권장하는 것이 시나리오를 바탕으로 한 연습의 기회를 마련하는 것으로서 3회 이상의 모의면접 참석이다.

처음 참석은 면접상황을 익히고 참석자들의 행동특성을 확인해보는 기회로 삼아라.

처음 면접상황을 접하는 사람들은 '떨린다. 생각처럼 안 된다'라는 소감을 말할 것이다. 참석자들의 답변을 들으면서 '나라면 어떻게 했을까?'라는 생각을 통하여 준비사항과 마음가짐을 정리해 볼 수도 있을 것이다.

두 번째 참석은 직접 피면접자가 되어 질문을 받고 답변을 하면서 긴장감을 체험해보는 기회로 삼아라.

면접관의 피드백에서 자신의 언어적 습관과 태도성향을 확인할 수 있고, 자신의 답변이 다른 사람들과 어떻게 다른지도 느끼게 될 것이고, 심지어 다른 사람의 멋진 임기응변에 부러움도 느낄 것이다.

특히 자신이 준비했었던 예상 질문내용과 면접관이 질문했던 내용과의 차이를 발견할 수도 있다. 이것은 면접관의 시각을 알게 되어, 자신이 준비해야 할 사항을 알게 해 줄 것이다.

세 번째 참석은 자신의 답변에 대한 면접관들의 반응을 확인해보는 기회, 소위 면접관을 면접하는 기회로 삼아라.

먼저 면접의 질문상황을 예상하여 어떻게 대답할 것인지를 의도적으로 준비하라. 이렇게 답변하니 '좋아하네, 지적하네, 당황하네' 등등을 확인하고, '이 상황에서는 이런 질문이 이어지는구나'를 발견하길 바란다.

가능하다면 적극적으로 질문도 해보라. 질문은 주도적이고 능동적인 이미지를 제공해 주고 답을 제공해 준다.

이런 경험은 면접 준비과제와 대응요령을 알려주는 체득의 기회가 되어 당신도 면접의 달인이 되게 해줄 것이다.

면접장에 들어가는 것부터, 마지막 종료의 멘트까지를 직접 설계해보라. 면접은 대기, 입장과 착석, 자기소개, 공통적 질문과 답변, 개별적 질문과 답변, 추가적 질문과 마지막 발언, 종료와 퇴장의 순으로 진행된다. 각각의 단계에서 어떤 점을 강조하고, 어떤 점을 주의할 것인가를 구상한다는 것은 면접의 주도력과 자신감을 강화시켜주는 시나리오 전략인 것이다.

면접은 면접관만이 진행하는 것이 아니다. 자신도 면접의 주도적 진행자이다.

87 면접은 자신의 시나리오를 연출하는 무대이다.

시나리오는 영화의 완성을 위하여 각 장면에 등장하는 배우들의 말, 행동, 복장, 소품 등을 종합적으로 설계한 대본이다. 작가는 리허설을 통하여 각 장면을 보완, 조절, 강화하여 작품의 완성을 이끈다.

면접에서의 시나리오 작가는 누구일까? '인사실무자'라는 답변은 경쟁이 심하지 않았던, 대학출신이 적었던 그래서 지원자를 모셔야 할 시절의 이야기이다. 지금은 입사지원자가 인사실무자의 입장이 되어 면접대응 시나리오를 준비해야 하는 경쟁상황이 되어 있다.

면접대기에서부터 마지막 종료와 퇴장, 그리고 돌발적 상황까지 포함하는 전체 과정에 대하여 순차적 장면을 예상하고 준비해야 한다. 어떤 상황에서, 어떤 점을 강조하고, 어떤 점을 주의할 것인가? 어떻게 마무리하며 각인시킬 것인가?에 대한 시나리오를 작성하고 주도력과 자신감을 강화하는 리허설을 해야 한다.

뭘 그렇게까지 해야 할까? 심지어 예상하지 못한 면접관의 질문에는 답변하는 것만도 급급할 건데? 시나리오대로 될까? 더구나 다수의 인원이 참석할 때면 예상하지 못한 상황이 발생될 수도 있을 건데? 그 많은 것을 어떻게 구상할 수 있고, 과연 효율적이겠는가?라는 의구심을 가질지도 모르겠지만, 그렇지 않다.

면접 달인라고 소개되는 지원자들의 공통점은 하나 같이 자신감과 소신 있는 답변 그리고 할 말은 다했다는 소감이었다. 이는 나름대로의 시나리오가 있었기 때문에 가능했던 것이다.

면접은 주고받는 과정이다. 그러므로 답변의 내용에 따라 질문의 내용이 달라진다. 처음의 자기소개 멘트의 내용이 그 다음의 질문의 내용과 수준 그리고 방향을 유도한다.

'인사직무에 지원한 한국대학 경영학과 홍길동 입니다'라는 자기소개는 '인사직무는 어떤 일을 하는지 알고 있습니까?' 또는 '본인이 생각하는 인사직무를 설명하세요'라는 질문을 이끌 것이다.

반면에 '경영학을 전공하면서 조직의 핵심이 사람이라는 것을 알게 되었습니다. 이에 조직구성원의 선발배치, 교육 및 조직개발 업무를 수행하는 인사부문에서 HR전문가가 되고자 지원한 한국대학 홍길동입니다'라고 소개했을 때는 'HR전문가가 되기 위해 그동안 준비한 역량은 어떤 것이었습니까? 라는 질문을 이끌 것이다.

'자기소개를 해 보세요'라는 면접관의 요구는 면접의 시작을 알리는 신호이고, 이어서 질문을 하겠다는 메시지인 것이다.

그렇다면 당신은 어떻게 자기소개를 할 것인가? 당신의 소개멘트가 바로 질문의 단초임을 눈치 채고, 답변하고 싶은 질문이 나오게 준비하는 것이 바로 주도적인 면접인 것이다.

88 면접관은 지원서류를 보고 질문한다.

면접에서의 질문은 이력서와 자기소개서의 내용을 확인하고자 하는 것이다. 서류심사를 해보니 작성한 내용에 관심이 있고, 그 내용의 사실여부와 그 정도를 확인하고 싶어서 면접에 초청한 것이다.

서류전형 탈락이라는 것은 더 이상 확인할 것이 없다고 판단했다는 것이다. 자기만의 생각으로 '나 정도면 되겠지, 경쟁률이 낮을 것

같아서, 일단 지원이라도 해보자'는 생각으로 입사지원서를 제출하지 마라. 면접관이 확인해보고 싶은 거리material가 없으면 지원인원이 적더라도 면접에 초청되지 않는다. 혹여 면접의 들러리가 되어본들 무슨 의미가 있겠는가?

면접 질문의 첫 번째는 대체로 간단한 자기소개 요청이다. 이는 면접의 시작을 알리고, 지원자에게 먼저 말하게 한 후 이어지는 질문거리를 찾아내고 싶고, 한편으로는 질문의 주도권을 면접관이 가지겠다는 의도까지도 있는 것이다. 이에 지원자는 긴장을 하게 된다.

자기소개의 짧은 시간동안 면접관의 행동이 어떨지 생각해 보았는가? 면접경험이 많은 지원자는 쉽게 발견할 수 있는 특징 중의 하나가 자기소개를 하는 타이밍에 면접관은 지원서류를 스르륵 읽으면서 무엇엔가 체크하고 있는 것이다.

대부분의 면접관은 1~2분, 집단면접의 경우는 5분 정도의 시간동안 지원자의 서류를 읽으면서 다음의 질문거리를 찾는다.

바로 이 점 때문에 이력서, 자기소개서 작성 시에는 질문 받고 싶은 내용을 읽기 쉽게 쓰라는 것이다.

면접관의 질문 중의 70%는 지원서류 내용에 기초하며, 나머지 30%는 질문의 답변에 따라 이어진다. 이것은 모든 질문은 지원서류에 기초한다는 것이며, 면접관의 예상질문을 충분히 추측해 볼 수 있다는 것으로서, 자신이 작성한 지원서류 내용에 대하여 면접관의 입장이 된다면 '당신이 면접관'이라는 것이다.

이렇게 되면 떨릴 이유가 없으며, 하고 싶은 말을 다 할 수 있을 것이고, 나아가 주도적 면접까지도 가능할 것이다.

면접은 소위 직장이라는 전쟁터에 들어가는 입구에 서 있는 것과도 같다. 심지어 한 번도 경험해 보지 않은 곳이다. 당연히 긴장하고 준비해야 하지 않겠는가! 그런데도 '해보면 되지!, 부딪쳐 보자!'라는 용기만으로 무방비 상태로 면접에 임하는 학생도 있는데 그것은 떨어져도 된다는 객기(客氣, 공연히 부리는 호기)와 다름이 없는 것이다. 그런 객기는 모의면접에서 부려보라.

이력서와 자기소개서에 기초하여 최소한 10개의 예상질문을 선정하라. 당연히 면접관의 입장이 되어서 말이다.

그리고 예상답변을 쓰라. 단지 머릿속으로 생각하는 것이 아니라, 예상답변을 글로 쓰라. 그리고 답변을 요약하고 요약하여 핵심개념을 외워라. 쓰고, 요약하고, 외우는 과정은 면접관의 다각적 질문에 유연하게 대처하여 답변할 수 있게 해준다.

지원서류를 어떻게 썼느냐에 따라, 면접관의 질문은 결정되며, 예상 질문을 어떻게 선정했느냐에 따라, 면접관의 추가질문은 결정된다.

지원 서류에서 예상하지 못한 질문에 대하여는 크게 신경 쓰지 마라. 설령 예상하지 못했던 질문으로 인하여 당황하여 적절한 답변을 못했다 하더라도 기氣 죽지 마라. 실제 당황하고 떨리면서 한 답변이 합격/불합격에 직접적으로 영향을 미치는 경우는 그리 많지 않다.

면접관은 신입지원자의 당황스러워하는 모습과 답변에 마이너스 평가를 하는 것이 아니라, 준비되지 않은 불성실한 태도와 논리적이지 못하고 현실적이지 못한 변명을 지적한다.

02 단계별 면접전략

면접전략

면접에서의 질문내용은 다양하지만 면접의 목적에 따라서 패턴화되어 있는 경향이 있다. 그러므로 면접의 단계별 전략에 집중한다면 각 단계를 통과하여 최종면접까지도 통과하게 될 것이다.

중소기업 수시채용 시는 1회의 면접으로 합격여부를 결정하는 경향이 있지만, 대기업 정기채용 시에는 2~3회의 과정을 거치면서 합격자를 압축해 가는 경우가 많다.

금융기관 면접에 참석하는 여학생을 지도한 적이 있다. 실무자면담, 전문가면접, 임원면접의 각 단계별 면접분위기를 예측하면서 예상질문과 답변의 핵심내용 그리고 요령까지 심지어는 각 단계별로 다른 감사멘트까지 구상하면서 연습과 연습을 했다. 그 결과 합격의 관문을 모두 통과했다.

제조업체 프리젠테이션 면접에 참석하는 남학생의 경우에도 발표동작과 시선처리는 당연하고, 장표sheet마다 touch해야 할 포인트를 정하고, 요약해서 설명하는 방법을 연습했다. 그리고 질문받는 요령, 예상질문 답변과 예상치 못한 질문 대처방법, 마지막 멘트까지 연습했고 참고자료, 신문스크랩까지도 지참했다. 발표 후 아쉬움보다 뿌듯함이 앞섰다고 하며 그 결과는 합격이었다.

89 면접유형에 따라 차별화 전략이 필요하다.

면접과정에서의 보편적 질문내용은 간략한 자기소개, 지원동기, 입사 후 포부, 경험 및 경력, 경쟁역량 및 준비과정 등이나, 면접의 유형 및 단계에 따라 면접관의 집중평가 포인트는 상이한 것이 현실적 상황이다.

면접전형의 유형 및 종류

① 인사실무자 진행 면담의 경우는 면접대상자 선발에 치중하여 T/O Table of Organization의 3배수 이상의 규모를 선발한다.

이 경우는 T/O 적합역량과 기업차원의 조직친화력에 비중을 두는 경향이 있기 때문에 구직자세 및 태도 평가와 전공학업 및 자격경력 중심으로 질문한다. 이에 지원 분야의 직무적합성, 직무수행에서의 강점을 적극적이고 성실하게 답변하는 노력이 필요하다.

덤벙대거나, 우쭐해서는 안 되겠지만, 전공에 기초한 포부를 다소

무리하더라도 열정을 다하여 적극적으로 설명해도 무방할 것이다. 성격적 측면에 대한 질문에서는 기업의 인재상에 적합함을 어필하는 것이 필요하다.

인사실무자는 매력 있는 후보를 최종면접에 포함시킨 후 최종결정자인 경영진의 승인을 요청하기 때문에, 전문성 못지않게 다양성도 후보선발의 기준으로 하는 경향이 많다. 간혹은 안타깝지만 면접인원 구성차원에서 다소 부족한 지원자를 들러리로 세우는 경우도 있다.

② 전문가 면접에는 실무경력이 있는 팀장급 면접관이 참여하여, 지원자의 구체적 역량 및 경쟁력을 확인하고자 한다.

면접 과정에서 가장 주력해야 할 단계이다. 이에 준비된 인재, 준비된 역량을 보여야 한다. 질문내용을 경청한 후 취업준비과정과 성과를, 결론부터 명료하게 대답하는 것이 효과적이다.

전문가 면접에서의 면접관은 직무분야의 실무적 경력을 보유한 전문가이므로 학생의 경우에는 들어보지 못한 어려운 질문을 하기도 하고, 잘못된 답변에 대하여는 지적까지도 한다.

그러므로 답변의 신중함과 함께 대충 얼버무려서는 곤란하다. 아는 것에 대한 질문은 최대한 성의껏 답변해야 하지만, 모르는 것에 대하여는 아예 '잘 모른다. 지적에 감사하다. 입사 후 실무역량 습득에 노력하겠다'는 솔직한 답변이 겸허함을 보일 수 있다.

소속부서 팀장의 평가결과는 최종합격의 결정적 영향을 미친다. 그러므로 지원기업 및 직무이해를 바탕으로 한 직무지식, 스킬 및 경험과 경력을 사전에 정리하고 암기하는 준비를 하여야 한다.

③ 경영진임원은 이전의 면접전형을 거쳐 온 지원자 중에서 상대적 평가를 통해 최종 합격자를 선정한다.

합격규모는 T/O 이내이지만 참석인원의 역량수준에 따라 채용인원을 상향 또는 하향하기도 한다. 전 단계에서 검증된 인원이기 때문에 절대적 수준 평가보다는 상대적 비교평가를 하는 경향이 크다.

임원면접에서는 주로 보편적인 공통질문을 통하여, 상대적 우위 역량을 비교하면서, 특별한 강점을 발견하려고 하며, 인성에 기반한 조직적응역량을 주로 검증한다.

그러므로 차별화 포인트는 면접분위기에 적합한 태도를 보이면서 회사용어(사업, 제품, 공유언어 등)를 활용하여 비즈니스맨임을 어필하는 것이 매우 효과적이다. 자신감과 소신을 논리적으로 표현하고 smart한 이미지로 호감을 이끌어야 한다.

대다수 기업의 임원들은 매일 아침 경제신문을 읽으면서 사업의 동향을 파악한다. 당신이 이미 정기적으로 경제신문을 탐독해 왔다면 당신의 시각insight은 면접관인 임원의 수준과 유사할 것이다.

최종임원면접에 참석하는 지원자라면 반드시 1주일 이전의 신문에서 지원기업 및 동종사업과 관련된 정보를 탐색하고 이해하여야 할 것이다.

90 나만의 답변으로 빈출질문을 준비하라.

보편적인 면접에는 빈번하게 던지는 소위 '빈출 질문'이 있다. 상대적 비교를 위하여, 인성 및 가치관 평가를 위하여, 청년들의 생각이나 성향을 확인하고 싶어서, 심지어는 면접시간의 확보를 위하여 과거 면접에서 자주 등장했던 질문들을 반복하는 경우가 종종 있다. 당연히 답변을 준비해야 할 것이다.

이런 질문에 너무나 뻔한 답변을 하면, 면접관은 '솔직히 말해보세요'라며 압박을 하곤 한다.

'지원동기가 무엇입니까?'라는 질문에는 어린 시절의 추억에서, 일상 소비생활에서의 소감으로, 기업의 이미지와 평판들로서 좋은 기업이라는 생각이 들었다고 하기보다는 '자신의 직업적 비전과 성취목표 그리고 전문가로서의 도전의지'를 강조하라. 물론 지원분야와 연계된 자신의 성향과 역량에 기초한 답변일 때 설득력은 더 높아질 것이다.

'우리 회사에 입사하기 위하여 특별히 준비한 것은 무엇인가요?'라는 질문에는 영어, 자격, 인턴 및 실습, 공모전 참석 등의 스펙 쌓기 노력을 말하기보다는 '직무분석, 비즈니스시스템 분석, 경쟁역량 탐색, 전시장 및 박람회 참관 등의 체계적 활동'을 소개하라. 입사를 위한 열정이 전달될 것이다.

'왜 우리가 당신을 뽑아야 하는지 말해보세요'라는 질문에는 그동안 열심히 준비했으며 꼭 입사하고 싶다고 구애하기보다는 '지원기업의 사업영역, 중점사업 그리고 핵심역량에 기초하여 자신의 역량을 발휘할 수 있는 최적의 기업이며, 지원직무에서 성취하고 싶은 목표'를 제시하라. 월급을 받는 사람이 아닌 사업에 기여하는 사람으로 평가받을 것이다.

'자신의 인생 좌우명이나 신념이 무엇인가요?'라는 질문에는 기업의 인재상, 추구가치를 나타내는 문구statement를 활용하여 마치 적합한 인재라는 멋진 말lip service로 포장하려고 하기보다는 '자신에게 긍정적 의미를 알려준 경험episode'을 소개하라. 직업적 보람, 소신을 설명한다면 면접관도 공감할 것이다.

물론 이렇게 제안한 멘트가 개인 각자의 상황에서 반드시 우호적인 평가로 이어진다고 확신할 수는 없지만, 뻔한 답변으로 넘기려 하지 말고 현실감 있는 특별한 답변을 준비하라는 것이다.

자신의 학습과정과 내용에 따라, 특히 지원직무에 따라 다르게 그리고 솔직하게 표현되어야 설득력과 공감을 이끌어 낼 수 있을 것이다. 이에 성공취업의 A~Z를 리뷰하고 소신과 자신감이 담긴 자기 목소리가 되도록 준비하여야 할 것이다.

한편 빈출질문이면서 특정의 기업에서 자주 등장했던 질문모음을 속칭 '면접족보'라고 한다. 기업의 면접관이 과거 1~2년간 면접에서 한 질문을 선배의 기억, 면접후기 등을 통해서 정리된 것으로, 이들 질문은 과거 채용과정에서 답변한 지원자의 특성 경험치, 기업의 현안이슈나 관심사항, 조직문화 및 인재상 등에 연관하여 제시되는 경향이 있다.

내가 근무했던 회사에서는 자기소개, 마지막 말, 배치부서지역, 전공일치성, 회사 및 제품의 이해도, 영어능력, 주량, 취미, 노동조합 인식 등을 자주 질문한 바 있다.

- 자기소개를 해보세요? — 면접 준비와 질문거리 찾고자
- 지방(비연고지) 근무가능한가요? — 5곳의 지방 사업장이 있어서
- 희망하지 않는 부서에 배치한다면? — 입사포기 가능성 확인
- 당사(제품)에 대하여 알고 있는 것은? — 입사열정 확인 차원
- 전공이 직무와 맞지 않는데 지원한 배경은? — 전공 선호도 높음
- 학점이 안 좋은데 그 배경은? — 성실성이 인재상임.
- 자신의 성격상 단점은 무엇인가? — 원만한 대인관계 선호
- 방금 대답한 내용을 영어로 말하라. — 영어능력 강조
- 노동조합에 대하여 어떻게 생각하는가? — 노사관계 긴장
- 특기, 취미를 소개해 주세요? — 사내 인포멀 권장 분위기
- 주량은 어떠한가요? — 술을 권하는 분위기가 아님
- 마지막으로 하고 싶은 말이나 질문은? — 입사의지 확인차

과거의 빈출질문이 반드시 반복된다고는 단정할 수는 없지만, 빈출 질문일수록 면접관에게 익숙한 뻔한 답변이 아닌, 스토리와 의지

가 담긴 소신을 표현해야 다른좋은 인상을 전할 수 있다.

이에 평소 사보 및 신문기사 등을 통해 지원기업의 기업문화, 사업장동향, 인사시스템과 교육과정 등에 관심을 가지는 것이 필요할 것이다.

91 압박면접은 본인이 느낀 것이다.

면접의 과정에서 답변의 꼬리에 이어지는 세부적이고 어려운 질문, 정답이 없거나 다양해 보이는 질문, 더구나 답변하기에 곤란하고 불편한 질문 등을 하는 경우가 있다. 소위 압박면접이라는 것이다.

압박질문은 전문적인 지식과 경험, 지원서류와 답변에서 발견된 특이한 사항에 대한 의문에서 발생된, 누구나 할 수 있는 질문인 것이다. 이런 압박질문은 지원자가 느끼는 것으로, 피면접자가 이미 예상하고 준비했다면 그것은 예상질문인 것이다.

잘못, 실수를 지적하면 당황하거나 항의하지 말고 일단 생각해보라. 여유를 가진다면 설령 약점이라고 하여도 강점으로 바뀔 수도 있다고 설명할 수도 있고, 반면에 장점도 있다고 대범하게 응대할 수도 있는 것이다.

연애, 정치이슈와 같은 민감하고 난감한 질문에는 정답이 없으니 간단하게 언급하거나, 미처 생각해보지 못하였다고 하면서 피하라. 당황하거나 비굴하지 말고, 친근하게, 자신 있게 넘어가는 재치로, 끝까지 최선을 다하는 모습에 면접관은 만족한다.

실제 면접을 하다보면 면접관은 자신도 모르게 압박하는 질문을 하는 경향이 있다. 이럴 경우 피면접자는 당황하기도 하지만, 한편으로는 그 상황을 피하고자 자신도 모르게 뻔한, 당연한 답변을 하거나 심지어는 거짓말을 하는 경우도 있다. 또한 솔직한 답변을 들으려 했던 압박면접이 오히려 순발력이 우수한 외향적인 지원자를 우수하다고 평가하거나, 거짓말에 속아 넘어가는 평가오류를 범할 수도 있다.

압박질문은 한편 회사의 고객이거나, 그 가능성이 높은 피면접자에게 기업의 이미지를 손상시킬 수가 있다.

기업현장에서 관리자를 대상으로 면접스킬 교육을 하면서 강조했던 사항은 압박질문면접은 '연기력을 평가'하는 것이 아니다. 더구나 상당한 대처요령을 연습한 학생들에게 속는 오류에 빠져서는 안 된다는 것이었다. 압박질문이 필요한 경우에는 반드시 직무와 연결시키고, 질문에 대한 반응과 대처자세, 태도를 함께 평가할 것을 주문하였다.

이는 피면접자는 압박하는 질문에 냉정해져야 한다는 것이며, 사전에 예상질문을 대비해야 한다는 것이다.

면접에 합격한 지원자들의 공통된 성공비결 7계명은 이랬다.

1) 제출한 입사지원서를 여러 번 읽고 예상질문에 대비했다.
2) 실전과 같은 연습을 했다.
3) 면접당일은 반드시 신문을 읽고 임했다.
4) 단답형보다는 구체적으로 말했다.
5) 면접관의 말을 성실히 들었다.
6) 원하는 근무조건을 미리 선정했다.
7) 끝까지 긴장을 풀지 않았다.

그리고 3가지 비결을 추가한다.

8) 예상답변의 핵심키워드를 외워라.
9) 마지막 멘트를 준비하라.
10) 그리고 열정을 표현하라는 것이다.

92 영어면접, '영어를 면접'하는 것이 아니다.

높은 토익점수와 어학연수로 영어에 자신이 있었고, 같이 면접에 참석한 사람과 비교해보아도 잘 했었다며 합격을 자신했었으나, 불합격 통보를 받는 학생과 면접소감을 공유한 적이 있었다. 도대체 영어면접은 왜 했으며, 또 평가기준이 무엇인지 모르겠다는 것이었다.

영어 질문이 무엇이었는지? 어떻게 답변을 했는지 확인하면서 면접 전에 어떤 준비를 했느냐고 질문했을 때, 그의 대답에서 '영어 잘하는 학생'임은 알렸지만, 지원기업과 직무계획이나 포부 등에 대한 영어표현과 언급을 구체적으로 하지 못했다는 것을 느꼈다.

영어면접을 하는 기업이 늘어나고 있다. 토익성적만으로는 어학능력평가가 충분하지 않고, 실제 실무에서 필요한 것은 스피킹 능력이기 때문이다. 이에 학생들은 토익스피킹에도 많은 공부시간을 투입한다. 심지어 원어민 면접을 한다고 하면 큰 부담감을 가진다.

그러나 해외영업 직무나 외국계 기업 지원계획이 아니라면 너무 높은 수준의 점수획득에 집착하지 말라고 조언한다.

기업에서의 영어면접은 '영어를 면접하는 것'이 아니다. 또 해외영업 직무 외에는 그리 높은 스피킹 능력을 요구하지 않기 때문이다. 아무리 영어면접이라도 native수준의 어학능력을 기대하지는 않는다. 영어 능통자를 뽑고자 한다면 토익만점자, 외국대학 졸업자 또는 외국인 유학생을 계약직으로 뽑으면 되기 때문이다.

기업에서의 영어면접은 대체로 '함께 일하는 영어할 줄 아는 동료를 뽑는 과정'이다. 즉 영어는 너무 못하지 않으면 된다. 자신의 지원동기와 지원준비학습과정 그리고 자신의 업무목표와 포부 정도를 영어로 말하고 들을 수 있을 정도면 된다.

'영어로 면접'을 보는 것이지 '영어능력'을 면접하는 것이 아니라는 것이다. 즉, 원어민 수준의 발음을 하려고 애쓰기보다, 자신의 생각과 각오를 영어로 전달하면 되는 것이다. 더구나 해외영업부서의 사원도 근무시간 내내 영어를 사용하지 않으며, 해외영업을 위하여 타부서 사원들과 한국어로 의사소통해야 한다. 해외영업사원 선발의 제1평가 기준도 직무수행역량과 조직적응역량인 것이다.

그러므로 영어면접도 일반면접과 같이 준비하는 것이다. 지원기업에 맞도록 이런 일직무을 하고 싶어서, 이런 준비학습을 했고, 앞으로 이런 성과업무목표 및 포부를 발휘해 보겠다는 것을 영어로 준비하고, 예상질문에 대하여 영어로 답변을 할 수 있도록 준비하면 된다.

영어면접에서의 질문을 탐색해 보라. 직무와 기업에 따라 차이는 있지만 대체로 기본적인 영어수준이고 그 시간도 그리 길지 않다.

실제로 해외영업 직무 외의 경우에는 영어스피킹을 좀 못했어도 그것을 이유로 탈락시킨 적은 거의 없었던 것이 나의 실무경험이었다.

자신감을 가지고 열정적인 모습 그리고 실무를 통해 필요한 어학능력을 높이겠다는 배짱으로 영어울렁증을 뛰어 넘어라.

03 면접차별화 포인트

면접전략

취업에 성공한 졸업생에게 면접통과의 성공요인을 질문하면 상당수가 다른 지원자와 다른 점을 돋보이게 노력했다는 것이다. 선배초청간담회에 참석한 선배들의 성공Key가 무엇인지 질문했다.

- 중견기업에 입사한 J군은 하루 전에 회사를 둘러보았고, 지정시간보다 일찍 면접장에 도착했었다는 것을 알렸는데 순서를 바꾸어 면접했고 그 점이 좋게 보인 것 같다.
- 특허팀에 근무하는 K군은 7개국을 여행했었던 과정을 설명했었는데 그 점이 무엇이든 맡기면 잘 할 것이라는 평가받은 것 같다.
- 영업팀에 근무하고 있는 O군의 경우는 신문에서 읽은 지원기업의 최근 이슈를 바탕으로 입사 후 포부를 피력했던 점이 좋은 평가를 받는 계기가 되었다.

추가로 자신의 보유스펙 수준을 질문했더니 대동소이했고, 실제 면접에 참석했던 경쟁자들과도 큰 차이가 없었던 것 같다고 회상하면서 스펙은 합격을 좌우하는 요소는 되지 않는다고 했다.

93 3차원의 차별화 전략이 성공의 핵심이다.

그렇다. 면접에서의 합격은 스펙의 수준이 아니라, 자신의 준비과정에서 상대적으로 특별했었던 것, 차별적인 것을 어떻게 어필했느냐에 따라 결정된다.

면접에서의 차별화는 현장에서의 차별화, 소신의 차별화, 성과의 차별화로 구분해 볼 수 있다.

① 면접에서의 차별화는 말투, 태도, 표정, 자세의 자신감과 복장의 코디네이션으로 돋보이게 하는 것이다. 면접의 복장으로 회사 로고색을 반영한 넥타이와 Y셔츠 칼라의 선택, 포켓 펜과 블라우스 배지badge 착용을 조언한다.

② 소신의 차별화는 업무성과 및 포부를 구체적으로 어필하는 것이다. 비즈니스분석을 통해 '이런 것을 보완해 보겠다', 직무분석을 통해 '이런 일을 해보고 싶다'라는 구체적인 소신을 피력할 것을 제안한다.

③ 성과의 차별화는 보유스펙의 수준과 그 과정에 대한 스토리를 소개하는 것이다. 자신이 보유한 스펙(학점, 자격, 공모전, 연수, 인턴, 봉사활동 등)이 지원분야에 연결하지 못하면 스펙이 될 수 없고, 성격·취미·특기도 지원분야와 연결시키면 경쟁력이 될 수 있다.

선정된 차별화 포인트는 표현되어야 효력이 발생되고, 표현되려면 실전 같은 연습을 해야만 가능하다.

그러나 면접관의 질문, 면접장의 분위기와 환경, 다른 지원자의 발언, 자신의 감정과 컨디션 등으로 머릿속으로 생각했던 내용을 입으로 표현하는 것은 생각처럼 쉽지 않다. 그래서 아쉬움을 남기고 면접장을 나오는 지원자들이 많다.

자신의 표현문구를 머리로만 생각하지 말고, 글로 써서 읽어 보라. 그리고 요약하는 과정을 반복하라. 요약의 방법은 예상질문 하나에 대한 답변을 A4지 한 장에 가득히 적고, 그리고 A4지를 3번 접으면서 3번의 압축과정을 거쳐 보라는 것을 권장한다. 그 과정에서 답변의 개념과 키워드가 외워진다. 개념을 외워두면 다각도의 질문에 유연하게 대처할 수 있다.

차별화된 답변은 멋진 표현과 문장으로 가능한 것이 아니다.

첫째, 진실성이 담겨 있어야 한다. 친구와의 대화에서 진실성을 느껴본 적이 있을 것이다. 꾸밈이 없고 순박하고 착한 솔직함이 진실한 것이 아니라, 주관이 뚜렷하고 이해가 되고 열정이 담겨있는 지혜로움이 진실한 것이다.

둘째, 직접 현장을 방문하여 소비자, 경쟁자, 운영자, 관찰자의 입장에서 생각과 전략을 제시하라. 현장방문이 어렵다면 주력상품, 지원분야업무에 집중해보라. 그런 말에는 자연히 자신감이 담겨진다. 인터넷에서 누구나 검색해 찾을 수 있는 정보만으로는 절대 차별화되지 않는다.

94 첫인상도 연출할 수 있다.

면접에서 첫인상이 중요하다는 것은 누구나 알고 있다. 첫인상이 좋으면 좋은 평가를 받고, 그렇지 못하면 감점을 받는다는 것도 솔직한 사실이다.

H사의 면접관을 대상으로 조사한 면접관의 '첫인상 영향'은 면접평가점수 결정에 60%나 되었다고 하였다.

면접평가에 미치는 영향 조사결과(2010. 10)

	서류내용	첫인상	질문답변	종합평가
평가소요시간	10분	3분	17분	30초
점수결정 영향력	15%	60%	5%	20%

면접관은 첫인상으로 결심하고, 그 결심이 맞았음을 확인하려는 성향을 가지고 있고, 또 처음 받은 인상을 가지고 그 다음에 일어나는 일을 결정하려는 자기확신 심리가 강하다. 이에 면접스킬 교육을 하면서 상습적 평가오류 극복과 객관적, 종합적 평가를 강조한 바 있다.

인상은 면접관의 취향에 따라 결정되는 경향이 있고, 외모의 연출격인 면접복장도 남자는 흰색와이셔츠, 검정색 정장, 청색계통 넥타이, 여자는 흰색 블라우스에 검정색 재킷과 H라인 치마로 거의 유사한데 어떻게 매력적 첫인상을 연출한다는 것인가? 라고 생각할 수도 있다. 그렇다. 입사전형에 있어서 외모, 외형만으로 호감가는 첫인상을 이끄는 데는 한계가 있다. 소위 못 생겨도 합격되는 경우가 있고 잘 생겨도 탈락하는 사례가 많다.

첫인상은 '외모가 아니라, 이미지인 것이다' 밝고, 친근하고, 면접관이 익숙한 부담 없는 이미지인 것이다.

경쟁력 있는 인상을 연출하겠다는 시도는 첫째, 학생이 아니라 비즈니스맨임을, 둘째, 여자가 아니라 전문가임을, 셋째, 수험생이 아니라 사원임을 표현하겠다는 생각에서 출발해야 한다. 이에 지원기업의 사업장을 방문하여 그들의 복장차림이나 색상 등을 관찰해보면 효과적인 연출에 도움이 될 것이다.

남자의 경우는 넥타이 색 결정에 사업장의 색상패턴이나 회사 로고 색을 반영해 보라. 여자의 경우 치마정장이 아닌 바지정장을 선택하는 시도로 차별화 포인트에 도전해 보라.

면접복장은 나쁜 이미지를 방지할 뿐이다. 좋은 이미지를 만들어내는 포인트는 밝고 열정적인 인상이며 집중하는 태도로서 스스로 마음이 편하고 여유롭고, 당황하지 않아야 표현될 수 있다.

이를 위해서 반드시 최소한 면접시간 30분 전에 도착해야 한다. 그리고 자신이 일찍 도착했다는 사실을 실무자에게 알리는 것도 효과적이다.

또한 면접장의 모든 소리에 눈길을 주어라. 자신에 대한 면접관의 질문뿐만 아니라 다른 면접관이 다른 피면접자에게 질문할 경우라도 말하는 면접관을 쳐다보라. 나아가 다른 피면접자의 답변에도 듣고 있다는 body language를 보여라. 이것이 경청과 집중 그리고 열정의 이미지를 전달한다.

신체적, 외모적 이미지보다 더 호감을 이끄는 것은 자신이 제출한 입사지원서라는 것을 명심하라.

이력서의 사진은 첫인상 결정에 상당한 영향을 미친다. 대학입학 당시의 사진은 준비 부족, 지나친 포토샵은 헛웃음을 유발시킨다.

깔끔하게 정리된 이력서와 읽기 쉽게 정리된 자소서는 외모보다 더 강한 첫인상을 만들어 준다.

'이것을 질문하면 이렇게 답변하겠다'는 준비는 바로 첫인상을 연출하는 제1의 전략이 될 것이다.

95 마지막 한 마디가 합격을 결정한다.

면접의 마무리 단계에서 면접관은 '궁금한 사항이나 질문이 있습니까?'라고 질문하는 경우가 종종 있다.

이때 출퇴근 차량이나, 복리후생 등의 솔직한 궁금 사항을 질문하면서 귀중한 기회를 놓치는 경우가 있다.

어떤 사람은 희망급여를 제시하고 확인하기도 하는데, 혹시 자신의 몸값을 올려보겠다는 의도라면 큰 착각이다. 아무리 우수한 역량을 보유했다고 하더라도 1개인만을 위하여 초임 및 급여수준을 상향할 수는 없다.

'HR전문가가 되기 위하여 전공학습뿐만 아니라 OO기업인턴 경험을 하였습니다. 입사하여 조직역량을 강화하는 HR Linker로서 최선을 다하겠습니다. 기회를 주시면 감사하겠습니다'라는 멘트를 면접 마무리에 했던 학생들은 면접관의 강한 호감을 받아, 면접 후 바로 합격결정을 받은 사례가 수없이 많았다.

대부분의 집단면접에서는 개별 평가요소에 대하여 절대평가하여 합산 종합한 후 상대적 우선순위로서 합격자를 결정한다.

이때 절대평가의 분류등급을 A, B+, Bo, B−, C의 5단계로 하고 있으며, B+ 이상은 합격, Bo는 검토, B−는 부족, C는 불합격으로 평가하곤 한다.

여기서 B+, Bo, B−의 각 차이는 어느 정도일까? 솔직히 아주 미미하고 면접관의 상황적 감정영향이 크다. 그 감정을 우호적으로 옮겨 놓는 것이 바로 마지막 한마디이다.

면접에 참석하는 학생들에게 항상 다짐, 다짐시킨다. '마지막 한마디를 했다면 합격이고, 못했다면 불합격이다.' 꼭 준비하라! 준비된 멘트가 면접의 과정 중에 이미 말했다고 하더라도 반드시 다시 반복해야 한다.

마지막 한마디의 내용은 각 개인마다 다양하겠지만, 면접관이 평가등급을 부여하는 데 결정적으로 각인될 수 있는 멘트가 효과적이다. 너무 길면 면접 중에 이미 표현한 것을 반복한다는 이미지를 줄 수 있고, 너무 짧으면 각인의 강도가 낮아 그냥 듣고 마는 상황이 될 수도 있다.

면접 참석하는 학생에게 권장하는 멘트는 바로 'WPWP'이다. '이런 직무를 해보고자want, 이런 역량개발을 했으며prepare, 입사하게 되면 이런 노력을 통해will, 이런 목표를 수행performance 해보고 싶습니다.'

예: 제 성격에 적합한 생산원가 관리를 해보고자, DATA통계 처리기법과 엑셀활용법을 공부하고 경험도 해보았습니다. 입사하면 생산현장의 실무 노하우를 익혀서, 생산공정별 Loss관리를 통해, 보다 싸고 좋은 자동차 생산으로 글로벌 경쟁력을 강화할 수 있게 해보고 싶습니다. 기회를 주시면 열심히 하겠습니다. 감사합니다.

마지막 멘트는 B－를 Bo로 만들어 주고, Bo를 B＋로 만들어 준다. 마지막 멘트의 준비와 자신 있게 표현하는 연습을 소홀히 하지 마라. 이것이 면접 시나리오이다. 완성도 높은 시나리오를 만들기 위하여 모의면접에 참석하여 확인해 보라.

면접의 상황을 예상하면서 지원서류에 기초한 10개 정도의 예상 질문과 답변을 구상하라. 질문과 답변, 이어지는 예상질문에 대한 답변을 글로 적어라. 그리고 요약 또 요약을 한 후 핵심개념을 외워라.

면접합격은 당신이 결정하는 것이다. 주도적 면접 시나리오를 작성하여 연습하는 과정에서 당신의 차별화 포인트를 발견하게 될 것이다.

04 면접자신감 강화

면접전략

면접은 대면시험이다. 합격한 상대의 답변도, 불합격한 사람의 답변도 특별히 다른 게 없는데 면접관은 다르다고 판단하는 모호한 시험이다. 무어라 항의도 할 수 없고, 정답을 알려달라고 할 수도 없고, 판정관이 있어서 검증을 요청할 수도 없으니 긴장되고 불안하다.

면접관은 평가를 하기 위하여 다양한 질문을 편하게 하는데, 마지막 관문 앞에서 서있는 지원자는 당연한 정답과 속마음 정답 간에서 순간적 갈등에 빠지기도 하고, 한 번도 생각해 보지 않은 질문에 난감해지기도 하고, 느닷없이 감정이 복받쳐서 올라와서 소위 멘붕mental cllapsing, 멘탈붕괴에 빠지기도 한다. 머릿속이 하얘지고 아무 생각도 안 난다. 떨어졌다는 생각도 급습한다.

이런 상황은 극복해야 하고, 또 대처해야 한다. 그리고 합격이라는 결과를 이끌어내야 한다. 면접관에게 자신의 가치와 역량을 어필하고, 나는 합격해야겠다는 의지를 말로서 표현해야 한다.

수업과정에서 과제발표, 공모전참가, 행사진행 등을 통해 발표 경험이 많은 학생도 부담과 걱정 심지어 두려움으로 방법과 요령을 상담해 온다.

이때 내가 던지는 질문은 면접은 '떨어뜨리기 위한 절차'일까요? '붙이지 위한 절차'일까요?이다. 나의 정의는 면접은 '비교하여 결정하는 절차'이다. 이 말은 text상의 정답을 전제로 지원자의 답변을 평가하지 않는다는 것이다. 그러면 어떻게 해야 된단 말인가? 무엇이 필요하다는 것인가? 그것은 모두가 알고 있는 '자신감'이다.

96 자신감은 스스로 믿기 때문에 생긴 능력이다.

면접에서의 최고 테크닉은 자신감이다. 좀 부족한 측면이 있다고 하더라도 의욕과 의지를 담아 자신의 가치를 어필하는 자신감이다.

면접에 임하는 학생들에게 '자신감을 가져라. 면접관은 당신의 입장을 이해한다'라고 말한다. 그러나 웃음 띤 표정 뒤에는 여전히 자신감이 없어 보인다.

자신감은 마음만 먹는다고 생기는 것이 아니다. 순간적 재치로 만들어지는 것도 아니다. 직접 경험해보고 직접 연습해 본 후에 생기는 능력이다. 아무리 '할 수 있다'고 다짐해도 생기지 않는 이유는 그 결과를 스스로 믿지 못하기 때문이다. 자신감은 연습하고 준비한 결과이다.

면접은 자신이 갈망한 것이고, 자신이 선택한 것이다. 그러므로 면접의 전체 과정에 대한 시나리오를 바탕으로 연습하고 연습해야 한다.

면접 합격은 차별화 포인트를 자신 있게 표현한 당신이 결정하는 것이다. 그렇게 했음에도 합격이 되지 못하였다면 면접관의 실수이며, 기업의 인재선발의 실패이다.

면접의 시간은 30분 내외이다. 짧다고도 할 수 있지만, 피면접자의 입장에서는 상당히 길게 느껴진다. 더구나 면접관의 질문에 적절히 응답하지 못했다는 순간에 직면하게 되면 무슨 말을 했는지도 모를 정도로 힘들고 당황하게 된다. 소위 면접을 망치게 된다.

질문을예상하고, 답변을준비하고, 핵심을외우고, 상황을연습해야만이 면접시간 내내 자신감을 유지할 수 있고, 실수의 반전 기회도 만들 수 있다.

어떻게 연습해야 할까?

- 면접관의 말을 끝까지 듣고, 질문의 핵심을 잠깐 생각하라.
- 그리고 핵심Point을 먼저 말하라.
- 그리고 그런 이유Reason나 배경Example을 부연설명하라.
- 미련이 남거나 여유가 있으면 다시한번 결론Point을 강조하라. 이렇게 하면 간단명료한 말, 기억에 남는 말이 된다.
- 너무 짧지 않은가? 걱정하지마라.
- 너무 짧으면 성의 없어 보이지 않을까요? 걱정하지마라.
- 당신의 못한 말을 면접관은 모른다. 궁금하면 다시 질문한다.

많이 말하려다가, 두서없이 말을 하고 결론없이 끝낼 수도 있다. 면접은 사담을 나누고 토론을 하는 장소가 아니다. 면접관은 짧고 분명한 말을 더 좋아한다.

- 자신감을 가져라. 면접관은 당신의 입장을 이해한다.
- 많이 말하려고 하지 마라. 면접관은 다 듣지 않는다.
- 두려워하지 마라. 당신의 다음 말을 면접관은 모른다.
- 끝까지 들어라. 질문의 핵심은 마지막에 있다.

- 최대한 성의를 가지고 말하라.
- 말하는 과정과 자세는 정답보다 더 매력적이다.
- 모르면 모른다고 정중히 말하라.
- 핑계와 방어는 또 다른 모르는 질문으로 이어진다.
- 눈으로 말해라. 언어보다 더 강렬한 것이 열정의 광체이다.
- 앞 사람의 말에 당황하지 마라.
- 같은 말도 누가 하느냐, 어떻게 하느냐에 따라 다르다.
- 면접관의 말에 화내지 마라. 면접관의 잘못된 말은 없다.

97 열정은 오버하는 액션이 아니다.

면접에 임하는 지원자의 말과 태도 및 자세는 다양하다. 특히 집단면접의 경우에는 그 특성이 상호 비교되며, 분위기에 따라 달라지기도 한다. 그러나 경험이 많은 면접관들은 그 가운데에서도 지원자의 특성을 찾아내곤 한다.

면접을 다녀온 학생들에게 면접상황을 질문해 보면 '큰 목소리로 자신 있게 답변했습니다. 준비한 대로 했습니다'라고 하는 경우도 있었지만, 그렇지 않은 경우가 많았다.

'나름대로 답변은 했는데 좀 떨었어요.'
'다른 사람들은 준비를 많이 해왔어요. 불안해요.'
'옆의 사람은 대단하더라구요. 기氣가 죽었어요.'
'옆의 사람과 비교해보니 자신감이 없어 보이지 않았나 싶어요.'
'너무 떨려서 무슨 말은 했는지 기억도 않나요.'

그렇다고 자신감 있었다고 한 학생은 합격되고, 기가 죽었다는 학생은 불합격되지 않았다는 것이 실제 면접의 결과이다.

면접관은 지원자들은 긴장하고 있고 떨린다는 것을 전제하고서 면접을 한다. 긴장하고 떨고 있는 모습에서 열심히 준비했고, 면접관의 위상을 인정한다고 생각하여, 부정적이라기보다는 긍정적 이해를 하려는 경향도 있다. 반면에 오히려 명쾌한 답변과 자신감 넘치는 큰 목소리에는 의도된 행동이 아닌가? 의심하기도 한다.

열정熱情이란 '어떤 일에 대해 열렬한 마음을 표현하는 것'이다. 그 표현의 강약으로서 열정의 정도를 평가하는 경향이 있다고 하지만, 실제는 표현의 냉정함, 차분함, 결연함의 정도가 열정으로 받아들여진다. 지치지 않는 파워, 자신감이 넘치는 행동, 씩씩한 용기만이 아니라 차분하게 받아들이고, 슬기롭게 대처하며, 소신 있게 판단하여, 끊임없이 시도하는 것이 열정의 참 모습인 것이다. 당황스럽고 어려운 질문에 머뭇거렸지만 알고 있다는 답변, 작지만 소신 있는 답변, 진심이 담겨있는 차분한 답변에서 면접관은 열정과 자신감을 발견한다.

그래서 면접에 임하는 학생들에게 하는 조언한다.

첫째로 면접관의 말을 끝까지 들어라. 질문의 핵심은 끝에 있다.

질문의 첫 부분에서 답변을 구상하면 질문의 요지를 모르고 자기 생각만으로 특히 준비된 말과 행동만으로 답변할 수 있다. 그러면 자칫 질문요지에 대한 부정확한 이해를 지적받아 더 당황하게 된다.

둘째는 결론result부터 말하라. 그리고 관련된 행동action을 설명하라. 이해의 부족과 추가적 확인은 면접관의 몫이다. 이 경우 면접관은 그 상황situation의 설명을 요구할 것이다. 그러면 행동의 목적target과 함께 부연하여 설명하면 된다. 이것이 비즈니스어법이다.

열정의 표현을 큰 목소리, 오버된 행동으로 오해하지 마라.

대부분의 조직구성원들은 안정 속에서 지속적 변화를 차분히 추구하려는 성향을 선호한다. 지나치면 못함보다 못한 것이다.

98 사소한 부주의가 준비한 자신감을 망친다.

면접참가 통보를 받게 되면 1차 합격에 대한 기쁨과 함께 직접 실무자와 경영진을 만난다는 생각에 들뜨기도 한다.

좋은 인상을 위하여 복장도 챙기고, 보행, 표정, 표현도 연습을 하면서 준비를 하게 된다. 그러나 아주 사소한 부주의로 공든 탑을 무너뜨리는 안타까운 경우가 있다.

- 면접시간에 늦어 입장순서가 바뀐 경우
- 올라가는 엘리베이터를 잡았는데 그곳에 면접관이 동승한 경우
- 명칭이 유사한 건물에 도착하여 면접에 참석하지 못한 경우
- 설마 했던 교통정체, 악천후로 면접에 참석하지 못한 경우
- 대기 중 친구와 허물없이 한 통화내용을 면접관이 듣고 만 경우
- 대기 중 스마트폰 게임하다 진행자의 지적을 받은 경우
- 아차하고 차단하지 못한 스마트폰 벨이 면접 중에 울린 경우
- 면접장 출입문을 열지 못해 면접관이 문을 열어 준 경우
- 정장구두가 익숙지 못해 면접장 입구에서 휘청거린 경우
- 면접관의 감성적 질문에 그만 눈물을 보였던 경우
- 면접관의 농담 섞인 말에 맞장구 치고 화답했던 경우
- 면접 후에 블라우스에 얼룩이 있는 것을 발견한 경우
- 이력서에는 생얼 사진인데 면접에는 안경을 쓰고 참석한 경우
- First name과 Second name의 순서착오로 이름이 바뀐 경우

면접 기회를 얻기 위하여 그동안 얼마나 노력하고 준비하였던가? 합격의 문턱에서 발생된 사소한 부주의에 대하여 '너무 긴장해서, 경험이 적어서, 학생이니까 이해한다'고 배려하는 면접관은 없다.

이런 사소한 부주의가 어디에서 생길까? 그것은 여유롭지 못해서 자신도 모르게 나타난 실수인 것이다. 밝고 열정적인 자신감도 여유로움이 있어야 생긴다. 별다른 고민 없이 단순하게 생각한 사소한 것들로 인하여 난감한 상황이 발생했던 경험이 얼마나 되는가? 아마도 한 번도 없었다고 자신하기는 어려울 것이다.

특별함special과 평범함normal은 사소함small에서 발생되며, 또 완벽함perfect은 사소한 부분에 대한 집중focus on the simple fact으로 완성된다고 했다. 거창하고 대단한 것만이 경쟁력이 아니다. 평범하고 일상적인 작은 것들이 감동을 이끌어 낸다는 것을 성공취업의 기반임을 명심 또 명심하라.

99 주도적인 준비로 면접들러리를 탈피하라.

면접을 마치고 온 학생들에게 소감을 확인해보면 합격가능성을 짐작할 수 있다. '자신의 이력내용에 대하여 구체적으로 질문받았고, 다른 사람들과는 다른 질문을 많이 받아서 애를 먹었습니다'라는 학생들의 경우는 거의 합격을 했었다. 그러나 자기소개 등의 공통적인 질문 외에는 특별한 것은 없었습니다'라고 답변하는 경우는 거의 불합격했다.

집단면접에서 어떤 지원자의 경우에 자기소개와 마지막 질문 외에는 특별한 질문과 답변도 없이 면접을 마치는 경우가 있다. 이는 그 지원자에게는 질문할만한 특별한 매력 포인트가 없고, 면접시간도 없기 때문에 그냥 지나간 것으로 소위 면접의 들러리가 된 것이다. 취업포털 사람인의 조사2016. 1월에 따르면 응답자의 67%가 '면접에서 들러리가 된 것 같은 느낌을 받은 경험'이 있었다고 한다.

- 다른 참석자에 비교하여 거의 질문이 없었다.
- 신상 등 채용과 직접적인 관련이 없어 보이는 질문만 받았다.
- 별의미가 없는 소소한 일상생활에 대한 질문만 받았다.
- 성의 없어 보이고, 마치 노는 것 같은 질문을 받았다.
- 외모적 특징에 대한 지적성 질문을 받았다.

이런 경우는 왜 불렀나 하는 생각까지 들 것이고 불쾌하기도 할 것이다. 면접들러리Bystander일 가능성이 높다. 일반적으로 공채의 경우 2회차 정도의 면접을 하게 되는데, 매 회차 참석인원은 최종 합격자의 3~5배수가 된다. 이는 자격을 갖춘 자 중에서 적격여부를 면접관이 최종결정하도록 하기 위함이고, 한편으로는 면접인원구성 차원에서 불가피하게 발생되는 상황일 수 있다.

3~5배수 인원 중 누군가는 분명 탈락할 수밖에 없는 경쟁적 차원에서 어떻게 해야 할까? 설령 면접들러리로 참석된 것 같더라도 주도적으로 면접에 최선을 다하라. 최종 면접관의 선발입장 및 적격인재 감feel과 인사실무자의 선발관행 및 실무 감각feel은 다를 수도 있고 또 바뀔 수도 있기 때문이다.

면접을 준비하는 학생들에게 '면접을 마치고 나서 하고 싶은 말은 다 했다'라는 생각이 들면 합격 가능성은 높다고 하면서 예상 질문과 답변을 준비시킨다. 그리고 마지막 한마디는 반드시 해야 한다. 혹시 기회가 제공되지 않고 면접종료가 될 것 같으면 손을 들고 기회를 만들어야 한다고 강조한다. 만약 자신이 들러리였다 하더라도 마지막 한 마디는 복수의 면접관중 누군가에게 호감을 유도하여 차선의 후보자가 될 수도 있기 때문이다.

다시 오지 않는 30분의 집중은 Bystander를 Pioneer로 만들어 줄 수 있다.

100 면접은 어렵지 않다. 자신감을 가져라.

면접을 마친 학생들의 소감은 대체로 '어려웠습니다'이다. 왜? 질문이 어려웠느냐? 라고 질문하면 '그런 것은 아니었는데 아무튼 힘들었습니다'라고들 한다.

이 말은 질문이 어렵지는 않았는데, 대답이 어려웠다는 것이다. 즉, 무엇인가 특별하고 차별화된 답변을 하고 싶었는데 여의치 못했다는 것이다.

면접관의 질문은 대체로 지원동기가 무엇인가부터 시작하여 소위 질문족보에서 발견되는 통상적인 것이고, 나름대로 예상해 볼 수도 있는 것이다. 그런데 왜 어렵고 힘들었다는 것인가?

이것은 뭔가 정답(세상이 정답이라고 하는 뻔한 것)을 말해야 하는데 하는 부담감과 그 정답과는 다른 자신의 실제 상황 그리고 그 상황이 혹시 탄로 나지는 않을까 하는 두려움, 더구나 좀 오버해서 말하려고 하니, 익숙치 않아 위축되었던 것이 아닐까 싶다.

그동안 준비한 자신의 이야기를 진실하고 자신 있게 말하라. 자신의 감정과 기분을 솔직하게 노출하는 순진함[1]이 아닌 자신의 생각과 의지 그리고 소신을 제시하는 진실함[2]이 성공을 가져온다. 진실성이 있는 답변이어야 마음을 움직인다.

간혹 면접관은 의도적으로 감정언짢게 느끼는 기분을 자극하기도 하지만, 감성절제하고 받아드리는 기분으로 바꾸는 인내심을 발휘하여, 자신 있게 소신을 말하라.

자신감이란 자신을 믿는 감정emotion으로 능력capacity이 아니라 감정적 역량mental power이다. 자신감이 생기지 않는다는 것은 불안과

1 순진함: 꾸밈이 없다. 순박하다. 착하다. 정직하다. 솔직하다.
2 진실함: 주관이 뚜렷하다. 열정이 있다. 지혜롭다. 이해가 간다.

두려움 때문이며, 이것은 부정적 사고와 기억을 증폭시켜서 '자신은 할 수 없다'라고 하는 이성적 인식과 행동을 하게 한다.

자신을 믿지 못한다는 것은 다른 사람을 믿는다는 것이다. 다른 사람을 믿는다는 것은 다른 사람의 잣대 즉, 세상의 잣대로 자신을 비교하는 것으로 비교하면 할수록 기죽고 의기소침해진다.

자신감을 가지고 싶다면, 남이 정한 세상의 기준에 따르려 하지 마라. 자신의 생각과 의지를 정리하여 기준을 설정하라. 그리고 소신껏 말하라. 그것이 차별화이고 경쟁력이다.

2001년 IMF 외환위기를 극복해가던 시기, 여러분의 아버지, 어머니, 삼촌인 우리 한국인에게 '다시 할 수 있다'는 자신감을 불어넣어 준 사람, 한국인 최초의 major leaguer이자 동양인 최다승124승 기록을 보유한 코리안 특급 야구선수 박찬호가 후배들에게 하는 조언은 '자신감은 각오나 다짐이 아니라 준비이다'라는 것이다.

그는 자신이 원하는 존zone에 원하는 구질의 공을 바로바로 던지기 위하여 끊임없이 훈련하고 연습하였다고 한다.

서류전형을 통과했다는 것은 자신의 이력서, 자기소개서의 내용을 보니 당신을 뽑고 싶은 마음이 들었다는 심정을 표현한 것이다.

면접관의 입장에서 예상질문을 선정하여 요약하여 외워라. 그리고 자기 이야기를 자신 있게 말 하라. 그리고 마지막 한마디로(이런 일을 하고 싶어, 이런 준비를 하였고, 앞으로 이런 활동을 통해서 이런 성과를 내겠다)로서 열정의 차별화 포인트를 찍어라.

간절히 원하면 이루어진다.

왜냐면 간절함이 자신을 움직이게 하기 때문이다.

면접실시에 따른 비용은 면접 진행비(예: 복사비, 교통비, 음료 및 사무용품비 등)와 인사담당자, 면접관의 인건비뿐만 아니라 기회비용과 감정비용까지 고려하면 상당하다. 그러므로 어떤 회사도 탈락시키기 위한 면접을 하지 않는다. 좋은 인재를 뽑기 위해 투자를 하는 것이다.

'나를 채용하면 분명 회사에 이익이 될 것이다', '나를 놓치면 후회하게 될 것이다', '나는 무한한 잠재능력과 열정을 가진 최적의 인재이다'라는 것을 자신 있게 어필하라. 소신을 가지고 실행하라. 소신은 들러리를 주인공으로 만들어 주기도 한다.

성공취업,
그렇게 어렵지 않다.
자신과의 경쟁에서 뒤쳐지지만 않으면.

인터넷 유튜브 동영상 '절박함으로 실행하라'의 자막을 소개한다.

아프리카의 뜨거운 태양이 떠오른다.
이곳에선 날마다 생사를 건 쫓고 쫓기는 처절한 추격전이 펼쳐진다.
가젤은 사자보다 더 빨리 달리지 않으면 죽는다는 것을 알고 있다.
사자는 가젤보다 더 빨리 달리지 않으면 굶주린다는 것을 알고 있다.
사자가 한 번에 전력 질주할 수 있는 거리 500m
가젤이 전력을 다해 벗어나야 하는 거리 500m
생과 사를 가르는 500m
누가 먼저 포기하느냐에 따라 승부는 판가름 난다.
한 끼 식사를 위해 달리는 사자, 목숨을 위해 달리는 가젤
고통의 500m 추격전, 10번 중 8번은 가젤이 승리한다.
생존을 위한 질주 VS 먹이를 위한 질주
절박함이 승리한다.
주저앉고 싶을 때 다시 일어나 한 번 더 시도해 보는 것.
포기하고 싶을 때 끝까지 이루어내는 지독하고 뜨거운 노력.
그것이야 말로 진정한 도전, 진정한 열정이다.

우리들의 경쟁도 '500m 추격전'과 같다.
먼저 포기하지 않고 절박함을 안고 달려야 한다.
절박함이 승부를 가르고 삶을 바꾼다.
사람들은 말한다. 요즘 세상에 기적은 없다고
하지만 지금도 세상에서는 수많은 기적이 벌어지고 있으며
그 기적 뒤에는 언제나 작은 '시작'이 존재하고 있다.

시작 ! 목표를 향해 내딛는 첫발
그 첫발을 내딛는 힘이 실행력이다.
그리고 그 실행력은 커다란 기적을 만든다.
우리는 살면서 '좋을 텐데'라는 생각을 쉽게 하지만
'내가 해야겠다.'라는 생각은 쉽게 하지 못한다.
누구나 생각은 한다. 하지만 실행하는 자만이 기적을 일으킨다.

'삶을 바꾸려면 지금 실행하라.'

저자소개

서 연 용

경영학(인사조직) 박사
직업상담사
직업능력개발훈련교사

현) 대구대학교 인문대학 독어독문학과 교수
현) HR컨설팅) 휴먼파워네트웍스 대표
전) 충북대학교 경영대학(원) 겸임교수
전) LG/LS그룹 HR(인사·노무·연수) 팀장

성공취업 가이드 / Great Job Guide

초판발행 2018년 1월 5일

지은이 서연용
펴낸이 안종만

편 집 전채린
기획/마케팅 장규식
표지디자인 김연서
제 작 우인도·고철민

펴낸곳 (주) 박영사
서울특별시 종로구 새문안로3길 36, 1601
등록 1959. 3. 11. 제300-1959-1호(倫)
전 화 02)733-6771
f a x 02)736-4818
e-mail pys@pybook.co.kr
homepage www.pybook.co.kr
ISBN 979-11-303-0418-6 03320